東大法・第 7 期蒲島郁夫ゼミ編

小泉政権の研究

中嶋　善浩
福田　亮
白糸　裕輝

赤根　妙子　　楠井　悠平
秋田　純　　　久保　浩平
石丸　真幸　　島田　匠
市原　悠樹　　鈴木　悠介
伊東　俊平　　孫　　斉庸
大谷　一真　　田付　信一
小野里　拓　　鳥嶋　七実
勝本　大二朗　藤井　将象
岸川　修　　　松田　愛子
北川　由佳　　山口　真由

木鐸社

The Koizumi Regime

ed. by
The Ikuo Kabashima Seminar

Yoshihiro Nakajima / Ryo Fukuda / Yuki Shiraito

Taeko Akane
Jun Akita
Masayuki Ishimaru
Yuki Ichihara
Shumpei Ito
Kazuma Otani
Taku Onozato
Daijiro Katsumoto
Shu Kishikawa
Yuka Kitagawa

Yuhei Kusui
Kohei Kubo
Takumi Shimada
Yusuke Suzuki
Sohn Jeyong
Shinichi Tatsuke
Nanami Torishima
Shozo Fujii
Aiko Matsuda
Mayu Yamaguchi

はしがき

　本書は東京大学法学部における第7期蒲島ゼミの研究成果である．2001年4月から2006年9月まで続いた小泉純一郎政権について，様々な側面から分析するためのデータを収集し，収録している．

　蒲島ゼミでは，2つのことを強調してきた．1つは，50年後，100年後の研究者にとっても貴重な資料になりうるような徹底した実証性である．データの中には同時代にしか集められないものがある．1950年代の日本の政治に関心を抱く今日の研究者にとって特に難しいのは，その時代のサーベイデータが限られていることである．1990年代についてさえ，現れては消えていった新党の資料は今や第1期ゼミの『「新党」全記録』がほとんど唯一のものになってしまった．小泉政権は画期的な政権としてこれからも長く日本人の記憶に残り，研究者の関心の的となるだろう．今回のゼミでも，学生たちには「100年後の歴史家が読むような正確な記録を作りなさい」と常々言ってきた．

　もう1つは，1人の研究者には手に負えない研究課題に集団的な知的勤勉性をもって挑むことである．大量の資料をコピーしてデータベースを作り，それに誤りがないかを繰り返し確認するのに要する時間と労力は膨大なものになる．データの量が増えれば増えるほど，それを1人の研究者で行うのは難しくなっていく．若い学生時代に仲間たちとともに取り組んでこそ達成できるものなのである．

　このような知的伝統を受け継ぐゼミ生たちは素晴らしい成果を上げてきた．『「新党」全記録』（全3巻），『現代日本の政治家像』（全2巻），『有権者の肖像』，『選挙ポスターの研究』，『参議院の研究』（全2巻）としてこれまでに出版されたゼミの成果は専門家からの評価も高く，多くの研究に引用されている．また，ハーバード大学を始めとする海外の一流大学の図書館にも配架されている．

　東大法学部の学部ゼミは，通常は1学期で終了するために時間的にも限られており，単位数も少ない．7期ゼミは2005年10月に始まったが，2006年3月で半数のゼミ生が卒業してしまった．しかし，2006年4月からは大学に残っていたゼミ生に第2世代が加わって小泉政権が終わった9月までデータの

収集を続けた．その後の分析と訂正に時間がかかって出版が延びてしまったが，ゼミ生たちは最後には東大生として生きた証を残すことができた．

　最後になったが，ゼミ生からのインタヴューに快く応じて下さった，清水俊介記者，寺田稔代議士，岡田秀一元総理大臣秘書官には心よりお礼申し上げたい．小泉政権の内側を直接見ていた人々の声は本書の特色の１つである．そして，いつものように採算を度外視し，本を出版して下さった木鐸社の坂口節子社長には心から感謝したい．

　青葉・若葉の目にまぶしい熊本県庁にて

蒲島　郁夫

目　次

本書の目的と構成　　　　　　　　　　中嶋善浩・福田　亮・白糸裕輝（9）

第1部　個人としての小泉，政治家としての小泉

国会発言から見た小泉純一郎の外交　　　　　　　　　　藤井将象（23）
小泉の福祉関連予算に関する主張　　　　　　　　　　　石丸真幸（32）
小泉純一郎と郵政民営化　　　　　　　　　　　　　　　楠井悠平（45）
　〈コラム〉
　　小泉行き着けのラーメン店　　　　　　　　　　　　福田　亮（53）
　　小泉の「ことば」　　　　　　　　　　　　　　　　鈴木悠介（54）

第2部　選挙と小泉純一郎

小泉純一郎と地元選挙区　　　　　　　　　　　　　　　福田　亮（59）
小泉の遊説についての一考察　　　　　　　　　　　　　島田　匠（70）
　〈コラム〉
　　小泉の選挙公報　　　　　　　　　　　　　　　　　楠井悠平（80）

第3部　世論，小泉，マスメディア

テレビ欄に見る小泉政権とメディアの関係　　　　　　　福田　亮（85）
政治とマスメディア——小泉政権支持率の規定要因
　　　　　　　　　　　　　　　　　　蒲島郁夫・ジル・スティール（96）
小泉政権のメディア戦略について　　　　　　　　　　　伊東俊平（120）
　〈コラム〉
　　テレビ欄を「読む」　　　　　　　　　　　　　　　福田　亮（126）
　　自民党のブロガー懇談会という新たな試み　　　　　伊東俊平（130）
　　小泉政権はなぜ有権者重視の態度をとったのか　　　鈴木悠介（133）
　　「らいおんはーと」と支持率　　　　　　　鈴木悠介・福田　亮（137）
　　一般紙の反応——天声人語の記事から　　　　　　　島田　匠（138）

第4部　小泉政権と政党組織・政党対立

小泉政権期のシニオリティ・ルールと派閥　　　　　　　白糸裕輝（141）
民主党機関紙を通して見る小泉政権　　　　　　　　　勝本大二朗（161）
　〈コラム〉
　「勝ち組」派閥と「負け組」派閥——解体か収斂か——　白糸裕輝（172）
　機関紙『自由民主』の見出しによる傾向分析　　　　松田愛子（175）
　『自由民主』に登場する人名の傾向から見る派閥の勢力図　松田愛子（182）
　機関紙『自由民主』における小泉と安倍　　　　　　伊東俊平（185）
　『自由民主』一面の批判的記事　　　　　　　　　　伊東俊平（189）
　公明党の対米・対中外交政策　　　　　　　　　　　田付信一（191）
　公明党の自民党批判　　　　　　　　　　　　　　　田付信一（193）
　公明党の国内政策　　　　　　　　　　　　　　　　田付信一（195）

第5部　政府としての小泉政権

小泉政権と小渕・森政権の予算からの比較　　　　　　秋田　純（199）
小泉内閣の閣僚人事　　　　　　　　　　　　　　　　岸川　修（206）
　〈コラム〉
　内閣の若返りは国会の若返りではないのか　　　　　岸川　修（227）

第6部　巻末資料

資料1　清水俊介記者講演録　　　　　　　　　　　　　　　　（233）
資料2　寺田稔代議士講演録　　　　　　　　　　　　　　　　（252）
資料3　岡田秀一元秘書官講演録　　　　　　　　　　　　　　（261）
資料4　小泉政権閣僚名簿　　　　　　　　　　　　　　　　　（287）
資料5　小泉純一郎・小泉政権関連年表　　　　　　　　　　　（293）
資料6　小泉内閣支持率の変遷　　　　　　　　　　　　　　　（301）

あとがきにかえて　　　　　　　　　　　　　　　　　白糸裕輝（302）

執筆者紹介　　　　　　　　　　　　　　　　　　　　　　　　（304）

小泉政権の研究

本書の目的と構成

中嶋善浩・福田　亮・白糸裕輝

1節．はじめに

　21世紀の幕開けとともに成立した小泉政権は，日本政治において画期的な政権であった．世論からの支持調達による政権基盤の形成，自民党長期政権期に確立された政策形成過程への挑戦と迂回，その帰結としての政策転換といった諸側面において，小泉は明らかにそれまでとは大きく異なる政権を作り上げ，しかも長期にわたってその地位を保ったのである．

　新たな現象は，それを説明しようと試みる新たな研究を生む．小泉政権は，まさに日本政治研究にとっての新しい現象であった．それまでの通説的な日本政治理解を覆す諸特徴のゆえに，小泉政権の出現は数多くの政治学者や評論家による分析や検討を促すことになった．

　もちろん，小泉政権の特異性がどこに由来するのか，小泉政権の政策や小泉の政権運営をどのように（規範的に）評価するか，といった点について，論者の立場は多様である．一例を挙げれば，ある論者は小泉による世論からの支持調達手法を強調し，それを「日本型ポピュリズム」として特徴付けている[1]．他方，ある論者は日本政治に構造的な変容が生じたとして「2001年体制」の定着を論じた[2]．それにもかかわらず，小泉政権が戦後日本政治史の中で特異な位置を占めているという認識には論者の間で広範な合意が見られる．

　しかしながら，それらの諸論考は多くが印象的な事件の叙述や解釈によって結論を導いており，体系的に収集されたデータを用いて仮説を実証する研究は有権者の投票行動研究を除くと少数に留まっているように見える．また，いかに多くの人々に強い印象を与えた政権であろうとも，時間が経てば経つほどその時期を捉えることができるような資料は散逸し，データの収集は困難になっていくだろう．従って本書の目的は，第一に小泉政権に関する体系

的実証研究の一助となるようなデータを収集し公開すること，第二に小泉政権に対して関心を抱いた後生の人々のために記録を残すことである．

　我々が収集したデータは付属のCD-ROMに電子ファイルとして収録し，本書ではそれらのデータを用いた予備的な分析を論文やコラムの形で掲載している．以下，本稿では我々のプロジェクトとデータの全体像の俯瞰を兼ねて，関連する先行研究の概観と本書所収の諸論文の紹介を行う．本書は全体として次のとおりである．第1部では，小泉純一郎個人をめぐる分析を提示する．第2部と第3部では，小泉政権と有権者との関係に焦点が当てられる．第2部では選挙を通じた相互作用，第3部では選挙を伴わない世論と政権との相互作用，そしてそれを媒介するマスメディアの役割を扱っている．第4部では，小泉政権と政党との関わりを対象とする．ここでの主たる関心は，小泉政権期の自民党内組織と2大政党の一角を占めるに至った民主党である．第5部では，政府としての小泉政権に焦点が合わせられる．

2節．個人としての小泉，政治家としての小泉

　小泉の政治理念・政策選好はどのようなものだったのだろうか．「個人としての小泉，政治家としての小泉」と題した第1部では，小泉純一郎という政治家個人に焦点を当てた．市場の効率性への信頼に基礎づけられて規制緩和や公営企業の民営化を唱える点で例外的な自民党政治家である，というのが首相に就任する前から定着していた小泉への評価だろう．実際，小泉は2001年の自民党総裁選で財政支出の拡大ではなく経済構造改革路線を主張していたし，今や小泉政権を象徴する政策となったのは郵政事業の民営化である．むろん小泉政権の特徴あるいはその政策転換のすべてを小泉個人に帰することはできないが，小泉の政治理念・政策選好を理解することなしに小泉政権期の日本政治を理解することができないというのもまた事実であると思われる．

　しかしながら，小泉自身の政策選好を特定するための資料が豊富に示されてきたとは言えない．日本の国会においては議場での投票行動に対して党派規律が機能するので，米国連邦議会研究でなされているように点呼投票に基づいて各議員の政策位置を推定することは難しい[3]．東京大学と朝日新聞社が共同でいくつかの政策争点に関する意見を国会議員に質問するという調査を行っているが，小泉は数回行われたこの調査に対して一度も回答していな

い[4].

　そこで我々は，1972年の初当選以来小泉が国会で行った発言と，様々な雑誌で小泉が行ってきた発言を収集した．東大・朝日共同調査のように量的指標への変換が容易なデータではないが，とりわけ首相就任以前の時期も含めた長期間を対象としている点で有益な資料であると考える．

　第1部に収録した3論文は，このデータを利用して若干の分析を行ったものである．これら3論文は共通して，どのような政策選好を小泉の発言から読み取ることができるのか，そのような選好は時間の経過を通じてどれほど一貫していたのか，過去の小泉の発言は首相在任中に実行された政策とどれほどの整合性をもっていたのか，について論じている．

　まず，藤井将象「国会発言から見た小泉純一郎の外交」は小泉の国会発言における外国名への言及を分析している．小泉自身の外交への関心はもともとそれほど高くなかったと指摘されているが[5]，在任期間中に外国名に言及した頻度は小渕・森のそれよりもかなり高かった．また，小泉政権の対外政策の特徴としてしばしば指摘されるのは良好な対米関係と冷却した対アジア関係の対照であるが，藤井は日米関係の重要性を論じた発言を首相就任よりもかなり以前に見出せる点を指摘している．

　石丸真幸「小泉の福祉関連予算に関する主張」は，国会における発言，選挙公報，雑誌に掲載された発言を検討している．石丸によれば，小泉は早くから「自助努力の精神」や「民間の活力」の発揮に言及した発言を行っており，これらの発言は首相に就いてから推進した政策と相通じるものを持っている．他方，1970年代には福祉の充実を強く主張してもいた．この点は，都市型の選挙区から選出された議員であるという特徴が反映されたものとも解釈しうる．

　楠井悠平「小泉純一郎と郵政民営化」は，今や小泉政権を研究する上で避けては通れない争点となった郵政民営化についての小泉の発言を分析している．確かに小泉は郵政事業の民営化を一貫して訴えてきた．しかしながら，「どのように郵政民営化をアピールするか」という点には時期によってかなりの違いが見られ，これは意識してのことにせよ無意識のことにせよ，小泉が目的達成のために戦略的に行動していたことを示唆していると言えよう．

3節．選挙と小泉純一郎

　「選挙と小泉純一郎」と題した第 2 部では，小泉と選挙との関係に焦点を当てた．政治家や政党にとって，選挙は最も重要なイベント（少なくともそのうちの一つ）である．選挙で当選しなければ政治家はそもそも政治家たりえないし，選挙で多数派を形成できなければ政党は政策を実現できない．政党や政治家の行動は選挙で勝利するという要請に強く依存する[6]．小泉にとっての最大の武器が一般有権者からの大衆的人気であったことを考えれば，彼と選挙との関わりを実証的に検討することは極めて重要である．

　通説的には日本の首相は選挙において重要な存在ではないと考えられてきたが，小泉政権期に行われた選挙はそのような通説に修正を迫るものとなった．小泉以前にも，森喜朗の稀にみる不人気が小泉とは逆の方向で有権者の投票行動に影響を与えたことが明らかにされていたが[7]，人気のある党首は有権者を自分の政党に惹きつけることができる，と小泉によって極めて印象的な形で示されたのである[8]．一方でエリス・クラウスとベンジャミン・ナイブレイドは，1980年代以降の長期的な傾向として選挙における首相の重要性が増大しており，これは自民党得票率の長期低落傾向と無党派有権者の増加によって引き起こされていると論じている[9]．

　以上のような実証研究が存在すること，また選挙は政治学において最もデータが整備されている分野の一つであることを念頭に置いて，我々は小泉が地元選挙区においてどのような特徴をもっていたか，自民党は選挙で「小泉効果」を利用しようとしていたのか，という観点から収集するデータを選択した．我々が収集したのは，1908年から現在に至る小泉の地元選挙区における各候補の得票データと宮沢，橋本，森，小泉各政権期の選挙における首相の遊説に関するデータである．

　小泉は祖父の又次郎，父の純也と続いてきた地盤を受け継いだ世襲政治家である．福田亮「小泉純一郎と地元選挙区」は，小泉の地元選挙区における得票データを用いて，小泉がどのように地盤を継承したのか，そしてその後どのように自分の支持基盤を固めていったのかを分析している．福田によれば，小泉は初出馬の時には落選の憂き目にあったものの父の純也から地盤を確実に受け継いでおり，しかも選挙を重ねるにつれて自らの当選を確実にしていった．1970年代後半以降，自民党の幹部は農村的な選挙区から選出され

た議員によって独占されてきたことを考えれば[10], 小泉がもつ都市部での安定的な選挙基盤は自民党総裁に就いた議員の中では特徴的である. 第1部で検討された小泉の政策選好との関連が示唆されよう.

クラウスとナイブレイドは, 選挙における首相の重要性が長期的に増してきた証拠の1つとして, 選挙運動期間中に首相が自党候補者の選挙区を訪問する回数が増え続けてきたことを指摘している. 一方で, それが候補者の選挙結果に影響を与えているか否かについてはデータの制約から検証されてはいない[11]. 島田匠「小泉の遊説についての一考察」は, 単なる選挙区への訪問ではなく街頭演説に着目し, 各選挙期間中にいつどのような場所で首相が街頭演説を行ったかを網羅したデータを分析した. 街頭演説の時間と場所の決定において小泉の人気を利用する戦略的考慮がなされたのか, 小泉の街頭演説は当地の選挙区における自民党候補に追い風となったのか, のいずれの点でも島田は決定的な結論を導けていない. しかしながら, そもそも首相による選挙運動を記述するデータは希少であるし, 各選挙区の中盤情勢調査を選挙結果と対比することで街頭演説の効果を見出そうとする試みはクラウスとナイブレイドが指摘するデータの制約を回避する1つの方法を提示しているように思われる.

4節. 世論, 小泉, マスメディア

2001年の自民党総裁選で, 小泉は地方の予備選での圧倒的な勝利を背景に総裁に選出された. そして, 首相就任時には自民党の首相としては史上空前の高い支持率を誇る. 確かに小泉は見境なく便益を有権者に供与するという意味でのポピュリストではなかった. しかし,「小泉劇場」の展開や有権者の熱狂的な支持を集めた点で大衆迎合的な印象を与える上[12], 小泉の政治手法の特徴は理性的な政策論争よりも有権者の感情に訴えることであるとの指摘もなされてきた[13].

そこで, 第3部では「世論, 小泉, マスメディア」と題して, 選挙によらない有権者と政治家との間の相互作用, それを媒介するマスメディアに焦点を当てる. ここでの関心は, マスメディアがどのように小泉とその政権を報じたのか, 逆に, 小泉とその政権はどのように自分たちを報じさせた(報じさせようとした)のか, その帰結としてのマスメディアの報道が有権者の態度にどのような影響を与えていたのか, という論点に集約される.

我々は、日刊紙のテレビ欄を用いて1993年から2006年までの期間のテレビ報道量に関する日次データを作成した。近年データベース化が進んで検索が容易になってきた新聞などの活字メディアに比べて、テレビの報道量に関するデータは作成が難しい[14]。我々のデータセットは小泉政権発足のかなり以前から代表的な民放のワイドショーとニュース番組における首相・政権報道量を指標化している[15]。

福田亮「テレビ欄に見る小泉政権とメディアの関係」が扱っているのは、このテレビ報道量データのいわば記述統計である。福田は、小泉政権の報道量がそれ以前の政権よりも大幅に増えていること、とりわけワイドショーでその傾向が顕著であることを確認している。一方で、政権期間を通じて報道量にはかなりの波があり、小泉が在任期間中常にメディアの注目を集め続けていたわけではないことも示されている。

では、メディアの報道量は小泉の人気に本当に影響を与えていたのだろうか。この点についての先行研究としては、スポーツ紙を含む新聞、週刊誌、総合雑誌などの活字メディアにおける報道量を独立変数として小泉政権期の内閣支持率を説明する時系列計量分析を行った福元健太郎と水吉麻美の論考を挙げることができる[16]。福元と水吉によれば、報道量の増加は支持率の水準を上昇させる効果を持ってはいないが、支持率の変動幅を拡大する効果がある。

蒲島郁夫とジル・スティールによる「政治とマスメディア――小泉政権支持率の規定要因」は、テレビ報道量を独立変数として時系列計量分析を行っている。福元と水吉の結論とは異なり、蒲島とスティールはテレビ報道量の増減と内閣支持率の増減との間に正の相関があることを見出している。他方、蒲島・スティール論文の知見は「サプライズ」によって支持率を上げようとする小泉の試みが常に成功していたわけではないことも示している。

福元・水吉論文と蒲島・スティール論文は独立変数のデータのみならず投入されている制御変数、推定手法にも差異があり、メディア報道と支持率との関係にはさらなる研究が必要とされよう。小泉を何らかの意味でポピュリスト的な政治家として描く議論の実証的妥当性を検討するためには、世論による政権への支持がメディア報道とどのような関係にあるのかを検証することが不可欠である。この点では、福元・水吉論文にせよ蒲島・スティール論文にせよ、容易に熱狂し、あるいは操作されてしまう存在という世論像には

一定の留保を付けている．

　伊東俊平「小泉政権のメディア戦略について」では視点を変えて，2人の元小泉番記者へのインタビューを通じて小泉政権によるメディア対応の実態を検討している．小泉政権によるメディア対応として最も有名なものは，いわゆるぶら下がりインタビューの導入である．小泉はこれによって自分のテレビ報道を大きく増加させることに成功した．小泉自身のキャラクターだけでなく，このような能動的な戦略も福田論文で示された報道量の大幅な増加に繋がっていると言えるだろう．

5節．小泉政権と政党組織・政党対立

　小泉が首相として持つことができた広範な影響力の源泉としては，大きく分けてメディアを通じた世論動員を強調する見解と1990年代以降に行われてきた政治改革・行政改革の帰結としての制度変化を強調する見解とが存在する[17]．第3部では前者に焦点を当てたが，「小泉政権と政党組織・政党対立」と題する第4部では後者に焦点を当てる．

　1990年代に進行した制度改革の帰結としては，自民党組織の変化，内閣による行政統制の強化，そして官邸機能の強化が指摘されてきた[18]．すなわち第一に，党の公認が各候補者にとって極めて重要になる小選挙区比例代表並立制の導入と党本部による資金分配機能を強化した政治資金改革の帰結として，自民党内部における首相権力が相対的に上昇した．当選回数に基づくシニオリティ・ルール（年功序列ルール）と派閥均衡によらない閣僚人事はその端的な表現であると解釈される．第二に，行政統制と官邸機能の強化によって，内閣が政策パッケージを立案する能力とその政策に行政官庁を従属させる能力が向上した．これら2つの変化によって，首相は自己の選好する政策をかつての首相よりも自律的に追求し，実現することができるようになった．

　自民党組織の変化を検討するためのデータとして，我々は小泉政権期に自民党に所属していた各国会議員の役職経験についてのデータセットを作成した．白糸裕輝「小泉政権期のシニオリティ・ルールと派閥」は，このデータを用いて小泉政権期の自民党におけるシニオリティ・ルールの実態を分析している．白糸によれば，自民党内のシニオリティ・ルールは首相権力の強化によって崩壊してはいない．しかし副大臣制の導入が入閣適齢期にある議員

の数を減らすことを通じて,首相が持つ閣僚人事の自由度は広がっている.

1990年代の政治改革のもう一つの帰結としては,連立政権の常態化と政策的に近い2大政党間の競争が挙げられる.これらの変化が,一方では利益分配要求による集合行為問題(つまり財政赤字)とそれに対する野党の批判に対処するための政策規律の必要性を高め,他方では与野党間の政策的距離が縮小したために内閣・党首脳への広範な政策権限委任を許す制度変更を可能にした[19].例えば,小泉政権の制度的基盤をなしていた首相の権限と経済財政諮問会議を中心とした政策機能の強化をもたらした橋本行革は,新進党と自民党との間の改革競争から生まれている[20].

以上のことを念頭に置けば,小泉政権期の政党間競争,とりわけ自民党と民主党との間の政党対立を検討することの重要性を指摘できるだろう.我々は,2001年4月から2006年9月までの自民党,民主党の党機関紙の見出しを収集して電子ファイルに整理するとともに,連立与党の一角であった公明党のメールマガジンの見出しを散逸していなかった範囲で収集した.我々がこれらのデータを収集したのは,党機関紙の紙面はどのような政策を重視するか,どのような政治的スタンスを採用するか,といった政党の方針を反映していると考えたためである[21].

勝本大二朗「民主党機関紙から見る小泉政権」は,このような政党機関紙の見出しデータを用いて,どのような時期に自民党は民主党に脅威を感じていたと考えられるか,逆に,民主党はどのような時期に政権交代を強調していたか,どの時期に,どのような政策争点を強調して自民党と対立してきたのか,といった政党間対立の諸特徴を検討している.

6節. 政府としての小泉政権

議院内閣制の下では,首相は与党の党首であると同時に政府の首班である.首相は与党の党首として有権者に支持を訴え,野党に対峙すると同時に,行政府の長として政策の立案と施行を指揮することになる.本書最後の第5部では,「政府としての小泉政権」と題してこのいわば小泉政権のアウトプットに焦点を当てる.

小泉政権の政策は,経済政策においては不況時にも財政均衡・歳出抑制路線を維持したこととそれに伴って民営化・規制緩和志向の経済構造改革政策を推進したこと,対外政策においては対米関係を強化し,対近隣国関係を冷

却化させたことによって特徴付けられる．これらの政策課題とその対応については複数の先行研究が存在しており[22]，また行政官僚制を含めた政策過程の検討は本書の範囲を超えるものである．我々は，政府の首班として最初の発言となる組閣後記者会見の全文を資料として収録し，併せて小泉による内閣がいかなる人物で構成されていたのかを示す閣僚の職歴データを収集した．

秋田純「小泉政権と小渕・森政権との予算からの比較」は，各首相の組閣後記者会見の対照から，財政政策の比較検討を行っている．一方，岸川修「小泉内閣の閣僚人事」は，職歴データを用いて小泉がどのような特徴をもった人物によって内閣を構成したのかを検討している．

7節．結語

以上，本書所収の諸論文とデータを紹介し，併せて関連する先行研究を概観した．紙幅の関係で所収のコラムについて触れることはできなかったが，やや軽い話題からデータの分析まで様々な内容を含んでいるので，こちらもご一読を乞う次第である．

我々が収集したデータが小泉政権のすべてを表すわけではないし，本章で紹介してきた諸論文もあくまで予備的な分析の水準に留まっている．その意味で，本書は全体として何らかの小泉政権像を提示するという性格を持ちうるものではない．残念ながら，そのような成果の提示は本書執筆時点の我々の能力を超えるものであった．しかしながら，本書に収めた数々のデータが小泉政権に関する体系的な実証研究の可能性にいくらかでも寄与するならば，そしてとりわけ，後世の研究者によって本書のデータが利用されるならば，我々にとってはそれ以上を望むべくもない成功である．

1 　大嶽　2003.
2 　竹中　2006.
3 　Poole and Rosenthal 1997.
4 　東京大学大学院法学政治学研究科蒲島・谷口両研究室と朝日新聞社が実施した東京大学・朝日新聞社共同政治家調査．http://www.j.u-tokyo.ac.jp/~masaki/ats/atsindex.html.
5 　たとえば，大嶽　2006, 157.
6 　Downs 1957; Mayhew 1974.
7 　蒲島・今井　2001.

8 池田 2004；蒲島 2004, 第15章.
9 Krauss and Nyblade 2005. 彼らは，衆院選の各選挙区での得票率データを用いて，内閣支持率が与える得票率への影響が1979年選挙以降はそれ以前よりも大きくなっていることを示している．
10 菅原 2004.
11 Krauss and Nyblade 2005, 363.
12 大嶽 2003；2006.
13 内山 2007.
14 活字メディアの報道量データを用いた研究として，Krauss and Nyblade 2005；福元・水吉 2007.
15 選挙前のテレビ報道量に関するデータを用いた他の研究として，逢坂 2007.
16 福元・水吉 2007.
17 待鳥 2006b, 175.
18 竹中 2006；待鳥 2005；2006a；2006b.
19 樋渡 2006, 30-32.
20 竹中 2006, 249-251.
21 一般紙の紙面を用いた研究ではあるが，新聞による報道の有無をデータの構築に用いた著名な例として Mayhew 2005 がある．
22 内山 2007；東京大学社会科学研究所 2006.

参考文献

Downs, Anthony. 1957. *An Economic Theory of Democracy*. New York: Harper and Row.
Krauss, Ellis, and Benjamin Nyblade. 2005."'Presidentialization' in Japan? The Prime Minister, Media and Elections in Japan," *British Journal of Political Science* 35: 257-368.
Mayhew, David. 1974. *Congress: The Electoral Connection*. New Haven: Yale University Press.
Mayhew, David. 2005. *Divided We Govern: Party Control, Lawmaking, and Investigations, 1946-2002*. 2nd ed. New Haven: Yale University Press.
Poole, Keith, and Howard Rosenthal. 1997. *Congress: A Political-Economic History of Roll-Call Voting*. New York: Oxford University Press.
池田謙一．2004．「2001年参議院選挙と『小泉効果』」『選挙研究』19：29-50．
内山融．2007．『小泉政権：「パトスの首相」は何を変えたのか』中公新書．
逢坂巌．2007．「小泉劇場 in テレビ 05年総選挙のテレポリティクス――『内戦』としての『改革』，その表象と消費――」『選挙研究』22：5-16．

大嶽秀夫．2003．『日本型ポピュリズム：政治への期待と幻滅』中公新書．
大嶽秀夫．2006．『小泉純一郎　ポピュリズムの研究:その戦略と手法』東洋経済新報社．
蒲島郁夫．2004．『戦後政治の軌跡：自民党システムの形成と変容』岩波書店．
蒲島郁夫・今井亮佑．2001．「2000年総選挙：党首評価と投票行動」『選挙研究』16：5-17．
菅原琢．2004．「日本政治における農村バイアス」『日本政治研究』1（1）:53-86．
竹中治堅．2006．『首相支配──日本政治の変貌』中公新書．
東京大学社会科学研究所編．2006．『「失われた10年」を超えて［Ⅱ］──小泉改革への時代』東京大学出版会
樋渡展洋．2006．「小泉改革の位相：先進諸国の中の日本の政治変化と政策対応」東京大学社会科学研究所編『「失われた10年」を超えて［Ⅱ］──小泉改革への時代』東京大学出版会，第1章．
福元健太郎・水吉麻美．2007．「小泉内閣の支持率とメディアの両義性」『学習院大学法学会雑誌』43（1）：1-21．
待鳥聡史．2005．「小泉長期政権を支える政治改革の成果」『中央公論』2005年4月：176-184．
待鳥聡史．2006a．「大統領的首相論の可能性と限界──比較執政制度論からのアプローチ──」『法学論叢』158（5・6）：311-341．
待鳥聡史．2006b．「『強い首相』は日常となる」『中央公論』2006年10月：174-184．

第1部
個人としての小泉，政治家としての小泉

国会発言から見た小泉純一郎の外交

藤井将象

1節. はじめに

　Web上で公開されている国会会議録には，過去に国会でなされた議員の全発言が記録されており，政治家の思想・信条を理解するための非常に有効な資料として位置づけることができる．

　本章では，この国会発言の全記録に基づき，「外交の相手国」という視点を軸に，小泉首相の外交の特徴を客観的に分析する．ここでは日本と密接な関係にある31の国を選び[1]，国会発言の中で小泉が当該国名を使った頻度（図1）・回数（図2～4）をグラフ化し，首相就任前の小泉，森喜朗首相，小渕

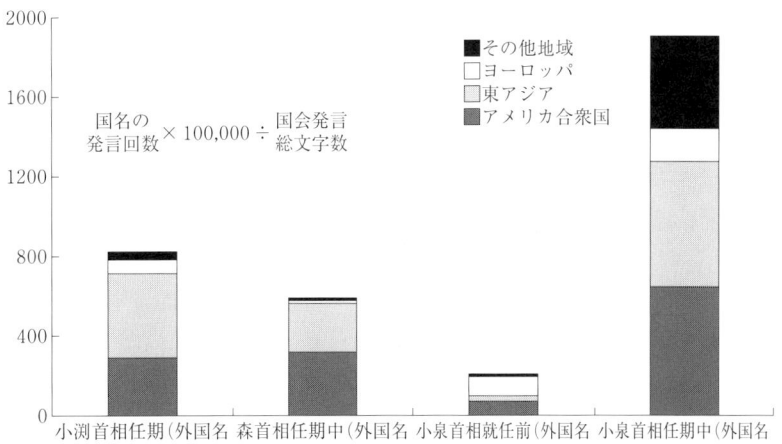

図1　各首相の国会発言総文字数に対する，31カ国の国名の発言頻度
　　　（地域別．数値は小数点第2位を四捨五入）

恵三と比較しながら，地域ごとに考察を加えた[2]．

本章が行った分析は，あくまで「国名を何回発言したか」という特に簡素化された分析方法で進めたがゆえに，首相の発言から聴衆が受ける「全体的な印象」といったような曖昧な議論と一線を画しているところに特徴がある．一方で，国会発言の内容は質問者の質問内容によって左右される部分も強いなどの理由で，発言回数のみをもって小泉首相の当該国への関心の強さ・弱さを表すことはできないため，当該国への言及の前後の文脈も適宜確認しながら分析を加えた．

2節．外交に関する発言の頻度とその傾向

図1で最も顕著なことは，小泉の任期中はグラフの総計が他の首相と比べて格段に大きいことである[3]．外国の国名に言及する頻度が格段に高かったというこの事実の背景には，首相に就任した2001年にアメリカで同時多発テロが起こり，その後のアフガニスタン侵攻，イラク戦争と，重要な外交課題が続き，外交に取り組む機会が他の首相と比べて多かったことがある．

一方で，首相就任前の小泉は，外国の国名に言及する頻度自体が少なかった．これは個人的な関心の低さに加え，大蔵政務次官，厚生大臣，郵政大臣というキャリアに起因する部分も大きいと考えられる．

「アメリカ」を発言した回数については，31カ国の言及回数全体から見ると，首相就任前・任期中ともに一定以上の割合を占めており，逆に他の首相と比較しても特に割合が高いわけではない．東大朝日共同調査（2006年4月19日の朝日新聞朝刊掲載）では，小泉が首相就任後に過度に日米関係重視にシフトした，と分析されているが，国名への言及頻度だけを見るとその傾向は表れていない．

また，首相就任前はヨーロッパの国名に言及する割合が高く，「東アジア」に言及する割合が低かったが，共に就任後は他の首相と同程度の割合に収まった．

小泉の首相任期中には「その他の地域」への言及が飛躍的に増えたが，これはイラクへの言及が大部分を占める．

3節．アメリカ合衆国

小泉の外交・安保への対応は対米重視と言われることが多いが，首相就任

前からの国会発言と比較してどうであろうか．
　小泉の日米関係についての考え方が窺えるのは，1975年の国会発言に遡る．

> いまの日本の状態を考えて，また将来の日本のことを考えるならば，アメリカとの友好関係を日本が保つということは，国民生活の繁栄のために不可欠のことであると私は思っております．（1975年10月01日，衆－大蔵委員会）

この時点で既にアメリカとの友好関係重視の姿勢を打ち出している．
　また，日本の戦後の繁栄がアメリカの軍事力なくしてはありえなかったことに関して，

> 自衛隊の上にさらに補完的措置として日米安全保障条約をもって，日本は軍事力が立派に存在している．（1985年10月28日，衆－予算委員会）

と述べるなど，自国の軍隊による防衛の重要性を示唆しつつも，日米安保条約については肯定的な考えを持っていることがわかる．この後は首相就任まで，日米関係の重要性に言及した国会発言は見当たらない．
　首相就任後から小泉の日米関係に関する発言は飛躍的に増える．所信表明演説で日米関係について言及し，この時から「日米同盟」という言葉を使うようになる．

> 日本の繁栄は，有効に機能してきた日米関係の上に成り立っております．日米同盟関係を基礎にして，中国，韓国，ロシア等の近隣諸国との友好関係を維持発展させていくことが大切であります．（2001年05月07日，参－本会議）
> 日米安保条約，これは日本の平和と安全にとって欠かすことのできない重要な同盟関係の条約であると認識しております．（2004年10月20日，参－予算委員会）

　表1にあるとおり，首相就任前に国会で「アメリカ」「米国」

表1　国名発言回数

国会発言	「アメリカ」「米国」	国会発言文字数
首相就任前	発言回数…96回	1,339,633文字
首相任期中	発言回数…2,865回	4,383,664文字

という言葉を使ったのは96回．任期中は2,865回にのぼる．

　もちろん，2節で述べたように，首相任期中は外交に関する発言自体が急増しており，その中での「アメリカ」への言及の割合は首相就任前と大きく変わっていない．しかし今回の調査方法では，仮に「アメリカの方針を支持する．」「アメリカの方針に反対する．」という全く正反対の発言内容があったとしても，どちらも1回の「アメリカ」発言としてカウントされてしまうことを考えると，単純に発言回数が多くないという事実をもって，アメリカ重視の姿勢も存在しないということはできない．実際に，言及頻度だけでなく国会発言の内容にまで踏み込むと，首相就任前のカウントは，アメリカの社会制度を引用した発言が多く，日米間の協力関係に言及したものは上記に挙げたのみであったのに対して，首相任期中は日米同盟を殊更に強調した．

　これらのことを勘案すると，小泉の対米外交を重視する姿勢は首相就任前から既に窺えたものの，首相就任を機に急激にその色合いを強めていったということが言える．

4節．東アジア・東南アジアなどの近隣諸国

　まず全体として言えることは，図1でも見たように小泉の首相就任前は東アジアの国々に言及する頻度が低く，各国別のバランスも偏っていたが，首相就任後は飛躍的に言及回数が増え，そのバランスも他の首相に近くなった．

　中国に関する言及は，首相就任前になされたもののほとんどが「中国残留邦人」への支援策に関するもので，厚生労働大臣期になされている．首相任期中は，中国が隣国として経済力・存在感を増す状況にあったことに加えて，靖国問題・瀋陽総領事館事件・6カ国協議での関わりが多かった．

　韓国については，首相就任前は，ほとんどが「在日韓国人」に関するもので，中国と同じく厚生労働大臣期になされている．首相任期中は，ワールドカップの共催に呼応した日韓交流ブーム・靖国問題に関する言及が増えた．そして韓国の場合は中国以上に対北朝鮮交渉が重要な役割を占めていた．

　北朝鮮・ロシアについては首相就任前にはほとんど言及が無かったが，任期中は北朝鮮とは拉致問題・核問題での言及が多く，ロシアとは6カ国協議，北方領土問題で関わりが多かった．また首相就任前はPKO派遣の問題について，カンボジアへの言及が見られた．

5節. ヨーロッパ

図1でも見たとおり，小泉は首相就任前からヨーロッパへの言及回数が多かった．これはイギリスへの留学経験や，大蔵委員会や厚生大臣などといったキャリアが大きな要因となっていると考えられる．

イギリスに関しては，首相就任前はイギリスの税制・社会保障制度・小選挙区制を引用することが多かった．

フランスに関しては，就任前の言及は少なかったが，就任後はイラク派兵の議論の際に言及が増えた．

ドイツに関しては，就任前は2000年に発効し

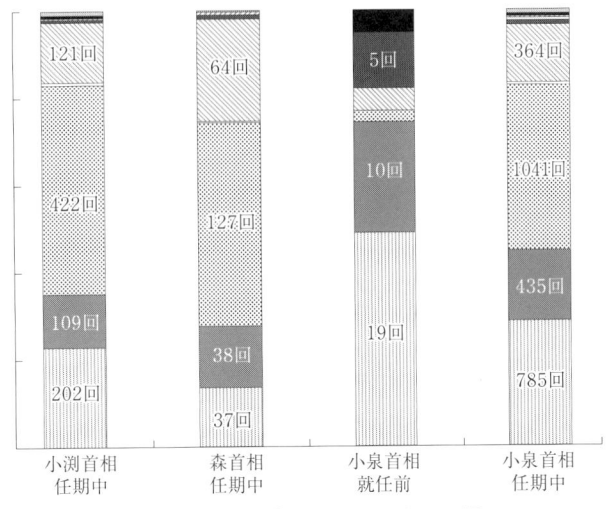

図2 東アジア・発言回数内訳

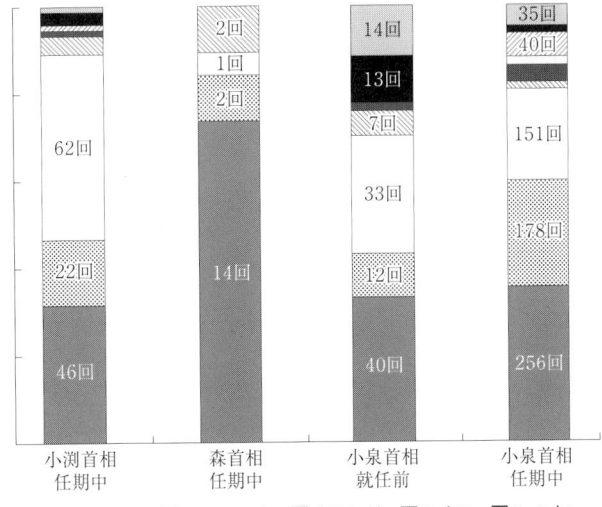

図3 ヨーロッパ・発言回数内訳

た日独社会保障協定などに関する言及が多く，任期中はイラク戦争の問題や国連常任理事国入りを目指すＧ４での言及が多かった．

デンマーク・スウェーデンに関しては，就任前は，福祉先進国として両国の社会保障制度を見本とする発言が多かった．特にデンマークは介護保険・消費税などで模範とされる一方で，スウェーデンは武装中立国であることから防衛費の議論でも引用された．就任後は，スウェーデンは福祉国家としてだけでなくイラクへ派兵した国として言及されることが多かった．

オランダとスペインに関しては，就任後の言及が目立つが，これはイラク派兵に関する言及と，スペインでのテロについての言及が多かった．

6節．その他の地域

図４ではイラクを「その他の地域」から除外した．小渕，森がそれぞれ16回，１回という発言回数であったのに対して，小泉の任期中は3,678回という圧倒的な回数に及んだため，イラク以外の国々との関わりが見えにくくなることを避けるためである．

全体としては就任前はその他の地域に言及することは少なかった．就任後は他の首相と比較しても多様な国に言及するようになった．

図４　その他の地域・発言回数内訳

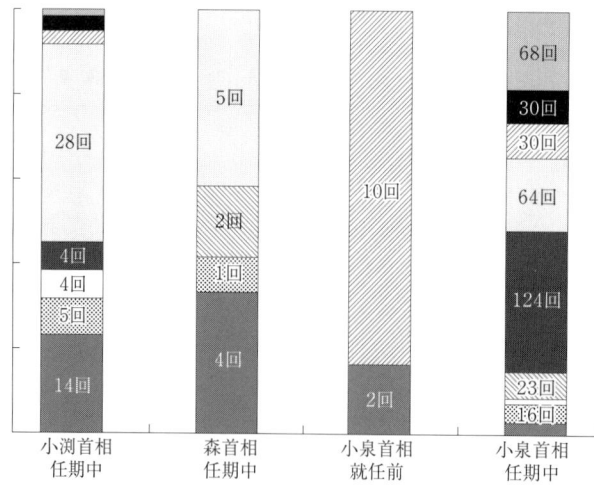

カナダについては小渕が対人地雷禁止条約の締結に関して言及することが多かったのに対して，小泉は主要国首脳会議の構成国，イラクへ派兵した国として言及した．

ブラジルにつ

いては国連常任理事国入りを目指すG4の一員として言及した．

メキシコについては，2004年にFTAなど経済連携協定に署名したように任期中に関係が緊密化した．

アフガニスタンとパキスタンについては，テロ後のアフガニスタン空爆による難民流出によって，難民支援・経済支援を行ったことで関係が強まった．パキスタンについてはパキスタン地震も影響している．

クウェートについては就任前，任期中を問わず言及が多かった．就任前は，カンボジアへのPKO派遣を論じる際に，湾岸戦争を引用していた．任期中は，イラク派兵を論じる際に，湾岸戦争を引用するようになった．

エジプトについては，イラク復興支援に際して，サウジアラビアと共に中東地方で親米を掲げる国として重要性が高まった．

イスラエルへの言及は，首相公選制を導入していた国としての言及に加え，中東問題に取り組む機会が増えたことが契機となった．

7節．イラクへの自衛隊の派遣

小泉の外交について考える際に避けて通れないのが，イラク問題であろう．小渕，森，小泉の首相就任前のイラクへの言及回数がそれぞれ，16回，1回，9回であるのに対して，小泉の首相任期中は3,678回にものぼる．

この背景には，イラクへの自衛隊の派遣があると考えられるが，東大朝日共同調査（2006年4月19日の朝日新聞朝刊掲載）では，首相就任を機に自衛隊の国際貢献についての考え方が消極論から積極論へと転じた，という分析があった．これについて，国会発言を基に検討してみたい．

小泉が自衛隊の海外派遣についての考え方を大きく転換した指標として，東大朝日共同調査では，2004年からのイラクへの自衛隊派遣と，1992年のカンボジアへのPKO隊員派遣が比較対照されていた．

小泉はPKO隊員が殺害された事件について，

> カンボジアの深刻な状況を目の前にして，……このくらいの危険は当たり前だといってどんどん進めていくというのは，これは政治として，そういうことを今行っているPKO隊員に勧めることは私は酷過ぎると思いました．（1993年05月13日，参－通信委員会）

と発言する．
　一方で，イラクのケースについては，「必ずしも安全とは言えません」(2003年11月25日，衆－予算委員会) としながらも，

> イラク人のイラク人によるイラク人のための国づくりに国力にふさわしい活躍なり活動をしていかなきゃならない．……今後，状況をよく見て，自衛隊の諸君にもしかるべき任務を果たしていただきたいと期待しております．(2003年07月23日，両院－国家基本政策委員会合同審査会)

と述べた．
　ただし，カンボジアでのケースについては，

> 自衛隊員もあるいは文民の警察官も民間のボランティアの方も行っていただく．まさか死を覚悟するような，あるいは死と危険が隣り合わせするような場に出すとは想定しなかったと思うんです．(1993年05月13日，参－逓信委員会)

という発言に力点が置かれており，あくまで現地の危険な状況について誤解を与えたままに PKO 隊員が派遣されてしまったことを踏まえて，「酷だ」という表現を使っていることに留意する必要がある．
　ここから言えることは，小泉は表面的には自衛隊の海外派遣についての結論を変えているが，国会発言のみに注目すると，考え方の筋は通っていると言える．しかし，そもそもどういう場合に派遣が許され，どういう場合には許されないのかといった海外派遣についての原則的な考え方は首相就任後も明らかにしておらず，その意味で現実的な対応に幅をもたせている．

8 節．結論と含意

　小泉の国会発言で他の首相と大きく異なる点は，多様な諸外国に言及していることだろう．特に「ヨーロッパ」と「その他地域」でその傾向が見られるが，これはイラク戦争によって国際的な連携が広く求められたことが原因として挙げられる．
　一方で首相就任前との比較で言うと，就任前の小泉は，ヨーロッパ諸国へ

の言及の多さ，東アジアなどの近隣諸国への言及の少なさを特徴としていたが，首相就任後は，ヨーロッパ諸国への言及頻度は減少し，東アジアなど近隣諸国の言及頻度が増し，特に東アジアでは国別の内訳も歴代の首相と同程度の割合に収まった．就任後は関心の無い国との外交にも取り組む必要が生じ，さらに日本に本来的に内在する外交問題は首相の交代とは無関係なので，言及する国名や地域の割合が他の首相と同程度になったと考えられる．

1 地域区分としては，「アメリカ合衆国」を単独の地域とし，「東アジア」には，中国・韓国・北朝鮮・カンボジア・マレーシア・シンガポール・フィリピン・インドネシアに，ロシア・オーストラリアを加えて，広く日本の近隣諸国という分類とした．「ヨーロッパ」には，イギリス・フランス・ドイツ・イタリア・スペイン・スイス・オランダ・デンマーク・スウェーデン・トルコを，「その他の地域」には，カナダ・ブラジル・ペルー・メキシコ・アフガニスタン・パキスタン・クウェート・エジプト・イスラエル・イラクを選んだ．
2 例えば，次のような発言に関しては，「アメリカ」を2回，「イラク」「クウェート」を1回ずつとカウントする．「湾岸戦争のときは今と違うんです．それはイラクとクウェートの戦争だったんです．アメリカは関係ないんですよ．だからこそアメリカは国連決議をしようとしたんです．」(2001年10月5日，衆－予算委員会)
3 小泉の首相就任前，首相任期中，森の任期中，小渕の任期中の国会発言文字数はそれぞれ，133万9,633文字，438万3,664文字，108万9,042文字，207万5,666文字とバラつきがあるため，1,000,000×（当該国名発言回数）÷（それぞれの国会発言総文字数）として計算した．

小泉の福祉関連予算に関する主張

石丸真幸

1節．はじめに

　小泉といえば郵政民営化など郵政分野での発言が目立つが，1988年に厚生大臣として初入閣を果たして以来，橋本内閣でも再度厚生大臣として入閣するなど，長く厚生分野，公的保障分野に取り組んできた実績を持つ政治家である．

　しかし，彼は議員になった当初は大蔵委員会に所属する，いわゆる大蔵族議員だった．この大蔵族としての経験や実績を活かした，社会保障，福祉増進のための財源確保，税制改革という厚生分野の中でも予算に関わる分野での発言，主張の分析が彼の政治的信条を垣間見るために有用ではないか，と考えた．

　初当選以来の彼の政治的主張の推移を追っていくとすれば一貫して取り組んできた分野でみるのが妥当であると考えられ，厚生予算という分野はそれに適した分野と言えよう．

　ここでは主に国会審議録から抜粋した国会発言，選挙公報，種々の雑誌対談など記録に残っている発言，著述を中心に彼の政治姿勢を検証する．

　便宜上，①国会における初発言（1973年4月6日）から初入閣（1988年12月27日）まで，②大臣時代という2つの時期に分けて，彼の福祉関連予算に関する主張の変化を分析する．

2節．初当選から初入閣まで

　若手時代の小泉は，大蔵委員会に所属していたため税制，特に当時焦点となっていた物品税体系の見直しに関する発言が目立つ．そして，高齢化社会を迎えるにあたっての福祉財政を組むため，必要な財源をこれらの間接税に

求めようとしている姿勢がうかがえる．

> いままで物品税というのは，高級品とか奢侈品なんかのそういう消費の背後には担税力があるのだという，そういう観点から課されてきたと思うのですけれども，いま御指摘のように，非常に時代が変わるにつれて，国民の消費の形態なり嗜好もどんどん変わってきておると思うのです．どれが高級品か，どれがぜいたく品か，それは人によって非常に違ってくると思うのです．(1973年4月12日，衆－大蔵委員会25号)
> 思い切った減税とそして福祉充実，よくやったというような抜本策を講じていただいて，またそれに必要な財源を調達するためには将来一般消費税というようなもの，これは反対があってもそういうような見返りがあれば国民は納得していくのです．(1973年6月6日，衆－大蔵委員会37号)
> 生活環境の整備や，社会福祉の充実に対する国民の要求はますます高まりつつあり，(中略) 今後新たな財源を求めるとすれば，直接税の比率がかなり高く，むしろ減税の要求が強い現在，1つの方向として，消費税のあり方を洗い直し，検討すべきであると私は思います．最近のように，あらゆる消費財が豊富に供給され，所得水準の上昇とともに，消費が一般に高級化，多様化の傾向を示してくると，特定の消費だけをとらえて課税するという，いわゆる個別消費税では，負担の公平は期しがたいのであります．福祉充実のための財源として，現行の個別消費税制度を変更して，何らかの新しい一般消費税制度の導入について，具体的に検討すべき段階に来ていると思います．(1975年2月21日，衆－本会議7号)

間接税体系については国民の公平感を損なわず，なおかつ広く国民に負担をしてもらうことが必要であり，そのためには国民に説明して理解を得ることが大事だという説明責任の必要性や痛みを分かち合うという考え方を若い頃から持っていたことが分かる．

加えて，価値観の多様化という時代の流れに沿った方向へ税制も変化していくべきだという持論も披露している．何が高級品であるかという客観的な基準を設けること自体が難しくなっているという事情を考慮すると，ある1つの価値観に基づいて個別に物品税を賦課することは逆に国民の公平感を損

なうのではないかという主張である．この一般消費税導入論は，当時は野党などから多くの批判を受けたが，その後も検討を訴え続けている．そして竹下内閣時に実現したことは周知の事実である．

また当時，税制改正に際して福祉財政の充実を訴えている場面がしばしば見受けられる．以下は初当選（1972年）時の選挙公報に記載された公約の抜粋である．

> 若い力で愛ある福祉を!!
> ◎65才以上5才以下の医療費及び分娩費を無料に
> ◎年金を大幅に拡充
> ◎公害の企業責任を明確にする
> ◎使命感に燃えた教育者の地位確立
> ◎選挙制度の抜本的改正と政党の近代化

この選挙公報の中で小泉は「経済成長から社会福祉へ」という小見出しを設けて，福祉充実を強く訴えている．高度経済成長が終わり物質的豊かさから心の豊かさを求める世相を反映してのことと思われ，若い頃から福祉を必要とする人々のための政治というものを信条として議員活動に取り組んでいたことがうかがえる．

そして，この福祉政策に関する小泉のキーワードの1つとして「自助努力の精神」というものがある．

> 最近憂慮すべき風潮が一部にあります．それは，（中略）政府に必要な財源を与えようとせず，しかも，われわれの生活のすべてを世話しろという，政府に万能の力を期待するなどということは，まことに無責任な議論と言わなければなりません．福祉国家というものは，全国民の協力なくしては成立し得ないものであり，要は，いかに国民の税金を有効に配分するか，福祉向上に結びつけるかであります．（1975年2月21日，衆－本会議7号）

この国民の政府への依存体質については後にも随所に発言があり，問題意識の1つとして捉えられていたことが分かる．郵政民営化論において問題視

する官尊民卑の風潮もこの一種で，政府を膨張させ民業圧迫につながりサービス削減すなわち反対という風潮を生み出すという循環である．小さな政府を志向する以上，まずは「国民の自立」を促すというのは当然の主張といえる．

　不安のない高福祉社会の建設
　自助と連帯の調和をはかりつつ，社会保障・教育・労働，老後・コミュニティ対策を体系的に整え，人の生涯を通じて不安のない福祉社会を建設します．（1976年選挙公報）
　やはり自律自助の精神が一番大事じゃないですか．そういう自らを律し，自らを助ける意識を強く持った人が，活発に，いきいきと活躍できる環境を作っていく．そして，自分ではどうにもできない人に対しては，国としても手厚い福祉の手を差しのべていくということですね．（月刊自由民主　1981年3月号）
　政府の役割というのは，これからもかなり大きいと思いますけど，むしろ「自制」というんですかね，民間の活力をうまく発揮させる環境を作る．（同上）

　上述したように福祉充実のためには前提としての国民一人一人の「自助努力」と公平性の観点が必要であり，あくまで社会福祉というのは補完的な存在たるべきだという主張は，官業は民間の補完であるべきだという主張と共通している．収集した雑誌資料の中で最も古い『月刊自由民主』1981年3月号では，この他にも国鉄や郵便事業が官営である必要性に否定的で，政府と民間の役割分担の重要性を説いている．
　このように，現在の小泉の主張の原点は若手時代に既に見ることができる．当時米英でレーガノミックスやサッチャリズムといった小さな政府を志向した政策が採られていたこと，大学卒業後イギリスに留学しており，北欧など福祉国家の様相を目の当たりにしていたであろうことなどを考慮すると，その影響を受けていた可能性は十分考えられる．
　この時期の小泉に関する資料としては他には国会発言，選挙公報等しか残っていないが，総じて福祉充実，福祉財源の充実を訴える場面が多い印象を受ける．自助努力によっても救われない社会的弱者のための政治活動に力を

入れていた様子がうかがえる.

3節. 初入閣―竹下改造内閣, 宇野内閣の厚生大臣として

　1988年12月27日, 小泉は竹下改造内閣の厚生大臣として初入閣を果たした. この翌年の1989年, ついに訴え続けていた一般消費税が導入されることとなる.

　ところが小泉はこの年の通常国会でそれまで訴えていた福祉財源としての一般消費税という位置付けを放棄している.

> 　医療費の財源は, 保険料を基本として必要に応じて税財源を充てるのが適当と考えておりますが, 消費税をその特定財源とすることは考えておりません. (1989年2月15日, 参－本会議5号)
> 　今後の社会保障の財源についてですが, 給付と負担の関係が明らかであり, 制度の効率的運営を図ることができる社会保険料を基本としつつ, 税による財源を適切に組み合わせていくべきものと考えております. (1989年4月25日, 衆－予算委員会12号)

　代わって保険料による制度維持を基本とし, それで足らなければやむなく国庫負担すなわち税金を投入するという主張をするようになる. 給付と負担の関係を国民に明確にすることで国民の理解を得やすくなるが, 税財源はそれが曖昧になるためにできるだけ投入すべきではないということである.

　またなぜ消費税を福祉財源としなかったのかとの質問に対しては正面から答えず, 将来的に消費税の福祉財源化の議論はあるだろうが, 従前の税制では増大する福祉需要に耐えられないからこれから伸びつつある消費一般に対して課税することで財政基盤を強化し, 財政再建の第一歩とするという答弁に終始している.

　消費税について国民の反対の声が多いことに関しては, 不満の声には一定の理解を示すがやむをえない改革であり, そのことを粘り強く説得を続けていくとしている. これは「改革には痛みが伴う」という小泉のキャッチフレーズの源流として注目に値するものと言えるだろう.

> 　　現行の物品税をほとんど全部廃止している. そして減税総額は実に九兆

2千億円，消費税の導入で5兆4千億円，既存の課税を適正にして差し引き2兆6千億円の減税が図られているわけであります．しかも消費税というのは諸外国に例を見ない3％の低率である．ですから私は，今回の税制改革というのは大変すばらしい改革であって，将来必ず国民から評価されるものと確信しています．(1989年2月17日，衆－予算委員会3号)

今野党の諸君は消費税廃止を訴えております．しかし，5兆4千億円というこの消費税の財源を一体どこで見つけてくるのか，この提案なしに廃止を言うのはまことに私は無責任と言わざるを得ない．(1989年4月26日，衆－予算委員会13号)

(消費税は)確かに不人気だった，評判が悪いけれどもやむを得ない，必要な今回の税制改革であったというふうに私は理解しているわけであります．(1989年5月25日，衆－社会労働委員会)

当時の国会発言では税制改革の一環としての消費税導入を正当化し自画自賛する上に，野党議員が消費税反対を唱える度に代わりの財源があるのかと逆に批判の矛先を向けている場面が目立つ．このような小泉の姿勢は，むしろ定型的な理論武装であたかも自らのかつての主張との齟齬を隠そうとしているかのようにも受け取れる．しかしながら給付と負担の関係を明示するという「自助努力」の精神は明確化しているといえるので，その点に関しては一貫している．

また，年金に関しても厚生財源同様「自助努力」の精神を基本に，世代間の負担割合を見直すとともに給付と負担の関係を明らかにし，そのバランスは国民の議論に任せようという立場で一貫している．

年金財政というのは，考えるところ，給付水準，いわゆるもらう額と，そしてそれを払う，負担する保険料，そして同時に，何歳からかという年齢，この3つの組み合わせをどうやってうまく調整していくか，それにほとんど尽きると思います．(1989年4月3日，衆－大蔵委員会7号)

老人医療費の有料化に関しては世代間のバランスをはかるため，医療費が多くかかる高齢者に一定の負担を求めるという説明で一貫している．

厚生省としては，何も，お年寄りに対して厳しくやっているどころじゃなくて，むしろいろいろな世代間のバランス，お年寄りと若い方のバランスを考えてやろうと言って懸命にやっているわけであります．（1989年2月18日，衆－予算委員会4号）

このような厚生大臣としての小泉の論調は発言内に「厚生省としては…」とあるように厚生当局の代弁者という性格も帯びており，大臣就任前と一概に比較することは難しい．発言内容を見ていくと，一議員時代の頃は単に政府の姿勢を批判したり，政策の検討を訴えたりする場面が多かったが，大臣として政府の置かれている立場を踏まえて，苦しい状況の具体的な説明をする場面が増えてきている．福祉政策重視の野党議員と相対する場面では同じ論理を繰り返し使うなど，官僚の入れ知恵的な側面をうかがうこともできる．後の橋本内閣時代と比較しても野党議員の追及が甘いのか，小泉が厚生分野を熟知していないからなのか，少々具体性，迫力に欠ける趣はある．

表1 竹下改造，宇野両内閣時代の国会における小泉厚生大臣（当時）の主な論敵と小泉が発言した委員会一覧（1988年12月27日～1989年8月10日）

質問者（政党名）	小泉への質問回数（小泉の答弁回数）	質問者のその場での発言回数合計	小泉への質問割合（％）
山本正和（社会党）	14	86	16.28
中野鉄造（公明党）	11	106	10.38
大原亨（社会党）	8	31	25.81
沓脱タケ子（共産党）	8	44	18.18
浜本万三（社会党）	7	20	35.00
吉井英勝（共産党）	7	29	24.14
田中美智子（共産党）	6	46	13.04

小泉総発言回数：172回

小泉が発言した委員会，本会議	合計
予算委員会	14
社会労働委員会	7
本会議	4
大蔵委員会	5
税制問題等に関する調査特別委員会	1
総計	31

※発言が記録されている委員会のみ集計したもので，出席したが発言していないものは含まれていない（表2も同様）

ここまでは特徴ある発言を基に小泉の主張を分析してきたが，この時期の国会発言状況をマクロ的に分析する．

表1を見ると，小泉と対峙した国会議員は社会党，共産党といった福祉政策に力点をおく野党議員が圧倒的に多いことがわかる．与党である自民党の方がより質問時間が長いのに，自民党で小泉へ多く質問している議員がいないことを考えると，相対的

に，野党は限られた質問機会のうち多くの割合を厚生大臣である小泉との直接対論に割いていたことが分かる．

また，厚生大臣であるのに所管委員会である社会労働委員会よりも，どちらかといえば予算委員会や大蔵委員会など国政全般に関する委員会に出席し，委員から発言（というよりは特定の事柄に関する感想や知・不知）を求められ答弁するという傾向がある．

4節．橋本内閣の厚生大臣として

橋本内閣において小泉が取り組んだ大きな課題は介護保険制度の創設と医療制度改革である．

介護保険制度は小泉が主張する民間活力の有効利用という観点が大きく盛り込まれた制度であり，制度設計の段階から国が直接実施する税方式ではなく，保険料を支払って介護サービスを受ける保険料方式が採用された．小泉の，官業は民業の補完に徹するべきだという信条は郵政民営化論を生み出す契機の1つであるが，この考え方を厚生関連分野だけではなくあらゆる分野に応用していくことで，彼の政策体系は成り立っていったといえよう．

> 税方式よりもはるかに国民の理解を得られやすいのではないかということで，完全な税方式よりも税と公費と保険を一緒に組み合わせた今回の介護保険制度の方が，税で全面的にやるよりもより国民の理解を得やすいのではないかというふうに考えております．（1997年2月21日，衆－厚生委員会3号）
>
> 民間が参入できる基盤，これは福祉分野においても大事だと思います．今，あらゆる規制緩和に向けて推進体制を政府も党もとっておると思いますが，今までは，官は民の補完であるという考え方から，今後は，むしろ民が官の分野に進出できるような環境を整えていくことが私は大事だと思います．（同上）
>
> 何らかの財源調達方法を考える場合は，お互い保険料を拠出して将来に備えようじゃないか．そして公費も投入しましょう．なおかつ，サービスを受ける利用者からも負担をいただきましょう．税金と保険料と利用者の負担，これからだれが政権をとろうが，この組み合わせしかないんです．（1997年4月2日，衆－厚生委員会11号）

私は，増税による財政再建というのを避けなければいかぬ，国債の発行をしてこれから若い世代にツケを残すことを避けなければならないというのだったらば，これは歳出削減を徹底するしかない．（中略）2兆，3兆削減しろといったら，これは大変な反対が出るでしょう．限度がある．となれば，行政改革せざるを得ない．（1997年2月19日，衆－厚生委員会2号）

初入閣時と比べると少子高齢化の急速な進展の影響などにより医療財政は一層の厳しさを増し，公的保障制度は破綻の危機に瀕しているといっても過言ではなかった(図1参照)．このような当時の医療制度に関しては様々な問題点が指摘されていた．点数方式に基づく診療報酬制度，薬価差益から生じる患者の薬漬け問題，大病院への外来集中問題などである．これらの制度弊害や無駄をなくし，総じて国民医療費を抑制するという観点から，小泉は医療制度改革に取り組んでいた．

この背景としては，国の財政を建て直さなければならず，そのためには歳出削減だけでは追いつかずに結局は行政改革が絶対に必要となり，それこそ国家を議論する政治家が取り組むべき厚生分野にとどまらない根本の問題であるという主張が共通認識としてあると思われる．

しかしながら，小泉の公的保障制度の財源に関する基本的姿勢はほとんど変わっていない．これは原則論を述べているだけだともいえるのかもしれないが，1989年とほぼ同様のことを述べていることを考慮すれば彼の信条そのものであると言える．

図1 国民医療費とそのうち老人医療費の増加状況

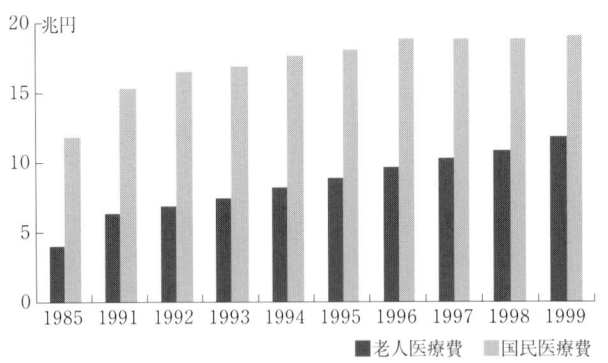

出典：医療制度改革の課題と視点 厚生労働省高齢者医療制度等改革推進本部事務局，http://www.mhlw.go.jp/houdou/0103/h0306-1/h0306-1d.html

政治家が，

甘いことを言って議席を確保する．国民は，その甘言に乗せられて投票する．だからいつまでたっても，必要な改革は実行されず，ツケを若い世代に先送りする．こんな政治状況を打破するためにも，私は，この医療制度改革の実現に全力をつくします．つまりこの医療制度改革は，製薬業界も医師も，そして国民も痛みを分かち合う必要があり，新しい政治状況を生み出すことにも通じているのです．（著書『小泉純一郎の暴論・青論』第2章　1997年9月）

いまの財政状況はあまりにも若い世代にツケを回しすぎている．そこで，高齢者は福祉の給付を受ける側というばかりでいいのか，若い人ばかりに負担を押しつけていいのか，という問題が出てきた．

高齢者と若い世代が支え合う社会にするには，当然給付と負担の公平というものを考えなきゃいけない．ならばどの程度まで国が支えて，どの程度個人負担とするのか．それを考えないと，ただ感情的に福祉の切り捨てとか，冷酷重税というのは当たらないと思うんです．（『婦人公論』1997年12月号）

　高齢化の結果として高齢者の医療費が増大し，全体平均で見ると保険料収入を医療費支出が約6万円上回っている．国民1人当たり6万円の赤字ということは全体でみれば約7兆円赤字の状態である．（図2参照）
　上記の小泉の著述によれば，彼は医療費負担が現役世代に偏りすぎていた当時の制度を1つの問題点として捉えていることが分かる．高齢者の面倒を社会全体でみるという制度趣旨からすると高齢者に負担を求めすぎることは酷かもしれない．しかしこの高齢社

図2　平成10年度における世代別の医療費負担状況

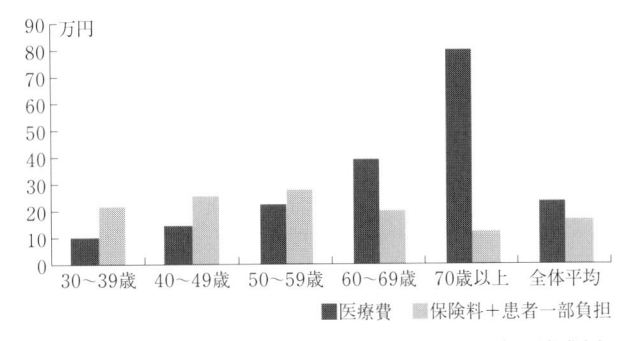

出典：医療制度改革の課題と視点　厚生労働省高齢者医療制度等改革推進本部事務局，http://www.mhlw.go.jp/houdou/0103/h0306-1/h0306-1o.html

会の状況，厳しい医療財政状況を考慮すると，高齢者に今までよりも多く負担を求めることはやむを得ず，その方がむしろ従来よりも公平であると主張している．そしてそれを指して痛みを分かち合うという表現を使っている．

> この社会保障関係費を消費税で全部賄えといったら5％じゃ足りませんね．そういう点をどう考えるか．この点も考えると，私はやっぱり消費税というのは目的税にしない方がいい，一般財源の方がいいと思います．(1997年2月20日，衆－厚生委員会2号)
> 年金も医療も社会保障制度の基幹をなすものはやっぱり保険制度だ，これが望ましいという現状から考えると，日本では消費税を10％以上，上げるよりも保険で対応した方が国民の理解を得られるのではないかなと思っております．(1997年10月30日，参－厚生委員会5号)

表2：1998年通常国会における小泉の主な論敵と小泉が発言した委員会一覧（1998年1月～6月）

質問者（政党名）	小泉への質問回数（小泉の回答数）	質問者のその場の発言回数合計	小泉への質問割合(％)
清水澄子（社民党）	44	130	33.84
山本孝史（民主党）	36	132	27.27
渡辺孝男（公明）	36	173	20.81
西川きよし（無所属）	33	157	21.02
金田誠一（民主党）	28	98	28.57
大口善徳（新党平和）	27	67	40.30
瀬古由起子（共産党）	26	82	31.71
西山登紀子（共産党）	25	107	23.36
青山二三（新党平和）	21	54	38.89
福島豊（新党平和）	17	61	27.87

小泉全発言回数：693回

小泉が発言した委員会，本会議	合計
国民福祉委員会	84
予算委員会	70
厚生委員会	69
本会議	22
予算委員会第四分科会	17
行財政改革・税制等に関する特別委員会	16
行政改革に関する特別委員会	11
緊急経済対策に関する特別委員会	10
決算行政監視委員会	3
行政監視委員会	3
総計	306

また消費税率を5％に上げる代わりに，消費税導入時にも議論となった消費税の福祉財源化を主張する声もあったが，小泉は導入時と同じく一般財源とすることを主張している．理由としては消費税を福祉財源化すると，福祉関連支出が増大するのに伴って消費税率も上昇せざるを得なくなるということと，高い消費税率を設定して税方式で財源を確保するよりも現状では保険料方式の方が国民感情としては理解さ

れやすいのではないかという二点が示されている．このような説明は消費税導入当初はあまり見受けられなかった発言であり，小泉が厚生関連分野に造詣が深くなるにつれて自らの言葉で説明しやすくなってきたものと受け取ることができる．

前節と同じく，マクロ的な視点からもこの時期の小泉の発言状況を分析する。橋本内閣時代の1998年通常国会を例に挙げてみると，やはり野党議員の小泉への質問回数が多い．これは自民党など大政党に比べて，少数政党では特定の議員（委員）が質問に立つことが多い点が影響しているが，それを考慮しても初入閣時と同様，野党議員が厚生大臣である小泉の言質を引き出そうと質問していた様子がうかがえる．

逆に与党議員は質問時間が長いので，質問回数自体は多くても政府委員が答弁している場合が少なくない．

厚生委員会，国民福祉委員会など野党や公明党が力点を置く分野であることから，他の大臣に比べて小泉への質問回数が多い傾向を示しているのかもしれないが，政府委員に頼らず，自ら答弁に立つ大臣の姿が浮かび上がってきているといえる．初入閣時と比べて厚生行政への関心，重要度が増していることを受けて，発言した委員会数，発言回数ともに大幅に増加している．

以上の答弁の内容や状況を概観すると，極めて厳しい状況にはあったが自身2度目の厚生大臣ということもあり，野党議員の追及に対しても，余裕を持って受け応えていることが分かる．答弁の内容も原稿読みではなく，自らの言葉で話している場面が確実に増している．このため，初入閣時に比べて，その当時は聞かれなかったような説明や例えを使い，主張の具体性が増している印象を受ける．

5節．結論と含意

以上のように小泉の福祉分野での発言を見てくると，いわゆる発言の齟齬といった部類はあまり見られない．その意味では一貫しており，当初予想していた主張の「変化」には大きなものはなかった．

なぜ「変化」が感じられないのかということを考えると，小泉の問題提起と解決に向けた方角は概して一定のものであり，箇条書きされた「メモ」をもとに話しているかのようだということがある．実際，国会答弁では事前に原稿を渡されても一読しただけで自分の言葉で答弁しているといい，頭の中

で質問の趣旨と答弁の要旨が彼なりに，それもかなり簡潔にまとめられていることがうかがえる．ただその「メモ」に沿ってなされる主張は読む側にとって説得力はあるものの，彼の主張に触れる機会が多い人にとってはまたかという印象を与えるものではある．言葉の端々を一致させるというより「官業は民業の補完に徹する」「自助努力の精神」といった大きな「筋」を通すことに力点を置いているので，細部で主張が変化していても全体として一貫している印象を受けることになる．

　そしてこれらの彼の信条とも言うべき「筋」は若い頃にその源泉を求めることができ，次第に確立，具体化されてきたものだといえる．

小泉純一郎と郵政民営化

楠井悠平

1節. はじめに

　小泉純一郎といえば郵政民営化が思い浮かぶ．例えば，小泉純一郎は頑固一徹な性格で知られているが，朝日新聞の記事によると[1]，彼の性格を象徴するものとして郵政民営化論が挙げられている．また，2006年9月の総選挙で郵政民営化の単一争点化に成功して自民党の歴史的勝利を導くなど，小泉政権期において政局を左右する重要な政治課題となった．本章では，小泉純一郎と郵政民営化との関係について，双方向の視点から明らかにする[2]．まず，「小泉純一郎から郵政民営化へ」として，彼の郵政民営化に対する考え方を探る．郵政民営化に関して彼は本当に頑固一徹であったのだろうか．次に，「郵政民営化から小泉純一郎へ」として，実際に小泉政権において郵政民営化はどのような役割を担ったのだろうか．以下，小泉発言[3]と世論調査データをもとに分析する．

2節. 郵政民営化論の骨格

　前者の問いに関する具体的な分析に先立ち，彼の郵政民営化論の骨格をまとめる．1990年代後半の雑誌上において彼が主張する郵政民営化論はほぼ同一であることから，これらの文章の内容を要約して，骨格と位置付けることにする．

　郵政民営化の根拠として，彼は大別して2つを挙げている．

(1) 行（財）政改革

　「民間にできることは民間に」というキャッチフレーズに示されるように，公務員の仕事や数を減らすことは行（財）政改革の一環である．その典型例

として，郵便局と宅配業者との関係を取り上げている．民間業者が先行して始めたサービスについて，郵便局が後追いして安く同様のサービスを提供することで，民業を圧迫している．一方，法律によって公務員の独占となっている[4]信書については，価格が高止まりしている．

また，財政投融資（財投）の見直しも重要な課題である．巨額の郵便貯金，簡保や年金基金を原資として，各種特殊法人に不明朗な融資が行われ，その結果多額の不良債権を生み出し財政逼迫の要因となっている．そこで，安易な増税や国債発行に反対し，特殊法人への無駄遣いを抑えるために，構造の根幹をなす財投を改革することが不可欠である．

(2) 財政面

郵政三事業は公共の機関が行っている事業であるため，設備投資に税金を投入する一方で，税金を1円も納めていない．そこで，民営化すれば法人税や固定資産税を払うことになり，国の収入を増やす方策として有効である．

また，郵政三事業や特殊法人の政府保有株を民間市場に売り出すことで，10兆円以上の株式売却益が見込まれる．

郵政民営化反対論者は，「民営化によって効率化が優先され，地方において公共サービスの核となっている郵便局が切り捨てられるのではないか」と主張する．しかし，小泉に言わせれば，民間宅配業者でも全国津々浦々をカバーしており地域間格差が必然的に生じるわけではなく，また過去に国鉄や電電公社を民営化したケースにおいても鉄道や電話はなくならなかった．むしろ，民営化によって競争が生まれ，より多様なサービスが提供されるきっかけとなった点を強調している．

ではなぜ，上述したようなメリットがありながら，郵政民営化を実際に進めるのは難しいのだろうか．彼によれば，公共機関であるはずの郵便局が選挙の際に集票マシーンとして働くことで，与野党をがっちり抑えこんでいたからである．自民党には全国特定郵便局長会が，民主・社会党には全通・全郵政などの労組がバックにつき，自らに不利な言動（＝郵政民営化論）を封じてきたと指摘している．

3節．国会発言における郵政民営化論

前節の郵政民営化論の骨格を前提として，彼は国会では郵政民営化を推進

する理由をどのように述べているのか．特に首相就任後における主張の特徴や変遷はどのようなものだろうか．

分析手法として，前節で述べられていた内容から主要なキーワードを抽出し，国会発言を検索する手法をとる[5]．ここでは，「行政改革・行財政改革」「民間」「民業圧迫」「財政投融資・財投」「法人税」「売却」を検索対象とする．また，あるTVドラマは[6]，彼が郵政民営化を主張した理由として「古い自民党を壊すため（財政投融資が特殊法人を経由して政治献金に回っている）」と紹介していた．雑誌発言にはこのような記述がなかったが，念のため「自民党」「献金」も対象とする．さらに，より一般的に用いられる「改革」「郵政」も対象に入れる．

彼の主張の変遷をみるために，各役職の在職期に応じた期間区分を用いる．ここでは，宮澤内閣での郵相期・橋本内閣での厚相期・首相期に大別する．そして，さらに首相期を総選挙が行われるごとに区切って前期・中期・後期とする．

以上の設定のもとで，国会発言での各キーワードの登場件数を表したのが表1である．なお，参考として期間内の全ての発言の文字数を最下段に表示した．

表1よりまず言えることは，郵政民営化の理由としては「自民党」「献金」が全く登場していないことである．先のTVドラマでいわれていた理由は，少なくとも国会発言から見る限りは，裏付けのないものであると言わざるを得ない．

表1 国会発言での郵政民営化キーワード登場件数

	郵相 (1992.12 −1993.7)	厚相 (1996.11 −1998.7)	首相・前 (2001.4− 2003.11)	首相・中 (2003.11 −2005.9)	首相・後 (2005.9− 2006.9)	全期間 (1972.12 −2006.9)
改革	68	1,835	4,732	2,035	860	9,618
郵政	251	79	378	626	261	1,595
行政改革,行財政改革	20	151	141	120	98	533
民間	140	348	1,555	1,518	649	4,268
民業圧迫	0	0	3	34	7	44
財政投融資,財投	80	136	72	103	9	411
法人税	0	7	0	16	10	
売却	0	6	0	9	0	
自民党,献金	0	0	0	0	0	
全文字数	156,072	963,645	2,263,977	1,545,171	577,832	5,778,405

また，2節の骨格で挙げられた理由のうちの財政面に関する言及が国会発言ではほとんどなされなかったことも明らかである．

次に，各キーワードの登場回数が多い首相期における主張内容の変遷について分析する．一般的に用いられる単語と行（財）政改革に関連した各キーワードについて，首相前期での全文字数における検索語の割合を100とおいて，首相各期での登場頻度を相対的に表したものが表2・図1である．

なお，表2において，郵政民営化が活発に論議された首相中期の最後の4カ月を，特に首相中期終盤とした[7]．

表2・図1で表現された登場頻度は彼が各語に対して抱いている重要度を表していると考えるならば，登場頻度の変化は彼の郵政民営化に対する考え方の変化を表しているとみることができる．そこで，表1も考慮に入れながら，各キーワードの登場頻度について見ていく．

郵政だけではなく広く一般的に使われる「改革」については，首相前期に比べ，中期・後期では登場頻度が減っている．

彼が改革の本丸と位置付ける「郵政」や，「民間に…」のキャッチフレーズにある「民間」といった，ある程度具体的な意味を持ち，かつ幅広く用いることができる，いわば「便利な」語は，時を経るに従って，登場頻度が増加している．

郵政民営化の理論的・具体的根拠となるキーワードである「財政投融資・財投」や「民業圧迫」は，郵政民営化が国会で争点となった中期に

表2　各キーワードの相対的登場頻度

	首相・前	首相・中	首相・中終盤	首相・後
改革	100	63	69	71
郵政	100	243	1,112	271
民間	100	143	539	164
民業圧迫	100	1,661	6,985	914
財政投融資・財投	100	210	548	49

図1　各キーワードの相対的登場頻度

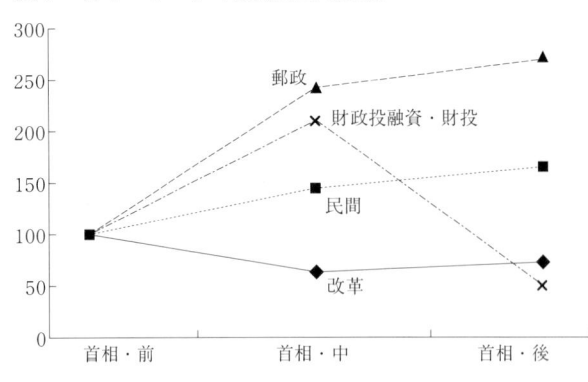

かなり多く用いられているが，2006年9月の総選挙で大勝した後の後期では，中期に比べ登場頻度が落ちている．また，「法人税」については，後期は中期を上回っている．さらに，「財投」「法人税」については，首相就任前の登場頻度が高い．

このことから，彼の郵政民営化に対する姿勢を考察すると，郵政民営化に対して一貫して積極的な姿勢であることは確かである．ただ，具体的な主張内容については，時を経るに従って変化してきている．上述の結果をもとに，彼の各時期における主張の特徴を以下の①～④にまとめることができる．

①首相就任前の大臣期は，主に具体的な行財政的側面の根拠を強調した民営化論．
②首相前期は，一般的な改革のシンボルとしての民営化論．
③首相中期は，主要な政策争点となり，改革一般とともに行財政改革を前面に出した民営化論．
④首相後期は，再び一般的な改革の中心的役割としての民営化論．

大臣期には，郵政民営化論はいわば「異端」であり「暴論」であった．そのため，民営化論を広めるにあたっては，はっきりとした理論的な根拠が不可欠であったと思われる．そこで，行財政的視点から郵政民営化の必要性を説くことで世論の支持を得ようと試みたのではないか．

首相就任後は，郵政民営化を政策テーマとして正面から取り上げることが可能となった．しかし，特に前期は広く何事に対しても改革が叫ばれ，郵政民営化はそれ単独で議論の対象となったというよりも，「改革の本丸」扱いとなり，具体的な内容についてはかえって深まらなかったということが言える．

その後，いよいよ郵政民営化が主要な政策課題になる段階に至ると，従来の主張であった行財政改革を目指すという具体的・理論的根拠を再び持ち出すこととなる．そして特に，財政的視点よりも行政改革的視点のほうが世論受けのいいこともあって，「民間に…」のキャッチフレーズと共に郵政民営化が声高に叫ばれるようになった．表2の首相中期終盤で示した時期になると，これらの傾向が極端に現れていることが一目瞭然である．

そして首相後期では，小泉政権の総仕上げとして改革一般や郵政そのものについては盛んに語られる一方，郵政民営化に決着がついたこともあって，再び理論的・具体的根拠が鳴りを潜める形となった．

4節．小泉政権における郵政民営化の役割

　この節では，後者の問いについて考察する．冒頭で「小泉純一郎といえば郵政民営化が思い浮かぶ」と述べたが，実はこの文章こそが郵政民営化の持つ特異性を表しているのである．以下，そのことを朝日新聞社が実施している世論調査を元に論証する[8]．

　以下の2つの図は各年の4月に全国の有権者を対象とした世論調査の一端について表したものである．図2は小泉内閣が取り組んでいる各政策について，「評価する」と答えた人の割合をグラフにしたものである．また図3は，小泉内閣5年間の各政策の実績と取り組みについて10点満点で評価したものの平均をグラフにしたものである．

　図2からまずわかることは，政策全体についての評価の高さである．2004年・05年とも60%以上の高評価を得ている．しかし，具体的な各政策の項目についてみると，政策全体の評価にはどれも及んでいない．その中で，郵政民営化などの改革については相対的に高い評価である．郵政民営化は小泉内閣のまさに旗頭として政策全体の評価を引き上げる一因となった見ることができる．

　図3ではさらに顕著な特徴が現れている．郵政民営化などの行政改革（5.6点）が全体の評価（5.4点）を上回っているのに対し，他の政策はいずれも全

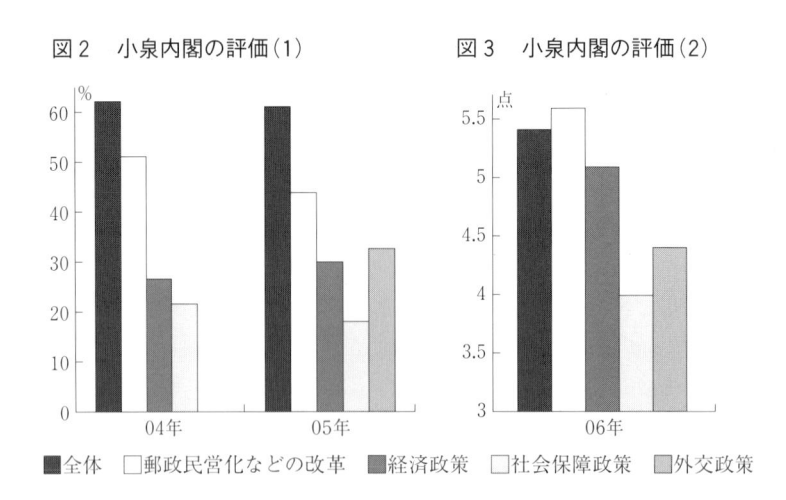

図2　小泉内閣の評価(1)　　　図3　小泉内閣の評価(2)

■全体　□郵政民営化などの改革　■経済政策　□社会保障政策　■外交政策

体の評価を下回っている．このように，全体の評価は各政策項目の評価を総合的に勘案した結果というよりも，郵政民営化の高評価イメージにつられた形となっていることが見て取れる．逆に言えば，一般国民の目から見たら小泉政権の政策といえば，とにもかくにも郵政民営化などの改革に尽きるというということが示されるのではないだろうか．

以上より，小泉政権において，郵政民営化は，政権の看板としての重要な役割を果たしていたことが窺える．

5節．結論と含意

これまで述べたことをまとめると，小泉純一郎と郵政民営化の関係は次のようになる．

①小泉の郵政民営化に対する姿勢は，基本的に軸はぶれていないものの，郵政民営化の進行過程や世間の注目度，政治争点度に応じて柔軟に発言内容を変化させてきた．

②郵政民営化が小泉政権において果たした役割は，政策の顔として政権のイメージアップを受け持つという重要なものであった．

このことから，郵政民営化が彼にとってまさに目的であり手段であったことが示される．郵政民営化に対する彼の熱意を一貫して見て取ることができる一方で，その実現の過程においては，郵政民営化の主張を巧みに使い分けることで世論を惹きつけ政権全体の好印象へとつなげることに成功している．彼と郵政民営化の関係から，まさに政治家小泉純一郎としてのしたたかな一面を垣間見ることができるのである．

1　2006年4月19日付2面．

2　ここで言う「双方向」とは，「小泉純一郎が郵政民営化をどうマネジメントしたのか」「郵政民営化が小泉政権にどのような影響を与えたのか」の2点である．

3　分析には国会発言を用いた．彼が1972年12月に初当選してから2006年9月に首相を退陣するまでの，衆参両院の本会議と各委員会での発言を対象とした．

4　独占の理由として，「通信の秘密」が挙げられている．それに対して，彼は以下のように述べて反論している．すなわち，公務員のみが秘密を守れることには必然性がなく，実際，民間宅配業者も通信の秘密を守っている．むし

ろ，郵便局は年末年始にアルバイトとして民間人を雇用しているが，4時間勤務の公務員とみなしている。このような身分操作をするのなら，郵便局を民間に開放したほうがよほど合理的である．
5 「法人税」「売却」「自民党」「献金」は様々な場面に使われる単語のため，郵政民営化と関連する場面でのみのカウントとする．
6 2006年9月18日放送「緊急特別ドラマスペシャル 小泉純一郎を知っているか？」(NTV系)
7 2005年5月26日から2006年9月25日まで．
8 2004年：2006年4月21日付4面．全国の有権者を対象に朝日RDD方式で実施．対象者の選び方は無作為3段抽出法．有効回答数は1,964人，回答率は56％．2005年：2005年4月19日付4面．全国の有権者を対象に朝日RDD方式で実施．対象者の選び方は無作為3段抽出法．有効回答は1,868件，回答率は53％．2006年：2006年4月26日付4面．全国の有権者を対象に「朝日RDD」方式で実施．対象者の選び方は無作為3段抽出法．有効回答は1,947人，回答率は55％．

〈コラム〉

小泉行き着けのラーメン店

福田 亮

　港区高輪の衆議院宿舎から程なくの所に,「壇太」というラーメン屋がある．壇太は多くの議員や芸能人が訪れる歴史ある名店であり，小泉純一郎もその客の1人であるという．2006年11月に蒲島ゼミの有志4名でこの壇太に足を伸ばした際，興味深い話を聞くことができたので紹介する．

　小泉はかなり以前からの壇太の常連であり，大体1カ月に1度くらいのペースで店に足を運んでいたそうである．首相に就任する前は1人で来店することもあったようで，群れることを嫌う小泉らしさが出ている．
　しかし首相就任後には事情が変わったようで，壇太に来る際には店を貸切り，秘書官やSP18人を引き連れてくるようになったという．SPは店の入り口側から詰めて座り，小泉らは一番奥に陣取り食事をとる．日本の最重要人物ともなると食事1つにも大変気を遣うようである．また首相になると様々な人間と一緒に夕食をとる時間も重要であり，自民党幹部や内閣の委員会関係者，新聞各紙の記者らと壇太を訪れることもあったようだ．
　政権中多忙な時期には半年以上来店しなかったこともあり，やはり首相になることによる状況の変化はかなり大きなものであったようである．首相退任後まもなくして，事務所の人間と少人数で久しぶりに壇太へ食事に来たそうだ．

　壇太は一般客も入店することができ，サラリーマンから親子連れまで幅広い客層が訪れる．店内には数多くの焼酎ボトルがキープされており，その中には小泉純一郎のボトルもあった．運がよければ壇太で小泉と出合うことができるかもしれない．
　小泉が来店する際に必ず食べるという餃子はかなりの絶品であり，読者の方にも是非一度お試しいただきたい．

参考文献
http://danta.jp/index.html
http://premier.oops.jp/blog/

〈コラム〉

小泉の「ことば」

鈴木悠介

　小泉は名言・迷言の多い総理だったように思う．「自民党をぶっ壊す」「米百俵の精神」「抵抗勢力」「改革なくして，成長なし」「感動した！」「人生いろいろ，会社もいろいろ」など，枚挙に暇がない．複雑な問題を簡潔に，ある意味では乱暴に一言でまとめてしまうそのやり方は，ワンフレーズ政治と呼ばれ，問題の本質が見えなくなる，目くらましだなどと批判された．しかし，実際にそうした手法が，国民の政治への関心をあれだけ高めたのだから，小泉の言葉のセンスには素直に脱帽せざるを得ない．

　元総理番の記者とのインタビューで，面白いエピソードが1つ聞けたので紹介する．記者達は情報交換や勉強のため，懇親会を開くそうであるが，そこで伝統的に披露されるのが総理の口真似だという．毎日総理を追いかけて，その言葉を耳にしている記者達は，歴代総理の口真似がとても上手だそうである（実際筆者が話を聞いた記者も上手であった）．総理番の記者というものは，だいたい1年ぐらいで交代するものであるが，興味深いことに代によって彼らの真似する小泉の言葉が変わっていったとのことである．

　1代目は，「恐れず，怯まず，囚われず」「必ず」「絶対に」が十八番だったのであるが，「万機公論に決すべし」を経て，「総合的に」「適切に」「いろんな意見を聞いて」に変わっていったそうである．その変化の背景に思いを及ぼすとなかなか興味深いものが見えてくるような気がする．

　また，フジテレビで放送された『独占取材！　私だけが知っている小泉純一郎』（2006年10月8日（日）22時～23時45分）という番組の中で，飯島秘書官が安藤優子とのインタビュー中に興味深いことを語っていたのでここで触れる．

　飯島によると，小泉は普段は非常に寡黙な人とのことである．総理執務室での小泉が語る言葉はいつも決まっていたそうだ．官僚が総理に政策を説明する時，官僚は政策遂行にあたる障害や党内の反発を口にするのだが，小泉はいつも「関係ない．で，結論は？」の二言しか発しない．また，テレビ出演の依頼等に対しては，「(飯島秘書官に) 任せた，頼む」の二言のみだという．

　小泉の人柄がよく滲み出ているエピソードではないだろうか．しかし，不思議でならないのは，このように普段，寡黙で，決まった言葉しか発しない小泉が，テレビカメラの前や街頭演説の際にはなぜかくも熱弁をふるえるのだろうかという点である．ここぞというときの，小泉の言葉は熱っぽく，有権者を動かす力がある．

小泉政権のメディア戦略が上手くいった理由として，世耕弘成に代表される広報戦略が原因として挙げられることも多い．確かにそれもあるのだろうが，しかし，筆者個人としてはその成功の大部分は，小泉の「天性の言葉のセンス」と「時流を読む勘」という個人的要因に支えられていたように思う．

第2部
選挙と小泉純一郎

小泉純一郎と地元選挙区

福田　亮

1節. はじめに

　小泉純一郎は2001年4月の総裁選や2005年9月11日の衆院選において国民の圧倒的な支持を背景に勝利を収めてきたが、そのような選挙の強さは自身の選挙区でも発揮されていたのであろうか．本章では、小泉の神奈川の地元選挙区での戦いぶりを追い、その地盤や票の獲得の仕方についてどのような特徴があるか探っていく．具体的には、祖父の又次郎、父の純也との親子3代の比較から純一郎が世襲議員としてどれ程の恩恵を受けていたか考え、また同時代に生きたライバル候補たちとの比較からその地盤や得票の変遷を探る．さらには選挙制度に関する小泉自身の発言を追い、その選挙観が小泉の選挙の戦い方にどう反映されてきたのか分析する．

2節. 親子の比較－地盤の継承は行われたのか

　小泉純一郎は世襲議員であり、その一族は祖父の又次郎より3代に渡り神奈川県横須賀市を主な地盤とする政治家として立候補を続けている[1]．親子3代の得票の変遷をグラフにまとめた．

　図1は小泉家三代が出馬した時期の、選挙毎の得票率の推移を追ったグラフである[2]．3名とも得票率は安定しており、地域の有力者として安定した地盤を有していたことがうかがい知れる．純一郎は初出馬の第32回総選挙では僅差で落選しているが、得票率を父より減らしたわけではなく、次回以降は全て当選を果たしている．純也の頃からの支持者を受け継ぎ、安定的にその地盤を強くしてきているのが分かる．小選挙区比例代表並立制が導入された41回以降は候補者が少ない分得票率が上がっているため一概には言えないが[3]、それでも純一郎の7割を超える近年の得票率はかなりの高さであり、地

図1 親子三代比較（得票率）

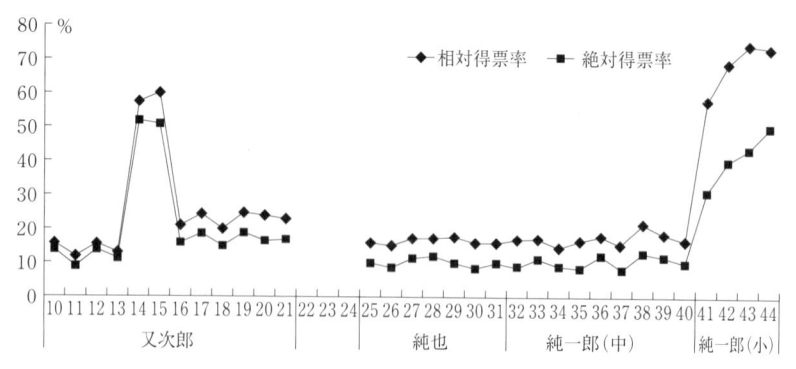

元選挙区における圧倒的な強さを見せている．

図2では3人のMK指数[4]，TK指数[5]につきその変遷[6]をまとめた．どちらの指数においても3人の結果を相対的に比較すると同じような結果になった。一般に日本の中選挙区制ではTK指数>0.8くらいが当落ラインと言われるが，一度も落選したことのない純也はこの0.8前後のTK指数をずっとさまよっていた．それに対し，純一郎は出馬以来一度も0.8を下回ったことがない．32回選挙では落選してしまった純一郎であるが，このことからも父の支持基盤を逃したわけではないことが推論できる．特に第36回総選挙以降では1.0を超えることもしばしばあり[7]，戦前に活躍した祖父の又次郎に勝るとも劣らない人気を誇っている．純一郎が父の恩恵を受けるだけでなく自身の実力

図2 親子三代比較（MK指数・TK指数）

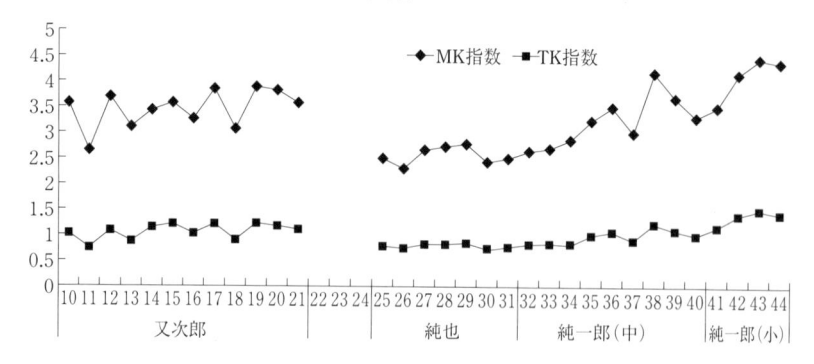

でその支持基盤をさらに拡大してきていることが分かる．指数の性質上，MK指数はTK指数よりも変動が大きいが，やはり同様の考察をすることができる．

では父純也と息子純一郎の間でその選挙区内での地盤についてどのような変遷があったのか，次の図3にまとめた．

図3は中選挙区時代の旧神奈川2区における，各地区の純也および純一郎の相対得票率の推移をまとめたものである[8]．両者に共通して言えることとして，横須賀市と三浦市における得票率の高さがあげられる．横須賀出身の有力者田川誠一が登場した29回選挙以降やや数字を下げているが，この2地区が親子の主たる地盤であることに変わりはなく，選挙制度変更後この2地区を選挙区とする神奈川11区から純一郎が立候補したのは自然な流れである．

図3　旧神奈川2区地区別得票率（推移）

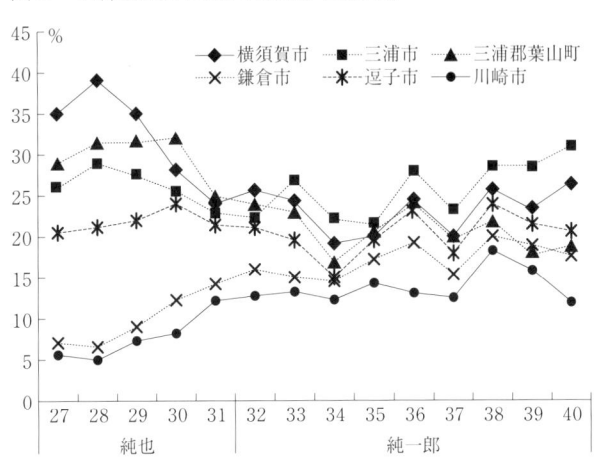

逆に親子の違いとして，純也は地区毎の得票率のばらつきが大きく，逆に純一郎は小さいということが言える．これをさらに分かりやすく見るため，それぞれが出馬した選

図4　旧神奈川2区地区別得票率（平均）

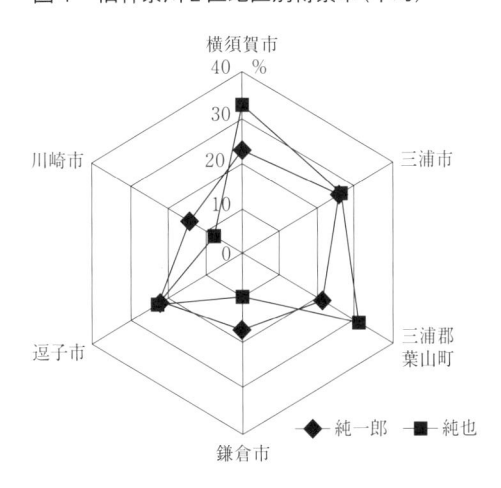

挙における各地区の相対得票率の平均をまとめたものが図4である[9]。

やはり息子の純一郎の方が父と比べ幅広い地区の有権者から支持を集めていたことが分かる．この地区毎の得票率の標準偏差をとると純一郎は0.05,純也は0.10と大きな差が出ている．横須賀市における得票率は純也が勝ったが，これは強敵の田川と戦った回数が少ないためと思われる．現に田川引退後の新選挙制度の下では純一郎は神奈川11区で50％を超える得票率を記録している．

以上より，小泉純一郎は先代からの地盤を受け継ぎつつ自らの代でその支持基盤をさらに広げ安定した高い人気を獲得した，と言える．

3節．ライバル候補者との比較‐田川誠一との対決

次に同時代を戦ったライバル候補者との比較から小泉純一郎の得票の特徴について探る．比較対象として小泉が中選挙区時代に立候補した第32回選挙から第40回選挙の間に，同じ旧神奈川2区より出馬し複数回当選した田川誠一（自民党→新自由クラブ→進歩党），岩垂寿喜男（社会党），市川雄一（公明党），中路雅弘（共産党），そして田川引退後その事実上の後継として第40回選挙に立候補した永井英慈（日本新党）を取り上げた[10]．小泉も入れた6名の選挙成績をまとめたものが表1であり，各候補者の旧神奈川2区における相対得票率の変遷をまとめたものが図5である．

旧神奈川2区は各党を代表する有力者が多く[11]，選挙毎に順位が激しく入れ替わる激戦区であったことが分かる．その中でも田川誠一がやや抜きん出た存在であったと言える．一方小泉は33回選挙以降毎回当選を果たしている

表1　旧神奈川2区主要候補者選挙成績

選挙回・定数	小泉純一郎		田川誠一		岩垂寿喜男		市川雄一		中路雅弘		永井英慈	
	順位	当落	順位	当落	順位	当落	順位	当落	順位	当落	順位	当落
32回・4人	5	落	4	当								
33回・4人	4	当	1	当	2	当			3	当		
34回・5人	4	当	1	当	5	当	3	当	6	落		
35回・5人	3	当	2	当	5	当	1	当	4	当		
36回・5人	2	当	1	当	3	当	4	当	5	当		
37回・5人	3	当	1	当	4	当	2	当	6	落		
38回・5人	1	当	3	当	4	当	2	当	5	当		
39回・5人	1	当	2	当	3	当	4	当	6	落		
40回・5人	2	当			5	当	3	当	6	落	1	当
平均順位	2.78		1.88		3.88		2.71		5.13		1.00	

が、その立場は果たして磐石なものであったのだろうか．選挙制移行後小泉が出馬している神奈川11区に相当する横須賀市と三浦市，また旧神奈川２区からその２地区を除いた場合における各候補者の相対得票率を図６，図７にまとめた．

図６から分かるように，横須賀市・三浦市においては小泉と田川が圧倒的な得票率を誇り，完全な二強体制である．田川は小泉純也・純一郎親子と同時代を過ごし，33回までは同じ自民

図５　候補者別得票率推移（旧神奈川２区）

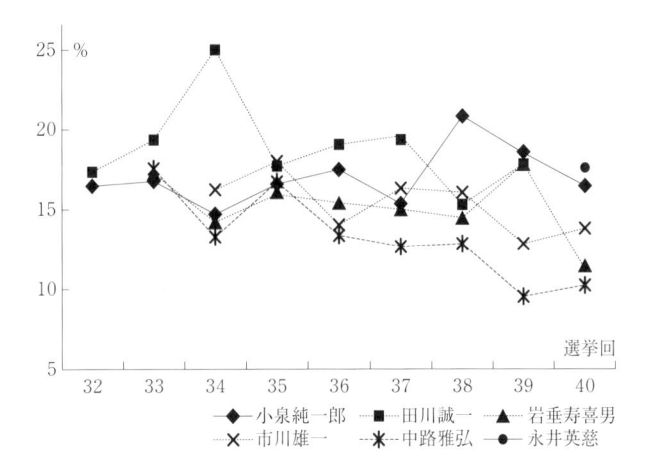

図６　候補者別得票率推移（横須賀市・三浦市）

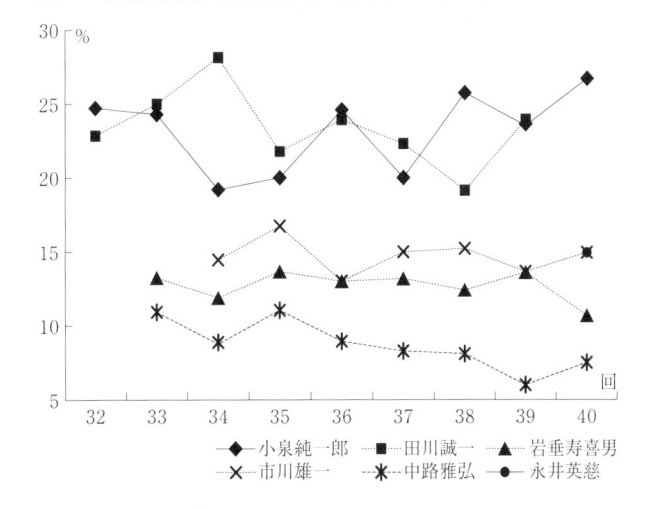

党候補として票を奪い合い，34回選挙以降は敵対候補として選挙を戦った．さらに田川は横須賀出身で小泉家と共通の地盤を有しており，まさに小泉家の「ライバル」であったと言えよう．

他方，上記２市を除外した図７を見ると，小泉・田川両者とも他の候補者の中に埋もれてしまっている．この図からは横須賀・三浦以外の地区におい

図7 候補者別得票率推移（横須賀市・三浦市以外）

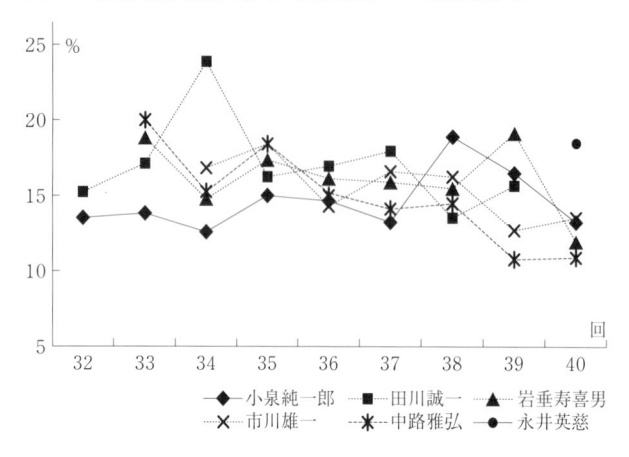

て誰が最有力候補だったのかを判断することは困難である．言い換えれば，他の地区では混戦模様であっても横須賀市・三浦市で安定的に多くの票を得られる小泉・田川が平均的に高順位で当選を果たしていたということである．次に他の候補者の地盤についてもう少し詳しく見ていく．

図8は候補者が出馬した第32回～40回選挙における旧神奈川2区の各地区の相対得票率の平均をとり，グラフにまとめたものである[12]．やはり小泉は横須賀市と三浦市に強い地盤を有し，田川はそれに加え三浦郡葉山町，鎌倉市，逗子市などでも高い得票率を誇っていたことが分かる．田川の方が小泉

図8 候補者別得票率平均

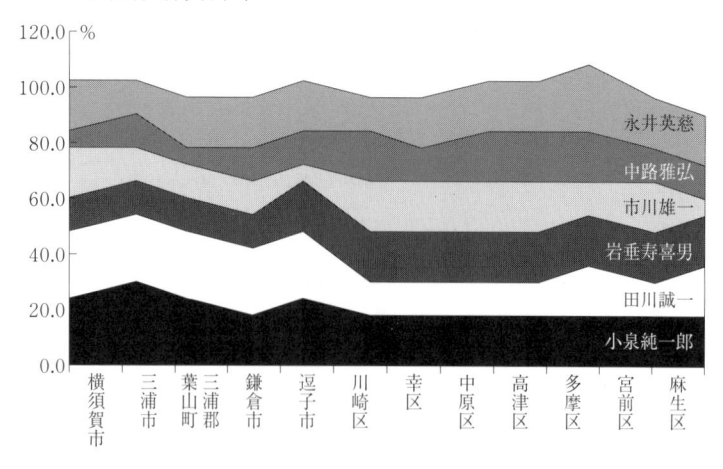

と比べ幅広い支持基盤を持っていたと言えよう．一方，岩垂，市川，中路の3者の支持基盤は川崎市（川崎〜麻生の各区）であることが分かる．

また，図5〜8における永井英慈の特徴に注目することで，田川引退後の小泉の地盤の変化が読み取れる．永井は田川の後継として支援を受けて第40回選挙に日本新党より出馬し，新党ブームにも乗り旧神奈川2区においてトップ当選を果たした．図5のとおり，この時自民党は苦戦を強いられ小泉も得票率を減らしているが，図6を見ると横須賀市と三浦市においてはその得票率を増やしている．図7より他の地区では永井が飛び抜けた得票を得ていることからも，かなり特異な状況であると考えられる．図8を見ると永井は田川の有していた広大な地盤を川崎地区については継承したと言えるが，横須賀市，三浦市，三浦郡葉山町についてはそうは言えない．むしろ受け継ぐはずだった票を小泉に見事に奪われていると見るのが妥当である．これはなぜであろうか．

横須賀市は米軍基地という他の地区にはない特有の問題を抱えている．国会議員にも基地事情に詳しい地元の人物になって欲しいというのは必然の感情なのではなかろうか．それが横須賀出身の小泉純一郎であり，田川誠一であった．永井は群馬県出身であり，横須賀市の田川支持者には頼りなく映ったと考えられる．それならば地元の問題に理解の深い小泉に投票しようということであろう．三浦市は京浜地区や横須賀への人の流出が激しく，人口が減少している．唯一隣接している自治体が横須賀市であり，吸収合併案が出るなど横須賀に依存している部分もあるようである．他よりも横須賀出身の候補者に親近感を持つのはさほど不思議なことではない．

結果として現在の神奈川11区にあたる地域の支持は小泉が独占することになった．第41回選挙より小選挙区比例代表並立制が導入されたが，田川が引退した後では小泉の当選は揺るぎないものになっていたと言えよう．現に第41〜44回選挙において小泉は60〜76％という高い相対得票率で当選を果たした[13]．なお永井英慈は41回選挙では神奈川10区（川崎区，中原区，幸区）から立候補している．

4節．小泉の選挙観

小選挙区比例代表並立制になり11区での戦いに集中することで小泉の当選はより確実なものとなったが，小泉自身の選挙制度への考え方はどうであっ

たのか．この点について，彼の国会での発言を追ってみる[14]．

　小泉は，第40回選挙以前の中選挙区制から現在の小選挙区比例代表並立制へ移行する際，代表的な反対論者であった．首相就任後そのことに対し質問された際に説明した反対の理由を挙げてみると，

> 選挙制度というのは有権者の意思を尊重すべき，小選挙区で落選した候補が比例代表で救われてくる…（の）はおかしい
> 選挙制度改革よりも定数是正をすべき（以上平成13年5月21日，参議院予算委員会）
> 中選挙区だから政権交代できないというのは，これは当てはまらない（平成17年9月30日，衆議院予算委員会）

といったものである．現在の制度が導入されるにあたっては，民意よりも政党の事情が優先されるとして比例代表制に特に疑問の声を呈していた．新制度導入後の現在も，この問題につき一票の格差問題と共に各議員各党が議論すべきとした上で，

> もう一度選挙制度を改革するんだったらば，首相公選制を考えたらどうじゃないか（平成13年5月21日，参議院予算委員会）

と述べている．また，

> 私は，仮にこの制度に反対したとしても，制度が決まったからには，この制度の中でいかに勝利を得ることができるかということを考えなきゃならない現実主義者でもあります．（平成17年9月30日，衆議院予算委員会）

と述べ，良い悪いに関わらず制度として存在する以上それを最大限利用するという姿勢を示している．あれほど反対していた比例代表制に対しても，2005年の郵政選挙において刺客候補を比例名簿のトップに置き，現に佐藤ゆかりなどはそれによる復活当選を果たした．
　小泉自身は選挙制度が変わって以来比例名簿に自分の名前を載せていない．

中選挙区制最後の第40回選挙において，小選挙区制下の11区における地盤を磐石なものとしていたので，落選の心配がまず無かったからであろう．

もし小選挙区比例代表並立制に移行した時点で田川がまだ引退していなかったとしたら，小泉が比例代表制により復活当選を果たしていたかもしれない．あるいはそれをよしとせず辞退していたのか，想像すると興味深い．

5節．結論と含意

小泉純一郎とその地元選挙区との関わりを見てきたが，純一郎は3代にわたる世襲議員という立場を活かし，特に祖父の代より続く横須賀周辺の地盤を継承した．これに関連し，純一郎本人の興味深い発言がある．

> 私も，俗に世襲議員と言われて当選してきました．私は，最初の選挙は落選いたしましたけれども，世襲けしからぬという批判が出ておりました．2回目の選挙で当選させていただきましたけれども，やはり親が政治家，祖父が政治家，私の場合は3代目でした．親の七光りがなかったら，私は当選できなかったでしょうね．
>
> それで，俗に世襲議員，親が政治家であったという議員のプラスは何かというと，若くして出られること，これは最大のプラスだと私は思っています．選挙に出る前に基盤をつくる必要がない．既に親が基盤をつくってくれているという面においては，若くして議員の経験を積むことができる，勉強ができる．そして，議員になる前の努力というものが，同じ世代に比べて議員になってから努力できる，これは大変な違いだと思います．
>
> それと，議員になりたい人から比べれば，いわゆる地盤，看板があっていいなという点では大変恵まれていると思います．私も，恐らくおやじが政治家でなかったら議員になっていなかったでしょうし，当選もできなかったと思います．そういう面においては，いわゆる親の七光りといいますか，私の場合は祖父も政治家でしたから，十四光りによって当選できたと思っております．
>
> ただし，要は，選挙民がいるわけですから，そういう世襲批判と，おやじが信頼できるからあの息子も信頼できるだろうと思ってきた方の期待にこたえなきゃいかぬという努力をするのは，やはり本人の自覚にま

つしかない．（平成10年2月26日，衆議院予算委員会）

　自身も言っているように純一郎はただ地盤を受けつぐだけでなく，当選回数を重ねるにつれ自らの力でその地盤を着実に強化していった．そして同地区最大のライバルであり地盤の重複していた田川誠一の引退によりさらにその強さを磐石なものとしたのである．

　純一郎本人は現行の選挙制度に対し疑問を投げかけているが，その一方で小選挙区制の導入により自身の当選は揺るぎないものとなった．また純一郎は自身が批判している比例代表制を2005年の総選挙において最大限に利用して勝利を掴もうとした．

　批判されることもある世襲という立場も，本心では良く思っていない選挙制度も，選挙で勝つためなら利用できるものは利用するという純一郎のしたたかな一面が垣間見える．

1　祖父の又次郎は戦前の政治家で憲政会，立憲民政党など非政友会系政党に所属し，衆議院議長，逓信大臣を歴任した．父の純也は党誕生時より自民党に所属し，防衛庁長官を務めた．純一郎は父の死に伴い衆院選に立候補したという経緯がある．

2　水崎データ使用．第22回〜24回衆院選には小泉家からは誰も立候補していない．

3　第14・15回の2回の選挙では各選挙区2，3名の候補者から1名が当選するという形式がとられ，実質的に小選挙区制であった．

4　MK指数：候補者得票数を選挙区法定得票数で除した値．選挙区法定得票数は，中選挙区の場合選挙区有効投票総数を定数の4倍で除することによって，小選挙区の場合は6で除することによって算出する．この指数を用いると定数の影響を除去し，定数是正後の候補者得票の変動も正しく計測できるようになる．

5　TK指数：候補者得票数を，選挙区有効投票総数を定数プラス1で除した商（小数点以下があれば切り上げ，割り切れた場合は1を加える）で除した値で，候補者の当選へ向けた集票力を示す指数．

6　注3に記したように，第14・15回の選挙は実質的な小選挙区制で行われた．そのため，このときの又次郎のMK指数は現在の小選挙区制に基づく値と同様の計算方法で算出している．

7　TK指数が1.0を超える時，他の候補者の票がどのように変動してもその候補者の当選は動かない．

8 川崎市は32回選挙後に区政が敷かれことにより，33回選挙からは川崎区，幸区，中原区，高津区，多摩区に分かれて集計され，37回からはさらに宮前区，麻生区も追加された．しかしそのカバーする地域がほぼ同じであるためこれらは便宜上全て「川崎市」としてカウントした．また，26回以前は選挙区が横須賀市，三浦郡，鎌倉市，川崎市しかないため省略した．
9 こちらも図3に合わせ，範囲は第27回〜40回選挙とし，33回以降の新しい地区も川崎市にカウントして集計した．
10 田川は33回選挙以前は自民党，34回〜38回選挙は新自由クラブ，39回選挙は進歩党より出馬している．
また，民社党の曽祢益も小泉と同時代に複数回当選しているが，小泉と重なる期間が短いため比較対象からは外した．
11 田川は1976年に自民党離脱後は新自由クラブ結成に参加，代表も務めた．第2次中曽根内閣で自治大臣も経験し，クラブ解散後は進歩党を立ち上げた．岩垂は第1次橋本内閣で環境庁長官を務め，市川は公明党書記長，新進党副党首などを歴任した．
12 横須賀市，三浦市，三浦郡葉山町，鎌倉市，逗子市については第32回〜40回選挙のデータをそのまま使用した．川崎市は32回選挙後に区制に移行したため，便宜上第32回の川崎市のデータは使用せず，川崎区，幸区，中原区，高津区，多摩区は33回〜40回のデータを，さらに後（37回選挙以降）になり加えられた宮前区，麻生区は37回〜40回のデータを使用した．
13 第41回59.6％，第42回70.9％，第43回75.9％，第44回74.4％．
14 国会会議録検索システム（http://kokkai.ndl.go.jp/）を使用．「選挙制度」で検索した．

小泉の遊説についての一考察

島田　匠

1節．はじめに

　小泉純一郎は，近年自民党が輩出した首相に比して，任期を通じて人気が高かった，といわれる．そうだとすれば，その人気を，自民党は様々な形で利用したはずである．たとえば，自民党への支持を増やすべく有権者に直接アピールするにあたって，自民党は小泉を前面に押し出したはずであると考えられる．では，選挙における遊説で小泉はどのように活かされていたのだろうか．あるいは活かされていなかったのだろうか．さらには，彼の遊説は選挙結果にどの程度の影響をおよぼしたのだろうか．これら一連の問いについて検討していきたい．

　まず，いくつかの言葉の意味について明らかにしておく．選挙とは，全国選挙のみを指す．つまり，地方選や補選は含まない．遊説，あるいは演説とは，街頭演説を指す．ここでいう街頭演説は，東京新聞の本社最終版に掲載されている「首相の一日」で街頭演説と呼ばれているものである．これはその名が示すように街頭で行われるものであるから，直接有権者にアピールするもの，といっていいだろう．

2節．演説の分析

　分析の視角だが，自民党がどのように小泉の遊説を利用したか，ということについて，回数，時間帯，場所，決定の仕方，という4つの側面から捉え，それからその遊説の効果について検証してみたい．

(1)　演説の回数

　小泉政権期，自民党は首相の人気を利用すべく首相により多く演説を行わ

図1　演説数の推移（参院選）

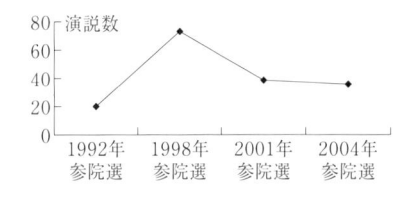

図2　演説数の推移（衆院選）

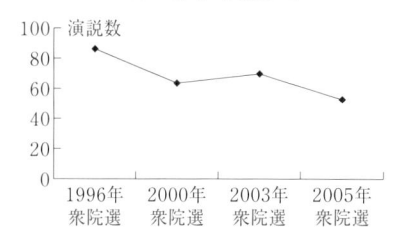

せたのだろうか．図1と図2は政権期のそれぞれ二度の参院選・衆院選と小泉政権以前の首相の参院選・衆院選での演説数をグラフ化したものである[1]．

両選挙とも，回数が増えているどころか，減少している．参院選では1992年，1998年，2001年，2004年で回数は20回，73回，39回，37回，となっており，一方，衆院選は1996年，2000年，2003年，2005年で86回[2]，60回，70回，53回となっている．

この結果が何を意味しているのかは必ずしも明白ではないが[3]，少なくとも小泉の人気が高いからといって演説回数を増やそうという意識は自民党にはなかったようである．しかし，激戦区に集中的に小泉を投入し，したがってやみくもに回数を増やすことを避けたのでは，という見方も可能である．それは(4)で検証したい．

(2)　演説の時間帯

演説の時間帯はどうだろうか．図3と図4は「首相の一日」からピックア

図3　演説の時間帯の推移（参院選）

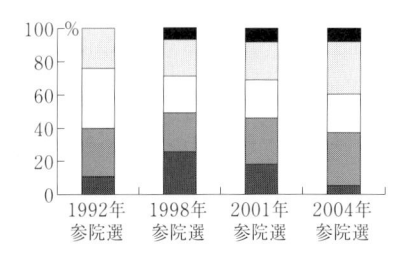

図4　演説の時間帯の推移（衆院選）

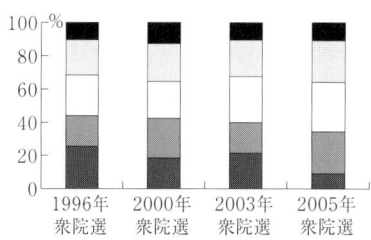

■18:00〜　□16:00〜18:00　□14:00〜16:00
■12:00〜14:00　■〜12:00

ップした街頭演説について，その時間帯を，12：00より前，12：00から14：00まで（12：00及び14：00を含む，以下も同様），14：00から16：00まで，16：00から18：00まで，18：00以降と分け，演説回数の場合と同様に参院選・衆院選とで比較したグラフである．

小泉政権期の選挙とそれ以前とでは大きな変化は生じていない．時間帯は，遊説において小泉の人気を利用するに当たって重要な要因ではないと考えられたか，あるいは小泉人気が遊説に利用されなかったことを示している．

(3) 演説の場所

演説の場所について比較してみると，図5，6のようになった．

参院選においては公園・広場での演説が増加している．これが何を意味するかは容易に判断が出来ないが[4]，ともかくもひとつの特徴として考えることが出来よう．その一方で衆院選においては大きな変化はないといえる．

(4) 演説先の決定の仕方

遊説先を決めるにあたっては，激戦区を重視することがセオリーであるようだが[5]，では激戦区と遊説先とでどれだけの相関があるのか．選挙区の区割り方式のために[6]，分析は参院選に限られる．

まず「激戦区」の定義だが，朝日新聞の本社最終版に投開票日の四日～五日前に掲載される中盤情勢を参考にする．そこでの情勢判断の記事を，表1

図5　演説の場所（参院選）　　図6　演説の場所（衆院選）

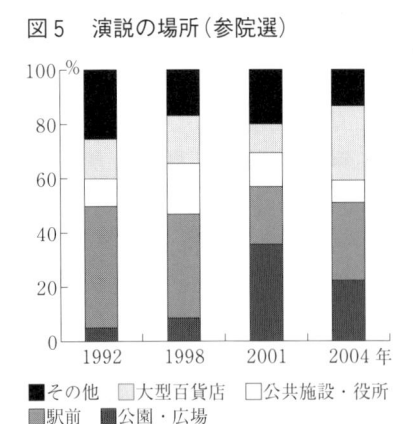

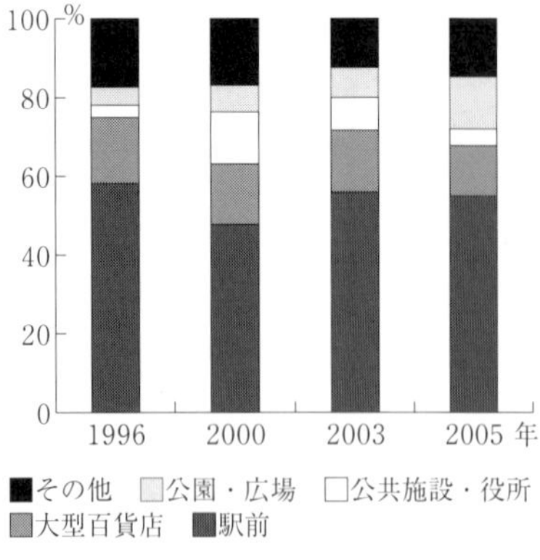

表1 中盤情勢の数値化

記事の表現	数値
群を抜く強さ・余裕を持った戦いぶり・大きくリード・非常に優位・大きく引き離している・水をあけている・当選確実・独走・最も安定している・トップ当選を争っている・寄せつけない・非常に堅い	5
優位・リードしている・安定している・引き離している・先行している・情勢は明るい・堅い	4
有利になりつつある・やや優位・一歩リード・やや先行している・当選圏内に入ろうとしている・混戦から抜け出た・逃げ切りに懸命・振り切ろうとしている	3
横並びで予断を許さない・攻勢を強めている・互角の戦い・激しく競り合っている	2
苦戦している・逆転の可能性がある・広がりがみられない・伸び悩んでいる・割り込みを図る・望みがある・(懸命に)追っている・追い上げ次第	1

のように数値化する．

なお，この記事はあくまで投開票日の1週間ほど前の調査に基づくものであり，これのみで激戦区を定義することは選挙期間内（つまり，公示日から投開票日まで）の変化を無視することになってしまうが，データの都合上[7]，この調査のみで激戦区を定義することとする．また，自民党公認の候補者だけでなく，推薦・支持の候補者も含んで考え，同じ選挙区に2人以上候補者がある場合は，各人の情勢の数値を平均した．

この数値と，1992年，1998年，2001年，2004年の参院選での各地方選挙区での遊説数とで相関係数を計算すると，図7のようになる．

1992年は－0.52，1998年は－0.51，2001年は－0.35，2004年は－0.42となり（数値は小数第三位を四捨五入した．以下同様），いずれも一定程度の相関関係を示した．中盤情勢は，首相の遊説先を決定するのに重要な要因のひとつとなっているようである．(1)の結果と考え合わせると，少なくとも過去4度の参院選では，小泉人気を遊説において戦略的に利用しようとする姿勢が自民党にはなかったと考えられる．

(5) 遊説の効果

小泉の演説は有権者の投票行動にどれだけの効果があったのか，ということについて，検証してみたい．検証方法としては，中盤情勢と選挙結果を対比する方法をとることと

図7 相関関係の推移

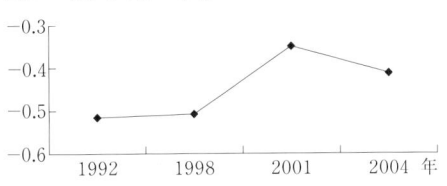

する[8]．この分析は衆院選でも可能なので，衆参両選挙で分析してみたい．

(i) 参院選

まず，参院選での首相の遊説先の地方区と，遊説を行っていない地方区における中盤情勢の平均値および分散の推移は，図8と図9のようになっている．

どの選挙にも共通していることは，中盤情勢の平均値は遊説を行っていない地方区のほうが高く，一方で分散は遊説を行っている地方区より低い，ということである．そして，平均値は遊説のあるなしにかかわらず減少傾向にあるのに対し，分散は増加傾向にある．

これを踏まえたうえで，各選挙での候補者の勝利にどのような傾向が見られるであろうか．候補者が当選した場合を1，落選した場合を0とおいて平均値を算出すると，図10のようになる．

遊説を行っている地方区で見ると，1992年及び2001年は候補者が当選する傾向が0.83と高い一方，1998年・2004年とも，平均値はそれぞれ0.34，0.50であり，それほど多くの候補者が当選しているとはいえない．一方，遊説を行っていない地方区は0.9前後で安定している．

さらに，中盤情勢と選挙結果との相関係数を計算すると，図11のような数値が得られる．

遊説が行われていない地方区の相関係数が高いことは，図8～10で見られた結果と照らし合わせれば当然のことといえよう．2004年に減少しているのは，遊説が行われていない地方区の中盤情勢の平均値が減少し，分散が上昇したことに原因があると考えられる．

図8　中盤情勢の平均値の推移（参院選）　　図9　中盤情勢の分散の推移（参院選）

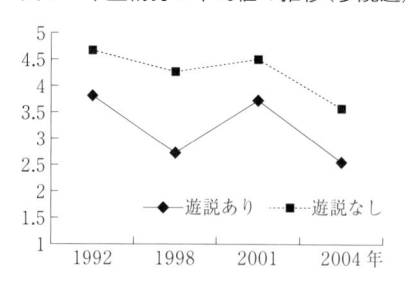

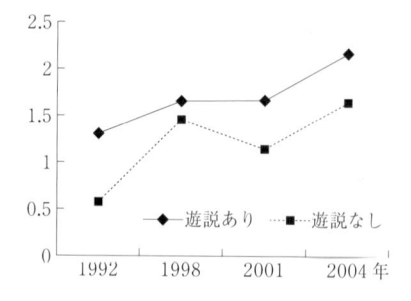

図10 候補者の勝敗の推移(参院選)　図11 中盤情勢と選挙結果の相関関係(参院選)

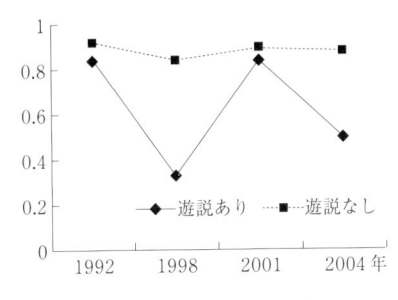

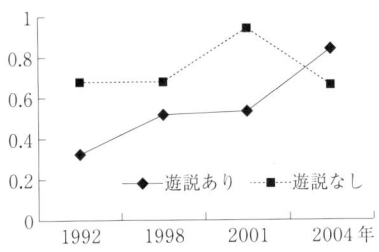

　2001年，2004年の，遊説が行われた地方区についてはどのように考えれば良いだろうか．2001年の相関係数が低いのは，小泉ブームにより，図10に示されるように，遊説するとしないにかかわらず，ほとんど候補者の勝敗に差がなかったからだと考えられる．2004年の場合は，中盤情勢の平均値及び分散の高さから，不利な選挙区から有利な選挙区まで幅広く遊説を行い，図11も加えて考えると，中盤情勢どおりの選挙結果が出る傾向が高かったと考えられる．したがって小泉の遊説の効果は認めにくい．これには当時小泉内閣の支持率が低かったことが反映していると思われる．

　1992年，1996年の相関係数が低い理由はどのようなものであろうか．1992年は遊説が行われているといないとにかかわらず中盤情勢の平均値が高く，分散が低いことに加えて双方の地方区とも候補者が勝利する傾向にあることから，勝利する可能性の高い地方区で遊説を行い，中盤情勢どおりの結果が出た，ということができる．したがって遊説の効果は認めることができる．1996年は中盤情勢の平均値及び分散は1992年のそれと変わらないとしても，遊説が行われた地方区では図10から分かるとおり，遊説が行われなかった地方区に比して候補者が敗北する傾向が高かったために低い相関係数にとどまったのだろうと考えられる．したがって遊説の効果は認めにくい．

　以上のことから，過去4度の参院選で見た場合，1992年・1996年は遊説の効果は認めにくく，2001年は全国的な小泉ブームにより，遊説に左右される程度が低くなり，2004年も同様に遊説の効果を認めにくいということができよう．

(ii) 衆院選

つぎに衆院選で同様の分析をしてみたい．ただし，注6に記した事情から遊説を行った選挙区と行っていない選挙区の比較はできないので，前者の選挙区のみで考えることとする．1996年，2000年，2003年，2005年の衆院選で，首相の遊説先の小選挙区における中盤情勢の平均値および分散は図12及び13のようになっている[9]．

参院選と異なり，4度の衆院選を通じて，不利な選挙区に行く傾向が高く，分散も小さい．参院選よりも選挙区が多く，かつ公示日から投開票日までが参院選よりも短いため，より遊説先を絞り込む程度が高いのであろうと考えられる．また，小選挙区という事情から接戦になりやすい，ということもあろう．4つの衆院選で特に大きな変化があるとはいえない．では各小選挙区での候補者の勝敗の傾向はどうだろうか．図14は参院選同様に候補者の勝敗について平均値を出したものである．

1996年・2000年・2003年は0.48，0.31，0.34と敗北の傾向が高いが，2005年のそれは0.79と勝利の傾向が高い．しかし，特に大きな変化はみとめにくいであろう．

さらに，参院選と同様，中盤情勢と選挙結果との相関係数を計算すると，図15のような数値が得られる．

図12　中盤情勢の平均値の推移（衆院選）

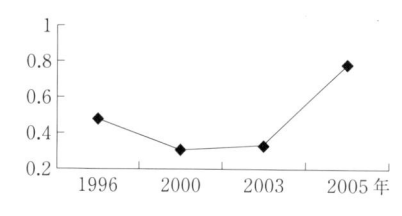

図13　中盤情勢の分散の推移（衆院選）

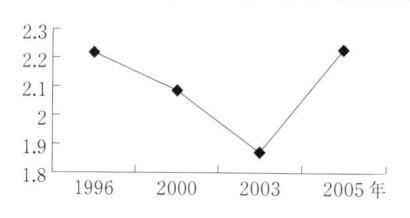

図14　候補者の勝敗の推移（衆院選）

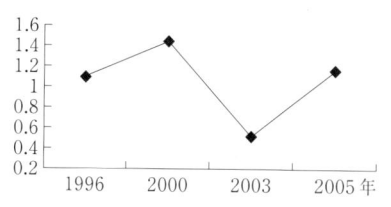

図15　中盤勢力と選挙結果の相関関係の推移（衆院選）

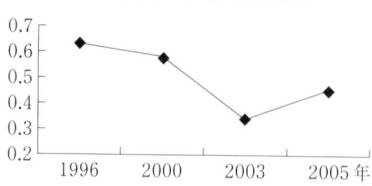

年代の古い順に0.63, 0.58, 0.34, 0.45となり, 参院選同様にいずれも一定の相関を示している. しかし, 小泉政権では相関がやや下がっているともいえる. これをどう見ればいいだろうか.

2003年の場合は, 遊説先の選挙区の候補者の勝敗は図14から分かるようにばらつく傾向にあり, 中盤情勢の平均値及び分散が低いことから, 低い相関係数となったのだと考えられる. つまり, 中盤情勢とはやや異なる選挙結果が出たと言うことができ, したがってここに小泉の遊説の効果を認めることができるであろう.

2005年の場合は, 遊説先の選挙区の候補者は図14より勝利する傾向が高く, 中盤情勢の平均値及び分散は2003年のそれより高い. この数値の高さが選挙結果に反映されていなかったということは, 中盤情勢どおりの選挙結果が出なかったことを意味し, したがってここにも小泉の遊説の効果を認めることができるであろう.

1996年, 2000年は相関係数が高く, したがって比較的中盤情勢どおりの選挙結果が出たということを意味し, 遊説の効果は認めにくいといえるであろう.

3節. 結論と含意

以上みてきたことをまとめると,

・過去4度の参院選においては, 中盤情勢と各地方選挙区の遊説数の相関係数を見るかぎり, 小泉人気を遊説において積極的に利用したという傾向は見られない. これによって, 小泉政権において遊説数が減少していることに何らかの積極的な意味づけを与えることはできない.
・演説の時間帯において過去4度の衆院選・参院選とも目立った変化が存在しないのは, 時間帯が小泉人気を利用するための重要なファクターのひとつとしては認識されなかったことか, もしくは小泉人気がそもそも遊説において利用されていないことを示す.
・演説の場所においては, 過去4度の衆院選では特に大きな変化はなかったものの, 参院選においては公園・広場での遊説が増加していることが確認できる. このことは, 小泉人気が, 演説の場所を考えるに当たって利用すべき要因と考えられた可能性を示す.

・以上のことから，全国選挙での遊説において小泉人気が積極的に利用された，という痕跡はほとんど認めることができない．
・小泉の遊説の効果は参院選で見た場合，1992年・1998年のそれと比して目立った点は見られない．2001年の場合は全国的な小泉ブームが起きていたこと，2004年の場合は小泉人気の低調期であったことが背景にあると考えられる．
・衆院選で見た場合には，前節(5)の（ii）で議論したように，2003年，2005年とも，小泉の遊説の効果は認められる．
ということが言える．

1　1995年参院選は，社会党（当時）の村山富市が首相の座にあり，「首相の一日」からデータが入手できなかったため参院選のグラフで1995年は省略した．
2　複数の演説をひとつとして数えているものはひとつとして計算した．詳細はデータ参照．
3　例えば，公示日から投開票日前日までに，首相が国際的な会議に出席する例がある．2001年参院選時，小泉はこの期間にジェノバ・サミットに出席していた．このように，この期間をフルに利用できない場合もある．また，1998年参院選では当時の首相橋本龍太郎が自身の失言の火消しをするために首相の演説回数が増えたとも言われる．このように，演説数を決めるにあたっては，首相の人気以外の部分にも左右されることがあるのである．このグラフの意味を確定するには，そうした事情まで踏み込む必要がある．
4　例えば，公園にいる特定の年齢や性別の層の有権者を狙った，と言うことも考えられようし，その公園・広場周辺を開拓すべき票田と考え，演説を行ったのかもしれない，というふうにも考えられるため．
5　世耕　2005：110-2．
6　参院選の地方区は都道府県レベルであるため，首相の遊説先さえ判明すれば，どの候補者の応援を行っているか容易に予想できるが，衆院選の選挙区は都道府県内で細かく小選挙区に分かれているため，遊説先からどの選挙区かを割り出しても，他の選挙区の候補者の応援も同時に行っている可能性がある．そうしたデータが存在するか，自民党本部に問い合わせたが，存在しないとのことであった．
7　このような情勢調査は，選挙期間中，少なくとも朝日新聞では一度しか行われていない．
8　選挙結果については東大法・第5期蒲島郁夫ゼミ（2004）のもの及び朝日新聞の記事を用いた．

9 衆院選の小選挙区の区分けについては2005年のものは開票当日の中央選挙管理会発表のものを，2003年のものは日本インターネット新聞が運営する市民記者によるニュースサイトJANJANホームページ（www.janjan.jp）のものを用いた．2000年のものは選挙情報専門サイト（www.election.co.jp）のものを用いた．1996年のものは「衆議院議員総選挙一覧」を用いた．なお，東京新聞最終版の「首相の一日」において2000年衆院選時の記事では「演説」という言葉が街頭演説の代わりに使われていたので，「演説」のみをピックアップした．

参考文献
世耕弘成（2005）『プロフェッショナル広報戦略』ゴマブックス．
東大法・第5期蒲島郁夫ゼミ編　（2004）『参議院の研究』第1巻（選挙編）木鐸社．

〈コラム〉

小泉の選挙公報

楠井悠平

　小泉は昭和44年12月衆院選から平成17年9月衆院選まで合計13回立候補し、昭和44年の選挙では落選したものの、次回から連続12回当選を果たしている。以下、小泉の選挙公報について、主に顔写真と氏名にスポットを当ててその特徴を挙げる（図1）。

図1　顔写真と氏名

昭和44年　昭和47年　昭和51年　昭和54年　昭和55年　昭和58年　昭和61年

平成2年　平成5年　平成8年　平成12年　平成15年　平成18年

まず顔写真についてであるが、顔や上半身の向きに変化が見られる．昭和44年は向かって左側を向いているが、その後昭和61年までは右側の傾向がある．そして、平成2年以降は再び左側となっている．これは、旧神奈川2区時代に競合した市川雄一（公明党）や岩垂寿喜男（日本社会党）が一貫して左側を向いていたのとは対照的である．また、小泉の特徴ともいえるライオンヘアーであるが、これが登場したのは初入閣を果たした後の選挙である平成2年である．また、平成5年と平成8年は同じ写真を使い回しており、昭和51年と昭和54年は同じスーツ・ネクタイ姿であることが推測される．

　次に氏名についてみていく．昭和44年は明朝体であるが、その後は毛筆である．その字体も、当初は雄々しいものであったが、首相就任後の平成15年以降は穏やかなものとなっており、それぞれ縮尺の違いはあるが使い回している．また、昭和58年以降は「小泉」の文字が大きくなっているが、これは昭和57年にデビューした小泉今日子にあやかる意図があったものと考えられる．このような「小泉今日子頼み」は他の点でもみられ、例えば昭和60年に発売され一大ヒットとなった「なんてったってアイドル」にかこつけてか、昭和61年・平成5年・平成8年の選挙公報には「なんてったって小泉」というキャッチフレーズが大見出しに使われている（図2）．また、平成8年には「なんてったって純イチロー」というキャッチフレーズも用いられているが、これはプロ野球で活躍したイチロー選手にもあやかっている意図が明白である．なお、平成12年は「純一郎」の文字が大きくなっているが、これは同じ選挙区から立候補した小泉安司（日本共産党）との差別化を図ったためと見られ、細かな気配りが窺われる．

図2　キャッチフレーズ

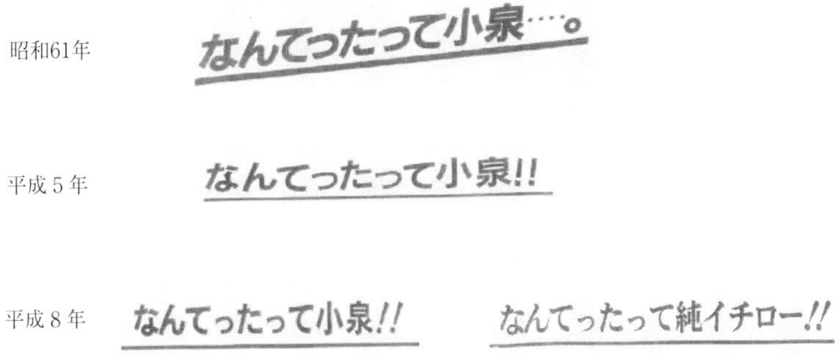

昭和61年　　なんてったって小泉……。

平成5年　　なんてったって小泉!!

平成8年　　なんてったって小泉!!　　なんてったって純イチロー!!

第3部
世論，小泉，マスメディア

テレビ欄に見る小泉政権とメディアの関係

福田　亮

1節．はじめに

　小泉政権は「ワイドショー政権」「劇場型政治」と揶揄されるように，歴代の政権の中でもメディアを味方につけた特異な存在であると言われる．テレビという媒体は音と映像でメッセージを伝えるメディアであり，有権者に及ぼす影響は絶大である．それでは小泉政権はこのテレビという媒体においてどのように取り上げられたのか，新聞のテレビ欄を用いて分析する．

　テレビ欄には番組の製作者がその日の目玉とも言うべき内容を，視聴者に見たいと思わせるように簡潔かつ印象的に記す．視聴者も多くがこのテレビ欄に目を通し，正に視聴率を左右する一要因になるのである．このテレビ欄にいわゆる「政治ネタ」がどれだけ登場しているか，小泉政権と過去の政権を比較することで小泉政権のメディアとの関わりの特異性を検証する．

　対象とする番組は，民放各局より「情報プレゼンターとくダネ！」（フジテレビ系列，99年3月以前は「おはようナイスデイ」），「ザ・ワイド」（日本テレビ系列），「NEWSステーション」（テレビ朝日系列，00年4月より「報道STATION」），「筑紫哲也NEWS23」（TBSテレビ系列）を選択した．視聴者層が異なるため番組の性質も異なると思われる朝，昼のワイドショーと夜のニュース番組から2番組ずつ選び，その取り上げ方の違いを見る狙いである．比較対象としてメディア宰相と呼ばれた細川政権以降，直近の森政権までのデータも収集することとし，各政権の4番組のテレビ欄につき政治に関連のある記述を全て記録した[1]．こうして作成したデータを用い，5年半の期間において小泉政権のテレビでの取り上げられ方にはどのような波があるのか，取り上げられ方と支持率との関連はあるのか，他政権と比較してその取り上げられる回数及び番組の性質に違いは見られるのか，といった視点から考察

する.

2節. 小泉政権のテレビ露出の波

図1は小泉政権に関連するトピックが各番組で取り上げられた件数を月毎に集計したものであるが，一目みて分かるとおりその取り上げられ方には大きな波がある．登場件数が増えていた時期に起きていた出来事を具体的に挙げると，

　総裁選で小泉フィーバー（01年4月～），参院選自民党大勝（7月），田中真紀子「外務省騒動」・小泉靖国神社参拝（8月）
　田中真紀子外相更迭（02年1月末），真紀子秘書給与流用疑惑・小泉靖国神社参拝（4月），小泉訪朝，その後日朝交渉（9月～）
　イラク新法成立（03年7月），自民党総裁選で再選（9月），衆院選・第二次小泉内閣発足（11月），自衛隊イラク派遣（12月）
　イラク邦人人質事件・年金未納問題（04年4月～），小泉再訪朝（5月）
　郵政民営化法案否決（05年8月），衆院選自民党圧勝（9月）
　民主党代表選（06年4月）

といったものである．田中真紀子，衆参選挙，北朝鮮，イラク，靖国参拝といったトピックはよく取り上げられたと言えよう．また，登場件数が増える時期には，4番組全てで取り上げられていることが多い．逆に，テレビへの登場回数が極端に少ない時期もあり，こういった時期には夜のニュースでし

図1　テレビ欄登場件数推移表（小泉政権）

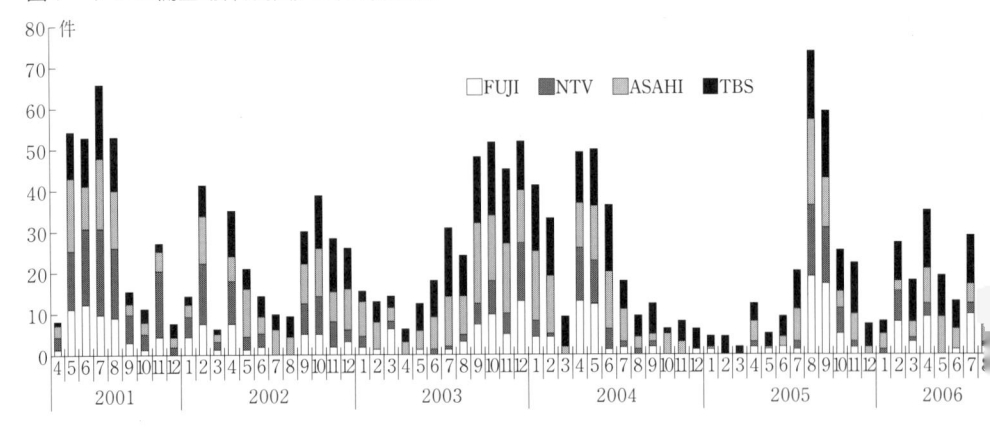

か取り上げられない傾向がある．特に2004年7月以降は，約1年間に渡ってワイドショー2番組でほとんど取り上げられていない．ちなみにこの04年7月に行われた参院選で自民党は敗北し，同時に民主党が躍進している．

この調査結果を基に以下分析を行う．

3節．支持率との連動

次に図2のグラフは，図1の小泉政権のテレビ欄登場件数のグラフに当時の支持率のグラフを重ねたものである[2]．登場件数の波と，支持率の波の形が非常に似ていることが分かる．つまり，テレビが小泉政権を多く取り上げる時と支持率が上がる時が連動しているように見えるのである．例えば，政権初期の小泉フィーバー，小泉の訪朝，2003年の総裁選，イラク人質事件，そして郵政選挙である．テレビは連日小泉の挙動を映像で流し，そこで印象度の高いパフォーマンスを発揮することで小泉は支持率を味方につける．一般受けが良く視聴率が取れるのでメディアはまた喜んで政治ニュースを取り上げる，という循環が生じていると考えられる．

逆に負の連動も考えられる．小泉が当時の田中真紀子外相を更迭した際，テレビでは毎日のように二人を追うニュースが流され，この時支持率は急落した．自衛隊のイラク派遣や，年金未納問題が取り上げられていた時期も支持率を落としている．メディアによく取り上げられるということは必ずしもその政権にとって良い要素ばかりであるとは限らず，簡単に有権者の支持を

図2　テレビ欄登場件数と支持率（小泉政権）

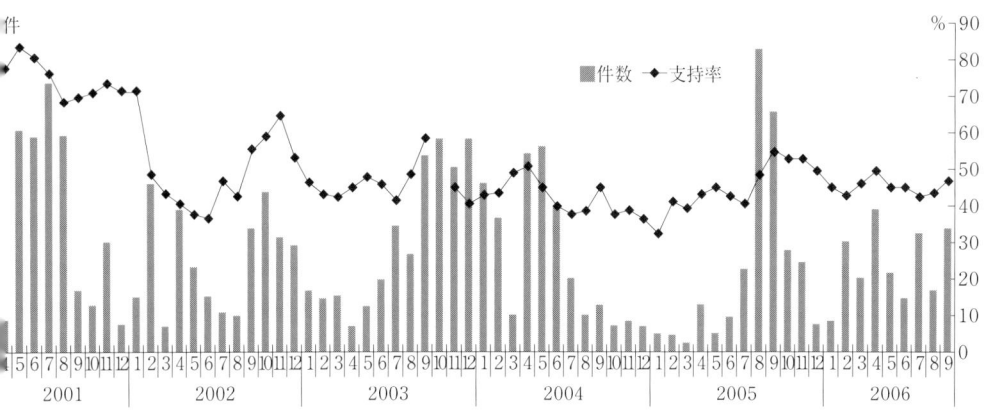

失ってしまう「両刃の剣」という面もあると言える．一般的に良いニュースであれ悪いニュースであれテレビ欄登場件数は増えるのは至極当然であろう．

しかし小泉政権においては常にこの「両刃の剣」が成り立つわけではない．テレビ欄登場件数の値と支持率変動の絶対値の相関係数が0.320であったのに対し，登場件数の値と支持率の値の相関係数は0.358となった．どちらの値も相関関係はあると判断できるものであるが[3]，後者の方がその数値は高い．テレビで多く取り上げられるとそのニュースの中身により支持率が上下すると考えるよりは，登場件数が多いときには支持率も高く，少ないとき支持率は低くなっていると考える方がより正しいということである[4]．つまり，小泉政権においてはテレビに多く取り上げられることで支持率が下がるという「負の連動」があまり見られないということが言えるのである．

このことに関連し興味深い点がある．02年7月周辺（田中外相更迭後）や03年4月周辺（「たいしたことない」発言・イラク開戦にて米国支持表明後），そして04年7月以降（参院選で民主党に大敗後）など，政府にとって痛手となるような事件が起きた後にテレビ欄への登場回数がかなり少なくなっている時期があることである．支持率が低いと取り上げられないというのは一般的でない[5]．となれば，政権側がテレビへの露出を意図的に抑えている面があると考えられる．人気が落ちているときには大人しく振舞い，むやみに表に出ていかないということである．

政権の人気を上げられそうな話題に関しては進んでテレビ露出を増やし，都合の悪い時であれば雲隠れしてメディア露出と支持率の「負の連動」を抑える．こういった点にも小泉政権のメディア戦略の巧みさが窺い知れる．一方的にテレビに取り上げられるのではなく，政権の側から利用する，あるいは遠ざかるという双方向性の関係が存在するように思う．小泉政権がメディアを利用したと言われることの1つの裏づけとなるグラフであると言えよう．

4節．他政権との比較

次に小泉以前の他政権と比較することで，さらに小泉政権のテレビ露出の特徴を浮き彫りにする．

(1) 件数と波

図3は細川，羽田，村山，橋本，小渕，森政権について小泉政権と同様に

テレビ欄登場件数推移表(小泉政権以前)

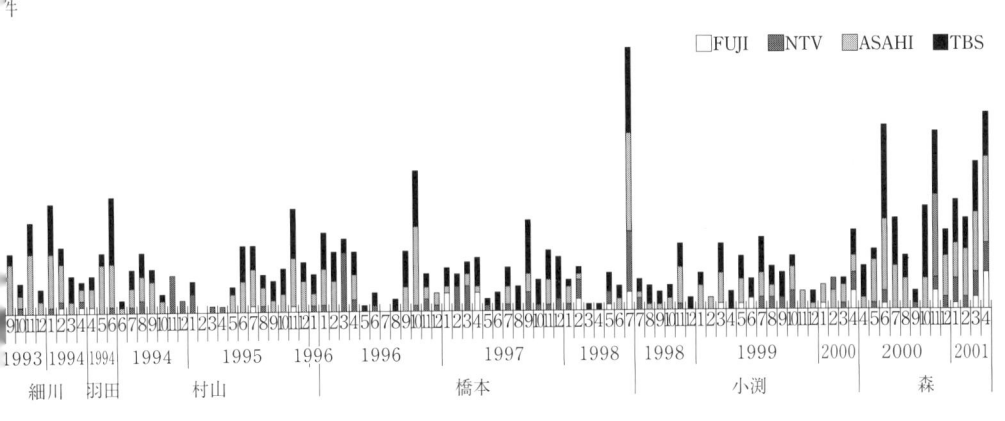

調べたテレビ欄登場件数のグラフを並べたものである．

一見して分かるように，いずれの政権もテレビ欄で取り上げられた回数は小泉政権に比べかなり少ない．むしろ，時には月に80件近くも取り上げられる小泉政権の多さの方が異常であると言える．他の政権の時代でも，政治関連ニュースが4番組で全く取り上げられないということはなかったが，少なくとも視聴者の興味を引くためテレビ欄に書くほどの話題性はなかったということが言える．視聴者の食いつきが違うので，放映に割かれる時間も小泉政権と比べ当然短くなる．やはり小泉政権のテレビ露出度は極めて高いと言うことができる．

小泉政権の特徴は単純にテレビ欄登場件数が多いということだけではない．図4は各政権の1週間あたりにとりあげられた件数を集計し，その標準偏差を比較したものである．小泉政権は他政権と比べかなり高い値となっており，テレビ欄によく登場している時期と出てこない時期のばらつきが多いことを示している．これは，政権のテレビ露出の波の大きさ

図4　政権別標準偏差

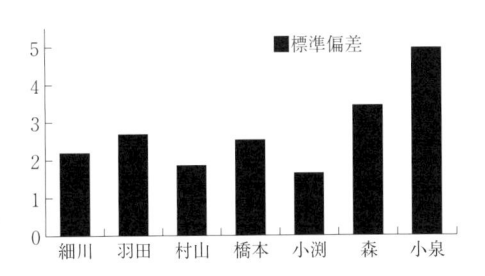

が小泉以前の首相たちと比べかなり大きいということである．図1を見ても分かるとおり，小泉政権は月に80件近く取り上げられることもあれば10件も出てこないこともある．他政権はそもそも取り上げられる件数がそれほど多くなかったのであるから，大きな波を描くこともなかったと言える．

(2) 支持率

次に支持率との関連を見ていく．図5は細川政権の開始から小泉政権の終了まで，テレビ欄登場件数の波と支持率の波を重ねたものであり，表1は各政権について在任期間中の月毎の「テレビ欄への登場件数」と「支持率」および「支持率の変化の絶対値」（表中では支持率変動と記載）の相関係数をまとめたものである．前者に正の（負の）相関があれば単純に登場件数が多い時には支持率が高く（低く）なり，後者に正の（負の）相関があるときは登場件数が増える時には支持率が連動して上下する（しない），ということを表

図5　テレビ欄登場件数と支持率（細川政権〜小泉政権）

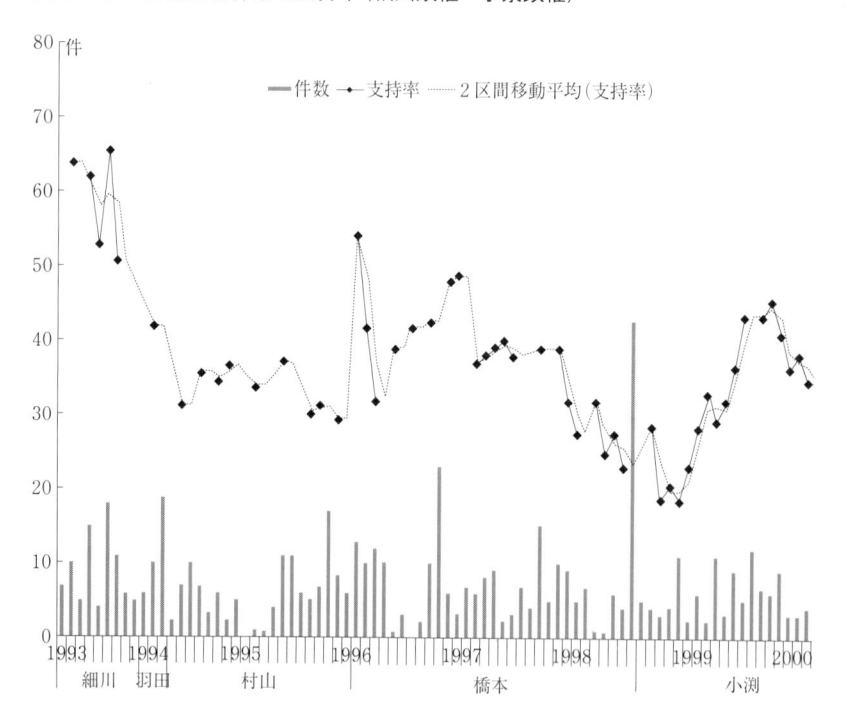

表1 テレビ欄件数との相関[6]

首相	細川	村山	橋本	小渕	森	小泉
支持率	0.6565	−0.0250	0.2626	0.0679	−0.4387	0.3590
支持率変動	−0.0593	0.0419	0.0274	−0.1713	−0.4450	0.3200

す．

　テレビへの露出度と支持率が連動するというのはごく自然なことのようにも思えるが，表1を見る限り必ずしもそうとは言えない．テレビ欄での取り上げられ方と支持率の間に何らかの相関を認めることができたのは細川，森，小泉政権だけである．細川政権は小泉政権にも劣らないほどの人気を誇ったが，そもそもテレビ欄登場件数が少なく，また在任期間も短いため支持率が下がることもなく政権交代してしまったため支持率の波は見られず，ここからメディアの影響を汲み取ることは困難である．森政権は失言問題などによりテレビ欄に登場することが比較的多かったが，史上稀に見る不人気政権で

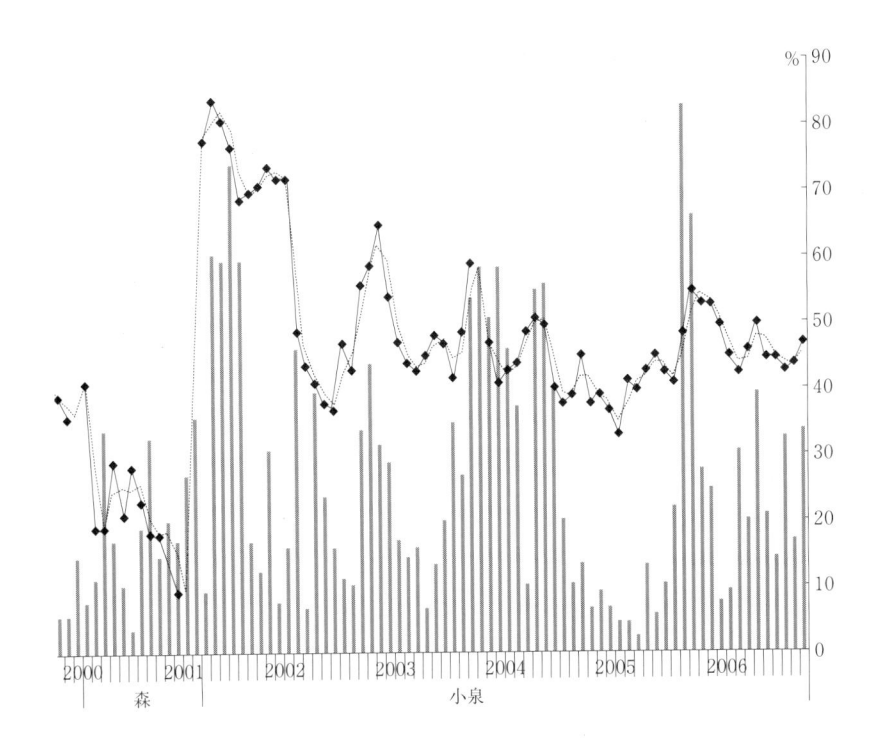

あった上に支持率自体が当初から低かったため，2種類共に負の相関が見られた．他の政権には何の相関も見られず，メディア側の政府への関心も薄かったことが考えられる．このように見てきても，やはり小泉政権とテレビメディアの間に見られる相関というのは特殊なものであることが分かる．人気を獲得・維持するために積極的にテレビ露出を行う，あるいは抑えるという姿勢はこれまでの首相には見られなかったものである．

(3) 番組

最後に，各政権が民放各局の4番組にどのように取り上げられたか比較する．在任期間中に政権関連ニュースとして4番組で取り上げられた件数を1日あたりの平均に換算したものが図6である．また図7では各政権の在任日数を並べた．

図6を見て分かるとおり，やはり小泉政権の登場回数は際立っている．図4のグラフを見ると，テレビ欄登場件数は政権交代期に増加し，中間期には比較的件数が少なくなる傾向がある．そのため在任日数の短い政権ほど1日平均の登場件数は多くなりやすい．図6および図7のグラフを見比べた時，在任日数が500日より少ない細川，羽田，森政権の平均登場件数が村山，橋本，小渕政権よりも多くなっているのはこのことも要因の1つであると考えられる．しかし，戦後3番目の長期政権となった小泉政権は他のどの政権よりも登場件数が多くなっている[7]．その件数の推移に幅こそあったが，長く見れば政権の中間期もテ

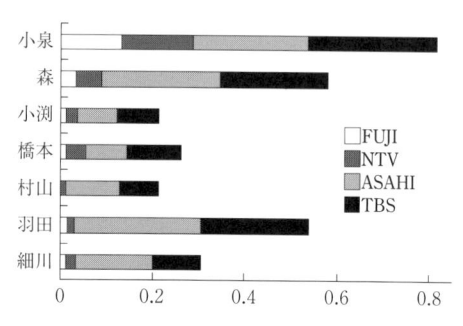

図6　政権別番組割合表

図7　政権別在位日数

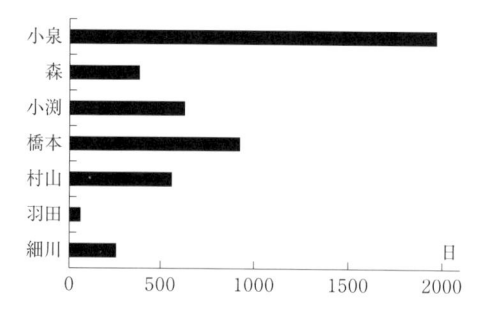

レビ欄から全く姿を消すことなく大衆に話題を提供し続けた政権の姿が窺える．

そしてさらに注目すべきは，その取り上げられた番組の内訳である．「NEWSステーション（報道STATION含む）」「筑紫哲也NEWS23」の夜のニュース番組はどの政権についてもある程度取り上げている．一方「とくダネ！（ナイスデイ含む）」「ザ・ワイド」は，小泉政権以外の政権については滅多に取り上げておらず，小泉政権ではその回数がかなり増えている．会社帰りのサラリーマン層を主な視聴者とする夜のニュース番組に対し，これら2番組は主婦層をターゲットとするいわゆるワイドショーである．それまでの首相についてはテレビ欄に書いても受けないが，小泉について書くと主婦層は食いつくということである．小泉政権は「ワイドショー政権」と言われたが，過去の政権と比べ話題性が高く，幅広い層から注目を集めていた事実をこのグラフが裏付けている．

5節．結論と含意

小泉政権のテレビ欄における取り上げられ方について分析してきたが，小泉以前の政権と比べた最大の特徴は「圧倒的にテレビへの露出度が高く，特にワイドショーに積極的に登場することで政治を視聴者にとってより身近な話題とした」点にあると言える．ニュース番組と比べれば世俗的な，ソフトニュースと言うべき分野に小泉政権が進出してきたことは，政治の変質を物語っている．この傾向は小泉政権一代限りのものであるのか今後も続いていくのかは定かではないが，政治家にとって有効なメディア戦略を考えることがより重要なものになってきているのは確かである．

小泉は政治家を相手にするよりも有権者を相手にすることを重視しており，その結果歴代の首相の中でもメディア戦略により特化した性格を有することになったと結論付けられる．

---

1 集計には朝日新聞朝刊を使用．なお，テレビ欄の中身自体は新聞社毎に差異はない．
　直接「小泉」「政府」などの言葉がなくても，内容が政権に関係していればカウントした．以下具体的な判断基準を示す．
　・一見して政府，内閣，国会に関連していればカウント．

・首相以外でも，政府に関連する政治家（大臣，党内外の対抗する勢力，小泉チルドレン etc.）について言及されている場合はカウント．内容が政治的（政策，法案など）でなく，趣味や家族関係など人物像にスポットをあてているものも含めた．その番組に出演者として登場している場合もカウント．
・他党の人事や進退問題についてもカウント．
・外交問題については，「日本政府が主体として参加している」と読み取れる記述であればカウント（例えばイラク関係で，「米軍が○○まで進駐」というものは入れないが自衛隊派遣については入れる，拉致問題でも「帰郷した曽我さんが○○訪問」など政府からもはや離れているトピックと判断されるなら入れない，など）．
・官庁（行政）とは基本的に区別して考える．ただし大臣や政治家，内閣や国会の決定が関わってくる記述ならカウント．省庁内の職員の汚職などはカウントしない．行政改革などはカウント．法律の具体的な適用に関する場面など国会を離れているようなときはカウントしない．
・地方議会や知事選については基本的にカウントしない．政党の勢力図に関わる記述などあればカウント．
・記述が短すぎて政権に関連しているか判断が怪しい場合は，他番組や前後の日付の記述から類推して判断．それでも分からない場合はカウントしない．

集計期間は，その政権の内閣が発足した日から，次の首相の内閣が発足する前日までとした．

また，集計対象とした番組が変わっていることもあるため，グラフ中ではその番組を放送するテレビ局の略称（フジテレビ：FUJI，日本テレビ：NTV，テレビ朝日：ASAHI，TBSテレビ：TBS）で示した．

なお，このデータは2006年4月7日の朝日新聞朝刊2面で使用されたものを改変したものである．

2　政権支持率のデータは朝日新聞社提供によるもの．森政権以前のデータについても同様．

3　相関係数の絶対値が0.2を超えるとき，その2つの要素には相関関係があると言われる．

4　これに対し郵政選挙時に自民党の報道局次長を務めた寺田稔代議士はマスコミへの露出ではなく，政策の中身で支持率が変動すると反論している．詳細は資料編の講演録を参照されたい．

5　例えば10%を切る低い支持率を記録した森政権などでは連日その失言問題が取り上げられるなど，メディアは不正を正すためその政権について報道するという側面もある．

6 相関が見られる場合をアミかけ部分で示した．羽田政権は在任期間が3カ月と短く，支持率のデータも1カ月分しかないため割愛した．
7 2007年5月現在．

参考文献

Kabashima, Ikuo and Gill Steel (2007) "The Koizumi Revolution," *PS: Political Science and Politics* 40(1): 79-84

大嶽秀夫（2003）『日本型ポピュリズム—政治への期待と幻滅』中央公論新社

大嶽秀夫（2006）『小泉純一郎　ポピュリズムの研究—その戦略と手法』東洋経済新報社

世耕弘成（2005）『プロフェッショナル広報戦略』ゴマブックス

政治とマスメディア——小泉政権支持率の規定要因

蒲島郁夫　ジル・スティール
（白糸裕輝　訳）

1節. はじめに

　国際比較研究によれば，政権発足初期の「ハネムーン」期間を過ぎれば，与党は人気が低下したり次の選挙で支持を失ったりするのが普通である[1]．浮動票の損失，与党が疎外した政策連合，選挙運動によって膨らんだ政権への期待，政権公約の達成を妨げる野党の能力，そして政権基盤を傷つける汚職が組み合わさって，得票率の低下がもたらされる[2]．あるいは，*The Economist* 誌が指摘するように，「すべての長期政権には支持率低下までの寿命がある」(*The Economist*, 2006年5月6-12日号)．少なくともアメリカ合衆国では，人気あるいは政権支持率の低下は「平和，富，国内的安定」の維持と連関してきた[3]．

　他国の政権や日本のそれまでの首相とは対照的に，小泉純一郎は在任期間を通じて前例のない高い支持率を保っていた[4]．小泉人気は就任後ひと月のうちに頂点に達し，内閣支持率は73％を記録したのである．支持率は一旦は低下したが，その後驚くべき回復を見せた．在任したほぼ全期間を通じて彼の支持率は48％前後で推移した（図1参照）．小泉の支持率は1960年代以降の平均的な日本の内閣支持率である36％を大きく上回っていたのである．

　議員の組織的支持基盤を持たず，党内では少数派のイデオロギー的立場を

図1　小泉政権期の内閣支持率

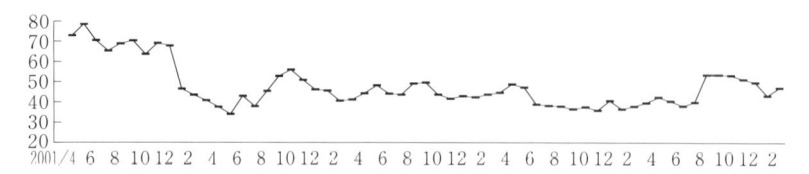

とっていたために，小泉にとって高い支持率は重要だった．自民党議員が放逐できない人気のあるリーダーであり続けるために，小泉は高い支持率によって得られる政治的資源を必要としていたからである．

では，小泉はどのようにしてこの高い支持率を5年にわたる在任期間を通じて維持することができたのだろうか．一部の先行研究は小泉のメディア・イメージを強調している[5]．本章は，支持率を保つためには，首相はメディアが好むような報道内容——分かりやすいドラマや抗争——を提供する偶像でなければならないことを示す[6]．政権支持率を研究するほとんどの研究者は情報伝達におけるメディアの決定的な重要性を認識しており，本章はテレビでの報道が首相の支持率と直接関係していると論じる．しかし，メディアが報じるすべての政治イベントが支持率を上昇させるわけではない．首相は支持率の動向を座視しているだけでは必ずしもないが，支持率を操作するのは容易ではないし，小泉が用いた戦略も常に成功したわけではなかった．

この研究は小泉政権のみにとどまらない含意を持つ．次の3つの要因が，日本の首相にとって支持率の重要性が増しつつあることを示している．第1に，全般的に言って首相の重要性それ自体が徐々に増しつつある．第2に，様々な権力が首相へと集中しつつある．第3に，有権者の投票選択は今や首相の個人的人気と結びついている[7]．本章はまた，アメリカ政治において長く認識されてきた傾向が日本においても現れているとみている．アメリカでは，支持率は大統領の有効性，立法における影響力，政権運営戦略，そして最終的な成功を決定づける鍵となってきた[8]．

以下，本章の最初の節では，日本におけるマスメディア理解を概観する．次に，小泉のメディア戦略とメディアが重要だった理由を論じる．そして，政治評論家が小泉の支持率に影響したと考えている政治的な出来事を叙述した後，それらが小泉の支持率に影響を与えたか否かを計量分析によって検証する．

2節．マスメディアと政治

本章は，マスメディアが一枚岩の主体であるとは考えていない．しかしながら小泉政権の事例では，初期の段階で新聞やテレビの間に小泉を好意的に取り上げる強い傾向があった．「特落ち恐怖症」が発生し，すべての新聞社やテレビ局が他社と同じ話題を報道していたのである．マスメディア全体が，

最初は小泉と陶酔感を共有し，改革がすぐには行われないことがわかると徐々に批判的な立場をとるようになった．日本では異なる会社のニュースは内容も異なる．たとえば新聞は，通常はイデオロギー的立場の違いによって整理される[9]．NHKのニュースは中立的な傾向をもっているが，ワイドショーは政府や数多くの政治家に対してより批判的である．しかしながらサミュエル・ポプキンが指摘するように，テレビ局や新聞は自社が重要な事件を見落としていないこと，そして人々が聞き慣れている事件を継続して報道することを視聴者や購読者に知らしめたいと望んでいる．このことは，他のニュースメディアと同様の報道をすることを意味しているのである．

最近まで，いくつかの優れた例外[10]を除けばほとんどの研究者はマスメディアが日本の政治に影響を与えているとは考えていなかった[11]．しかし，人々がより豊かになり，移動がより活発になり，農村部の人口がこの数十年の間に減少してきている．人々は選挙で地方有力者の助言に従わなくなっており，先行研究が示しているように，政治情報を得る上でますますメディアに依存するようになっている[12]．後で論じるように，メディアの多様化，自民党内ルールの変化，そして選挙制度改革がこの傾向を加速した．

日本についての先行研究では，メディアは若者に影響を与えることと，特殊な事件の報道の仕方を通じて限られた人々に影響を与えることしかできないとされてきた．スコット・フラナガンはそのような2つの研究を指摘している[13]．第1の研究によれば，メディアは若い大学生を政治化した[14]．第2の研究では，メディアの報道に頻繁に接し，汚職に批判的で，特定の政党支持態度を持たず，高い教育を受けた人々の投票選択に対して，ロッキード事件報道が大きな影響を与えたことが示されている[15]．

しかしながら，メディアは一般の人々に情報を伝える上で枢要な役割を果たしており，特定の人物や出来事に焦点を合わせることによって議題設定を行う．つまり，市民がどの争点や政治家が重要だと感じるかに影響を与えるのである．さらに，メディアは国民生活の一側面を取り上げる一方で別の側面を無視することで起爆剤となり，人々の政治的な判断や選択の基準を設定する[16]．

(1) メディアの偏向

マスメディアに注目する研究者はメディアの中立性を巡って論争を展開し

ている．一部の研究者は，制度化されたマスメディアの体制が公的情報源への依存と自主規制を助長していると主張する．たとえばカレル・ヴァン・ウォルフレンは，マスメディアが一様に国家びいきの情報を垂れ流していると強く主張している[17]．この批判によれば，記者クラブの制度と，その中で記者が各情報源の「番」に張り付くよう命じられて情報源との親密な関係を築く慣行のために，記事の偏向が促されている．しかし，このような主張はジャーナリストの批判的な性向を過小評価している．たとえばエリス・クラウスは，1980年代半ばに至るまで新聞各紙が一貫して国家を支持していたわけではなく，支持の程度は実際のところテレビよりもかなり低かったことを示している[18]．メディアが国家びいきであるとの議論はまた，新聞各紙が異なったイデオロギー的立場を取っていることと，記者クラブに属さない多くの新聞が存在することを無視している．

　スーザン・ファーとクラウスが編集した *Media and Politics in Japan* に収められている諸論考が示すところでは，新聞は国家を支持することもあれば，批判することもあった．新聞は常に政府の飼い犬だったわけでもなければ，常に政府に対する番犬だったわけでもないのである．マスメディアは批判と支持とを結合し，一見矛盾する要素を巧みに混ぜ合わせることによって「トリックスター」（trickster）として振舞っている，というのがファーの主張である[19]．一方，ローリー・フリーマンによれば，番犬，飼い犬，亡霊のどの暗喩でもマスメディアを表現しきることはできない．メディアは国家との「共謀者」（coconspirator）であり，公的な情報源との密接な関係から利益を得ているのである[20]．

　他の諸研究は，変化をもたらす力としてのマスメディアを示している．1970年代にはすでに，日本のほとんどの政治エリートはマスメディアが最も影響力のある集団であると考えていた[21]．この聞き取り調査は権力そのものではなく権力の認識を示したものではあるが，主流ではなかった社会運動をマスメディアが広め，変化に寄与した様子は多くの研究によって示されている[22]．クラウスもまた，資源に乏しい社会的・政治的集団に露出する機会をマスメディアが与えると論じている．クラウスによれば，世論がメディアを通じて表明されることが，時として遅きに失することがあるにせよ変化する世論に対する自民党の反応を確かなものにしている[23]．結果的に，国家への批判は実際には自民党支配を維持し，正統化する助けになってきた．なぜな

ら，それらの批判はすでに確立されていた保守的な枠組みの内部で情報を供給し，世論を動員するからである．与党は選挙で罰せられるのを恐れて有権者の要求に応えざるを得ず，結果として生み出される政策は有権者を満足させるものになる．

　以上の分析は2001年の自民党総裁選における小泉の勝利をよく描いている．マスメディアは国民が自民党に倦んでおり，自民党は一般党員の声に耳を傾け（て，小泉を選ば）なければならないと明示的に述べた．ある意味で，マスメディアは自民党に対して「建設的な批判」を展開したのである．マスメディアは自民党に対しては批判的な立場を取ったが，小泉に対しては好意的だった．それゆえ，メディアは全体としては現状（つまり自民党支配）を維持することに一役買ったのである．

3節．小泉のメディア戦略

　2001年，2度の失敗の後で，小泉は自民党総裁の座への3度目の挑戦を行った．マスメディアを通じて支持基盤との直接の結びつきを得るために，小泉は政党組織を迂回する必要があった．自民党の総裁選出ルールが変更されたことで一般党員の支持を得ることがより重要になっており，広範な人気を持つリーダーの選出がより重要になっていることは間違いなかった．

　マスメディアの注目を集めるため，小泉は従来の政治家とは異なるが人気を取れる自分自身の人物像を巧みに作り上げた．総裁選で敗北した1995年と1998年には，メディアでの小泉の描かれ方は彼の助けにはならなかった．1995年には勝利が確実な候補者に対する当て馬として描かれており，1998年にはマスメディアは彼の新自由主義的な立場から「一匹狼」として描き，同僚たちを説得するのは難しいだろうと評していた．

　小泉にはPRの素質があり，関心を引くような話題をメディアに提供したが，それは相互に操作し合う例だった．マスメディアは競争的な営利企業によって構成されていること，そして自分はそれらの企業の関心を集めなければならないことを小泉は理解していたようである．関心を集めることによって，メディアが自分にアクセスする機会を増やし，営利企業としてのマスメディアがより多く報道するようなドラマチックで理解しやすいストーリーを提供した．

　小泉はマスメディアの変化を利用した．テレビのニュースはかつては

NHKの領分であり,「淡々としていて,細心の注意を払って意見の表明を避け,見せ方は退屈」[24]だった.しかし1980年代半ばまでに,数多くのニュース番組が登場し,その形式を一変させた.1985年,それまでは音楽番組の司会者だった久米宏がメインキャスターを務める『ニュースステーション』は,すぐさま1番人気のニュース番組へと躍り出た[25].この番組はニュースの伝統を破壊した.退屈なNHKのキャスターとは対照的に,久米は分析を披露し,皮肉を言い,そしてユーモラスなコメントを述べた.他の放送局も,追随してソフトなニュース番組を作成せざるを得なくなった.ワイドショーにおける政治報道の拡大も無視するわけにはいかない.ソフトニュース番組がより多く取り上げがちなドラマチックな逸話を提供し,それらの番組によるアクセスを容易にすることで,小泉はこれらニュース報道の多様性を利用したのだ.一般の国民を楽しませ,小泉個人が直接訴えかける上で,ワイドショーは理想的な舞台だった.

2001年の総裁選前,世論は自民党に批判的で,自民党議員は迫りくる参議院議員選挙での敗北に身構えていた.自分自身と他の総裁選の候補者の両方をうまく定義付けし,小泉は自分の政党から距離を置くことによって自民党人気の急降下を利用した.彼は自民党を変革すると声高に叫び,一般の自民党員はその危機感に共鳴した.候補者の中で,小泉は危機感を単純に,そして率直にマスメディアが好むサウンドバイトで表現することができた.いわく,彼は「自民党を変え,日本を変える」男である.参院選の敗北が迫っているように思われていたので,地方の自民党員は通常の政治では敗北をもたらし,インサイダーを選んでいては破滅を招くということを認識していた.総裁選では自民党議員と47都道府県連の代表が投票することになっており,多くの都道府県連が自民党員に開かれた予備選挙を実施した[26].自民党の変革が日本の変革——そして自民党の存続——につながることに望みを託して,自民党員はそれまでの派閥に対する忠誠から離れ,小泉に支持を与えたのである.

小泉が都道府県連の支持を得たことは,もし派閥への忠誠に従って行動していたら橋本龍太郎を支持していたであろう国会議員の手を縛ることになった.都道府県連の要求を聞き入れるようにというあからさまなマスメディアの圧力を受けていたので,党指導部が一般議員の立場を覆えさせるのは特に難しくなった.

小泉は2001年4月24日に自民党総裁選に勝利し、その2日後に正式に首相に就任した。小泉のイデオロギー的な立場は自民党の中では少数派であり、リーダーとしての地歩を固める必要があった。そのためには、小泉には大衆的人気を持つことから得られる政治的資源が必要だった。小泉とその秘書官である飯島勲は、小泉のメディアへの露出を増やすために様々な新しい戦略を採用した。2人はメディアによるアクセスの機会を増やし、非主流のメディアやその読者・視聴者にアプローチした。小泉が主流メディアに露出する機会を増やすため、2001年の5月から毎日のぶら下がり取材が導入された。飯島はまた、伝統を破って小泉と記者との懇談を取材するために首相官邸にテレビカメラを入れることを認めた[27]。加えて、日本の首相としてはより異例なことに、2人はソフトニュースへの露出を増やしたのである。小泉はワイドショーの視聴者に自分の姿を繰り返し見せた。彼は記者クラブに属さないスポーツ紙や週刊誌を取り込むために首相官邸に設立されている公式記者クラブを迂回することを望んでいた。小泉は自民党支持者を超えて広範な層に訴えかけ、トーク番組に出演したり、テレビで放送されるスポーツの式典に出たり、スポーツ新聞のインタヴューを受けたりしたのである[28]。スポーツ新聞は発行部数にして新聞全体の10%を占めている[29]。

　小泉は、それまでの首相が誰もやらなかった方法でメディアの変化に対応した。メディアの方は小泉報道を増やした。ワイドショーによる小泉報道はそれ以前の首相の「ハネムーン」期間中の報道をはるかに上回っている（図2及び3を参照）。小泉内閣には「ワイドショー内閣」というあだ名さえ付けられた。選挙戦では候補者がテレビや新聞の広告を利用することが厳しく制限されているので、政治家にとってトーク番組、特にワイドショーに出演することは非常に重要である[30]。公職選挙法による規制を免れる方法の1つがワイドショーに出ることなので、それらの番組に出演することの重要性はますます高くなる。マスメディアを通じて、小泉は自分自身のキャラクターを巧みに作り上げた（小泉以前の首相とは対照的である）。小泉は話術にすぐれ、個人的に直接語りかけるような話し方とユーモアで自分自身と聴衆とをつなぎ、一般の人々に訴えかけたのである[31]。テレビ映りの良い小泉は自分がPRの達人であることを示し続けた。政策や自民党との関係は時として驚くような、しかし高い人気を得られるような方法で国民に提示された。小泉はフジテレビの『報道2001』に出演した際には音楽について話し、それか

図2　小泉政権期のテレビ報道量と内閣支持率

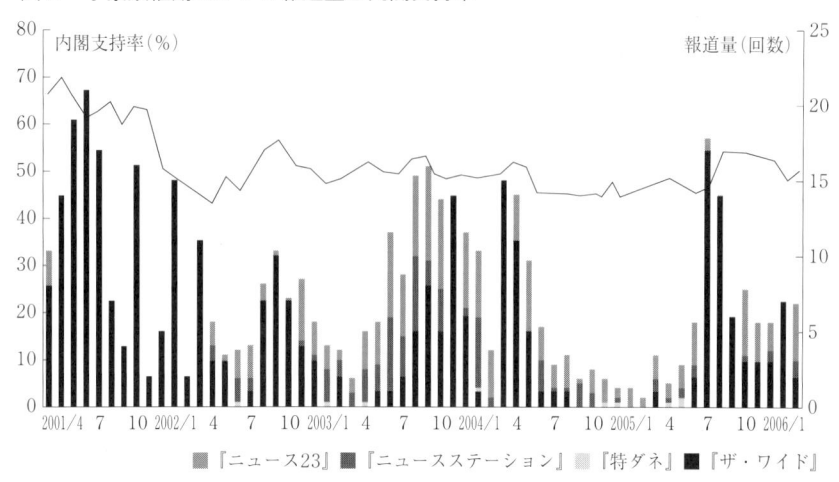

■『ニュース23』　■『ニュースステーション』　『特ダネ』　■『ザ・ワイド』

図3　小渕,森,小泉とテレビとの「ハネムーン」:政権発足から半年間のテレビ報道量

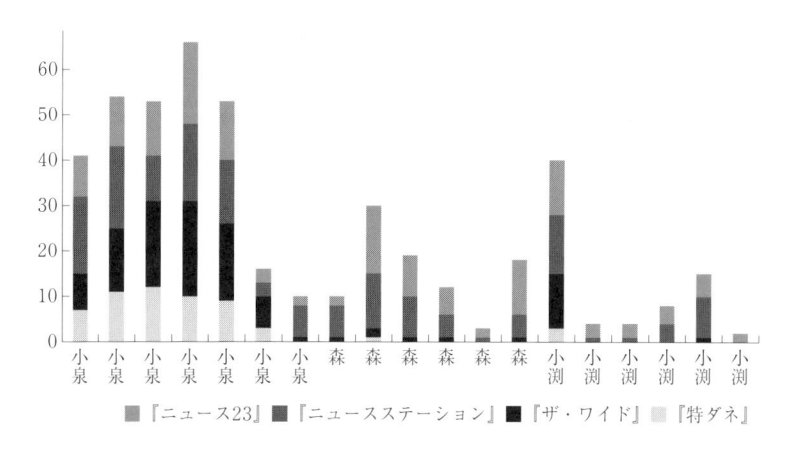

■『ニュース23』　■『ニュースステーション』　■『ザ・ワイド』　『特ダネ』

ら「抵抗勢力」と書かれた紙を引き千切った．「抵抗勢力」と同じ支持基盤に支えられている政党のリーダーとしては，驚くべき行動である．

　3日後——参院選（7月11日）告示の前日——小泉は日本テレビ系列の夕方のニュースに設けられたトークコーナーに出演した．スタジオに100人の女性視聴者が集められていたために「100人の女性対小泉」と題されたそのコーナーで，小泉は痛みを伴う改革や服装のセンスについての質問に答え，自

分の恋愛観を開陳し，好物であるラーメンと餃子を食べた．野党はこの番組を不公平だと非難し，日本テレビはこの番組を弁護せざるを得なくなった．

　カラオケとラーメンを好み，髪にパーマをかけた新しいスタイルの首相というメディアの中の小泉像に世論が反応した．小泉が慎重に作り上げた「ルールに従ってプレイしない」というイメージが，リスクをとることとこれまで主流でなかったメディアに接近することを可能にしたのだった．そしてこれらのリスク――これまでになかったほどのアクセスをマスメディアに認め，視聴者や読者を引き付ける話をメディアに提供する――をとったことで，小泉はメディアにとって非常に魅力的な存在になった．

　バーナード・マニンは，最近の公選による代表は「イメージ」に基づいて選ばれると指摘している．彼によれば，イメージに基づく投票は時として浅薄で（候補者が提案する政策の詳細な知識に基づく投票とは違って）政治的な内実を欠いているとみなされるが，実際にはイメージは政治的内実と無関係ではない[32]．小泉はこれまでになかった政策とこれまでになかったスタイルとを巧みにブレンドしたのである．スタイルと実質とが相互に強化し合っていたのだ．

4節．支持率の上昇・下降をもたらした事件

　しかし，スタイルとPRだけでは長期にわたって支持率を保つのは難しかった．先行研究，特にアメリカ合衆国の大統領支持率を扱った研究によれば，支持率に影響を与える出来事は次の3つに分類できる．すなわち平和，富，そして国内的安定である[33]．一部の研究者はこれらをまとめて，リーダーが支持率に影響を与えるために使える「てこ」として捉えている．チャールズ・オストロムとデニス・サイモン[34]はこれらの研究を概観し，「支持率を押し上げる」出来事として政治ドラマ，テレビ，外国訪問，マクロ経済政策などの戦略が利用されることを強調する研究と，「疑念，不満，失望」を増大させる，例えば失敗の指摘のような「支持率を押し下げる」出来事を強調する研究を指摘している．しかし，これらの戦略の有効性を疑い，少なくともアメリカでは大統領が支持率を保つことはほとんど不可能であると主張する他の研究も存在する[35]．

　上記に分類されるような出来事は，小泉の支持率にも同じように影響したと信じられている．

(1) 政治ドラマ

PRの技量をもって，小泉は劇場型の政治を再び展開した．彼は日本政治を再び刺激的なものにして，世論の圧倒的な反響を呼んだ．とりわけ最初に首相に就任した時期に，小泉は自民党内での孤立した自分の立場を演出するためにメディアを使い，強い印象を与えるように党内の反改革勢力に対する自分の闘争を上演し，自民党を「ぶっ壊す」と約束した．小泉は苦労しつつも，有権者の利益に沿った政策を追求して守旧派の利己的な政治と戦う改革派の旗手として自身を位置づけた．

(2) 富：経済政策劇場

不況の間，歴代内閣はそれぞれの景気刺激策や構造改革案を量産していた．小泉の改革プログラムは決して新しいものではない．新しかったのは，メディアを通じた政策の示し方だった．小泉は，現状を変革しようとする志向に支えられた新自由主義的経済改革を提案した．彼は国民が短期間痛みを経験するだろうということを明確にして，「改革の痛み」というサウンドバイトを継続して使った（総裁選期間中だけに限っても，朝日系列の小泉に関する記事には「痛み」という言葉が122回登場する）．そのレトリックを有用なものにするために，小泉は一般の国民だけでなく自民党や自民党の支持基盤も例外扱いはされないと繰り返し主張した．「聖域なき構造改革」というフレーズは広く引用されている．ワイドショーへの露出に加えて，2001年だけでも朝日系列の記事では小泉のそのキャッチフレーズへの言及が422回にのぼり，その年の流行語大賞にも選ばれた[36]．これは，「聖域」の揺りかごで大事に守られてきた政党のリーダーがなした驚くべき約束だった．有権者は新自由主義改革政策の詳細を知ってはいなかったかもしれないが，現状を変革してほしいという感情を投票の手がかりにすることはできたのである[37]．

就任して1年，低迷する経済には奇跡のような回復はもたらされず，小泉は過去のニュースであるように見られ，内閣への支持率は以前の半分へと急降下した（図1参照）．約束された経済政策の成功は起こらず，小泉の人気は衰えたように見えた．

この支持率の低下は2002年の2月から6月にかけて顕著であり，これは小泉が田中眞紀子外務大臣を閣僚から外す直前から始まっている．田中の更迭

は噴き出す寸前になっていた首相への失望を一気に顕在化させた．小泉は約束した政策についてほとんど成果を挙げていなかったのだ．

(3) 外交

　小泉にとって，構造改革だけに注力するのは難しかった．というのは，小泉はいくつかの論争的な法案を成立させるという難題に関わって寄り道をしていたからである．2002年4月16日に閣議決定された，日本への武力攻撃の事態に対応する際に政府に広範な権限を付与する有事関連法案は強烈な反対を呼び起こすことになった．この種の法案は戦後初めてのものであったし，日本の安全保障政策に関する議論が新たな段階に入ったことを示していた．

　支持率の低下と骨抜きになってしまった経済改革に対して，小泉は2002年9月に北朝鮮を訪問して歴史的な首脳会談を行うという電撃的な発表を行った．北朝鮮で行われた初めての日朝首脳会談は，北朝鮮が1970年代から80年代前半にかけて日本人を拉致していたことを認めるという成果をもたらした．1カ月後，北朝鮮で生まれた子供とアメリカ人の夫を北朝鮮に残したまま，拉致被害者の一部が日本への生還を果たした．被害者が家族と再会するのは2004年6月になってからのことである．

　拉致被害者とその家族への同情と拉致を実行していた北朝鮮政府への怒りの高まりに伴って，小泉の支持率は上昇した．小泉の初訪朝から2年の間，拉致問題は日本の政治と外交を支配する争点となった．政府は被害者を帰国させ，死亡したとされる被害者の情報を得ることに高い優先順位を付けたのである．

　しかしながら，この問題は簡単にはいかなかった．世論は拉致された日本人の情報がすべて明らかになっていないままの国交正常化を支持しなかったのである．防衛庁長官と内閣官房長官，そして自民党幹事長を経験していた加藤紘一は，ワイドショーが対北朝鮮政策に影響を与えていると主張した．拉致問題に満足のいく解決がなされないままに国交を正常化することにワイドショーが反対しているので，国交正常化は進展しえないと加藤は主張した[38]．

　この時期の小泉政権への支持は，自民党にも主要野党だった民主党にも，小泉に代わりうるカリスマと実行力を備えた人材がいないと世論が考えていたことからも生じていたようである．世論は経験不足の民主党に依然として

信頼を抱いておらず，その政権担当能力を疑問視していた．自民党の方も，若手改革派の自民党政治家はどちらかと言えば経験不足とみられており，多くの場合，そのような政治家は小泉もかつて所属していた森派のメンバーだった．主要な派閥が順に総裁を出すのが好まれていたので，自民党が小泉と同じ森派から次のリーダーを選出するとは考えにくかったのである．

世論の支持は2003年秋に行われた自民党総裁選における小泉の勝利に枢要な役割を果たした．議員の頭の中で総選挙の存在が大きくなっており，最近の選挙では自民党総裁への支持が投票行動に影響していたのでなおさら世論の支持が重要だった．自民党の政治家は人気のあるリーダーを選ばなければ自分の議席が危険にさらされることを鋭く認識していたのである．小泉の再選の後，「小泉マジック」が再現された．メディアによる報道はこの時期にピークを迎える．2004年6月まで，内閣支持率は不支持率を常に上回っていた．小泉は，とりわけかつての自民党総裁に比べて非正統派で変わったリーダーであるという自分のイメージを保つことに成功したのだ．「抵抗勢力」に対する小泉の非難は徐々に鳴りをひそめていったが，支持率の高さは自民党内の反小泉派の行動を抑えるには十分だった．2004年半ばから，景気の回復にもかかわらず小泉の支持率は急速に低下していく．これは，部分的には民主党で新たなリーダーが選ばれたことにもよっている．菅直人が年金未納問題のために辞任し，岡田克也が民主党の党首に選出されたのである．世論とメディアは好意的に反応し，岡田の明確で直截な政治姿勢，一貫性，そして写真写りのよさに支持を与えたのだった．

(4) 失政批判対政治劇場

皮肉なことに，政治家の年金未納問題は年金改革が議論されていた2004年の4月から5月に世論の知るところとなった．このスキャンダルは年金の掛け金の一部を支払っていなかった多数の政治家を中心に展開した．もっとも衝撃的な発見は小泉自身が一部の掛け金を支払っていなかったということであり，メディアの非難の的となる．小泉は批判を和らげようと，支払いを怠っていた時期には国会議員に年金加入の義務はなかったと主張した．

未納の時期があったと認めたのと同じ日に，小泉は再び北朝鮮を訪問する予定であるという劇的な発表を行った．過半数の市民が小泉の決定を支持したし，またこの決定は暫く前から考慮されていたものではあった．しかし，

発表のタイミングと，参院選の2カ月前で年金未納問題の最中である2004年5月という首脳会談の日程のために，首脳会談は「注意をそらす戦術」であると一部から批判された．

この出来事は，世論の支持に影響を与えるために「てこ」を利用するには制約があることを示している．平壌へ2度目の訪問を行ったにもかかわらず，政権支持率は2004年の残りの時期には下がり続けた．北朝鮮問題によって年金未納問題が一時的にメディア報道から姿を隠し，拉致被害者の北朝鮮で生まれた5人の子どもと被害者の1人の夫でアメリカ人の拉致被害者が首脳会談の1カ月後に帰国した時には，政権の支持率は上昇した．しかしながら，世論の反応は複雑だった．朝日新聞の世論調査によれば，約67％の人が小泉の訪朝を支持していたものの，同時に61％の人が北朝鮮への人道援助計画に反対していたのである．

7月11日の参院選は民主党の自民党に対する大勝利に終わった．自民党への支持率は下がり続け，2004年末には36％を割り込むまでになった．しかしながら，2005年に入ると自民党支持率は回復し，8月までほぼ一定の割合を保った．民主党がリーダーの最初のアピールをうまく活かせなかったこと，効果的な野党としての地位を確立できなかったことによって，自民党支持が回復した理由の一端を説明できる．民主党が活力を欠いていたことは，4月の補欠選挙での敗北に対する岡田のやる気のない態度と，郵政民営化，政治資金問題，そして小泉の対アジア外交に関して煮え切らない態度をとったことにも表れている．

(5) 外交的不行動

小泉は，首相になってから毎年靖国神社へ参拝し，毎回大きく報道された．靖国神社は日本人の戦死者を祀り，より論争的なことに第二次世界大戦時のA級戦争犯罪人を顕彰している．一部の市民は憲法に定められた政教分離を侵害するものだとして強く反対し，小泉に対する訴訟を起こした[39]．一部のアジアの国民にとっては，靖国神社はかつての日本軍国主義の象徴であり，とりわけ中国と韓国の政府は小泉の参拝に強く反対した．

(6) さらなる政治劇場

経済構造改革の一環として，小泉内閣は郵政関連法案を提出し，2005年7

月7日に自民党から37人の造反議員を出しながらも何とか衆議院を通過させた．次の政治劇場の幕開けを示唆するかのように，小泉は参議院本会議での投票前日，前首相の森喜朗に「（郵政民営化は）信念だ．そのためなら死んでもいい」と宣言した．法案は参議院で否決され，小泉を対決へと駆り立てた．参議院を解散することはできないので，小泉は衆議院を解散して選挙に打って出る．

小泉は郵政改革を争点にして選挙を戦うと決意していた．この10年で最も刺激的だった選挙戦において，彼は法案に反対した自民党議員に党の公認を与えず，それらの議員に対する「刺客」をそれぞれの選挙区に送り込んだのである．このいわゆる刺客候補は，社会的地位のある女性，有名人，比較的若くて成功をおさめていた民間人からなっていた．

この選挙は「小泉劇場」との異名を取った．小泉はドラマを演出し，選挙を善（刺客候補，改革派）と悪（造反議員，反改革派）との戦いとして描きだした．改革（郵政民営化）を支持するか否か，と国民に問いかけることで小泉は選挙の争点を設定することに成功した．2005年，小泉と自民党への投票は現状維持への投票ではなく改革への投票，変化への投票になったのだった．

野党はこの争点の突出を弱めることも，メディアにもっと面白い話を提供することもできなかった．そのため小泉と刺客候補は選挙に関するメディアの報道を独占した．逢坂巌が2005年総選挙の分析で指摘する通り，マスメディア，わけてもワイドショーは抗争（と戦争）が人を引き付けずにはおかない話だと考えていたし，それらは消費者を喜ばせる商品だった．視聴率（つまり売り上げ）で測定される視聴者の興味は報道の期間と中身に影響を与え，ワイドショーは最近5年間のうちに増加した政治報道で戦争，抗争，そして危機に焦点を絞っていた．「内戦」と形容されるほどなのだから，メディアが郵政改革とそれに続く選挙戦を報道しないはずがなかったのである[40]．

自民党は大勝利をおさめた．このときの選挙制度では，有権者は2票を投じる権利があり，1票は小選挙区の候補者に，もう1票は比例区の政党に投票する．自民党の議席率は大きく伸びたが，得票で言えば小選挙区では2003年の44％から48％へ，比例区では35％から38％へと伸びたにすぎない．

2005年の衆院選は小泉にとって歴史に名を残し，「死に体」の首相として政権の座から降りるのを避ける最後の機会だった．彼の改革の多くは骨抜きに

されており，その他のものは始まってもいなかった．経済が回復軌道に乗っていたにもかかわらず，内閣への支持は低下しつつあった．彼は自民党を変えたいと主張していたが，それまでの4年の間に女性議員を増やしたり議員の若返りを図ったりはほとんどできなかった．小泉は「刺客」候補を人気を再び得るための戦術として使ったのである．皮肉を込めた批判によれば，郵政改革は単なる道具であった．もちろん小泉は改革法案を成立させたいと願っていたが，それ以上に自分が革命家であることを望んでいたのである．

5節．計量分析

メディアへの露出が小泉の高い支持率と相関していたのかどうかを検討するため，本章では支持率上昇の要因となりうる政治的・経済的要因を制御した自己回帰和分移動平均（ARIMA）モデルを推定する．

(1) 従属変数

従属変数は内閣への支持である．内閣支持率のデータは，毎月第2週に対面調査形式で行われる時事通信世論調査によるものを用いる．この調査の回答者は成人から抽出されたサンプルで，サンプルサイズは約1,400である．回答者は内閣を支持するか否かを質問される．本章で分析するのは，2001年5月から2006年3月までである．

残差の分析は自己相関があることを示している．特に，1期ラグをとった変数が統計的に有意である（ボックス－リュングのQ検定も同様に有意であり，自己相関がないという帰無仮説を棄却できないことを示している）．この一階の自己相関を修正するため，本章ではARIMA推定量を用いる．

(2) 独立変数

テレビ報道量：本章は，ハード・ニュース番組とソフト・ニュース番組からそれぞれ2つずつ，最も人気のある番組を選択した．『ニュースステーション』，『News23』，『特ダネ』，『ザ・ワイド』である．テレビ報道量の指標として，本章はこれら4番組で月ごとに集計した小泉または小泉内閣が取り上げられた回数を用いた．本章がこれらのニュース番組を用いたのは，たとえば全国紙の1面よりも幅広い視聴者を得ているからである．このデータは『朝日新聞』朝刊のテレビ欄から蒲島ゼミが2005年から2006年にかけて収集し

た．データには報道内容，取り扱い方などを含んでおらず，回数のみを含む．

政治的独立変数：政権支持率に関するほとんどの先行研究は重要な出来事を独立変数として含めているが，何が「重要」なのかについての合意はほとんどない．大枠でオストロムとサイモン[41]の方法を踏襲し，また上記の議論に従って，本章は「特殊で，ドラマチックで，鋭く注目を集めた」小泉に直接かかわる出来事で，かつ通常の時期より多いメディア報道の対象となった出来事[42]を特定した．本章はすべての市民が等しくニュースに関心をもち，その動向を注視し，理解していると考えているわけではないが，利用できるデータではこれ以上の細かい分析はできない．普段より多くの報道がなされた出来事のみを含めることはまた，市民が首相の業績を評価するのにそれらの出来事の結果を含める可能性を高めている．オストロムとサイモンが指摘するように，「支持するか否かの決定においてある業績が考慮されるのは，市民がその業績に気付く何らかの理由がある時に限られる[43]．」

本章は支持率に影響を与えうる3種類の政治的事件を操作化するために重要な外国との関係（外交面と軍事面），重要な国内の出来事，そして首相の一貫性にかかわる重要な事件を表す一連のダミー変数を利用した．分析に用いられたダミー変数は次の通りである．靖国参拝（小泉が参拝した月には1，そうでない月には0），拉致被害者帰国（被害者が日本に帰国した月には1，そうでない月には0），日朝首脳会談（小泉が訪朝した月には1，そうでない月には0），自衛隊イラク派遣（イラクでのアメリカ主導の多国籍軍への参加が発表された月には1，そうでない月には0），田中外相更迭（2002年2月には1，他の月には0），選挙（2005年9月を除く衆院選または参院選が行われた月には1，そうでない月には0），郵政選挙（2005年9月には1，他の月には0），年金未納問題（小泉が一部の掛け金を支払っていなかったことを認めた月には1，他の月には0）．発表されたのがその月の世論調査よりも後だったため，田中外相更迭と自衛隊イラク派遣の変数については実際に発表された次の月に1を与えている．

経済的独立変数：政治要因とメディア露出の係数の推定量にバイアスがかかるのを避けるため，本章は経済変数，特に失業率と消費者物価指数（CPI）を独立変数としてモデルに投入した．多くの先行研究は経済要因が日本の政権支持に影響を与えないことを発見している[44]．しかしながら，世論は小泉を異なる基準で評価し，経済要因を考慮していた可能性がある．というのは，

すでに指摘したように，新自由主義的経済改革が小泉のレトリックの中核部分をなしていたからである．

支持率の慣性を制御するために，本章はラグ付き従属変数をモデルの右辺に投入した[45]．また，政権は長くその地位を保つほど支持を失っていくという従来の知見に基づいて，小泉の在任期間を示す変数も投入した．

6節．分析結果

分析結果は表1に示されている．本章の知見は，政治的・経済的変数の効果をコントロールした後でもメディア露出度の高さは支持率の上昇と相関している，というものである．選挙が行われた月，小泉が靖国神社に参拝した月，そして田中眞紀子を更迭した月にはいずれも支持率が低下している．他の政治的要因はそう単純ではなく，首相が支持を増やすための「てこ」を操作する能力に限界があることを示している．本章は日朝首脳会談とその結果達成された拉致被害者の帰国は「国旗の下の団結 (rally round the flag)」効果を支持率にもたらすだろうと予想していたが，現実はもっと複雑であった．確かに世論調査は首脳会談が支持されていたことを示しているが，2度目の会談は年金未納問題に時期を合わせた目くらまし戦術であると広く認識されていた．日朝首脳会談，拉致被害者帰国のいずれの変数についても係数の推定値は予想通りの符号を示しているものの，統計的に有意ではない．

最も明白に支持率を上昇させたのは，参議院における郵政改革法案の否決，それに対する小泉の衆議院解散，そしてこの争点に関して選挙戦の基礎を築いた2005年8月から9月

表1　メディアと小泉内閣支持率

独立変数	内閣支持率
テレビ報道量	0.056**
	[0.028]
靖国参拝	−4.865*
	[1.743]
田中外相更迭 $_{t-1}$	−20.868*
	[3.824]
拉致被害者帰国	8.276
	[10.008]
日朝首脳会談	4.563
	[6.191]
自衛隊イラク派遣 $_{t-1}$	−8.667
	[29.909]
年金未納問題	−2.424
	[56.575]
郵政選挙	12.452*
	[4.831]
選挙	−9.159*
	[3.267]
小泉の在任期間	−0.04
	[0.044]
内閣支持率 $_{t-1}$	0.926*
	[0.043]
失業率	−1.103
	[1.295]
消費者物価指数	0.699
	[1.207]
定数項	−59.671
	[118.870]
σ	2.726
	[.313]
対数尤度	−140.6
N	58

** は5％水準で有意，* は1％水準で有意であることを示す．
カッコ内は標準誤差．

にかけての出来事である．これは小泉の支持率を大幅に上昇させた．郵政改革が一貫性をもって，また劇的に提示されたとき，一般の国民はその争点に沿って動員されたのである．

　小泉の在任期間を表す変数は統計的に有意ではなく，小泉が在任期間を通じて支持を失っていったのではないことを示している．しかしながら，(2005年9月の選挙を除いて) 最初に勝利した後には選挙で敗北したという点では他の多くの政権と共通する．

　経済改革を強調していたにもかかわらず，失業率とCPIはいずれも小泉の支持率には影響を与えていない．

7節．議論

　政治的変数：メディアへの露出は小泉が人気を得るために枢要であり，彼は自分の人気を高める可能性があるいくつもの事件を宣伝するのにメディアを利用した．しかし，日本の首相が人気を獲得するために使える手段には限界がある．小泉は北朝鮮への訪問と拉致被害者の帰国とによって低迷する支持率を回復させたいと望んでいたが，世論はこの両義的な論点には納得しなかった．小泉は，「劇場」との異名がついた2005年の衆院選で最高潮に達した「闘争」で，自身を守旧派と戦う人物として演出することの方により大きな成功をおさめたのである．

　しかし，郵政改革争点と2005年衆院選は劇的ではあったが，小泉の支持率に一時的な重要性しかもたなかった[46]．小泉は政策争点を有権者の反応を引き出す闘争としてフレーミングできたという点で幸運であったが，彼の後任者がそれほど明敏――あるいは幸運――であるとは限らない．マニンが指摘するように，境界線を提案する候補者と反応する有権者との間の収束は，試行錯誤を含む不断のプロセスなのである[47]．

　経済変数：経済指標が内閣支持率に対して影響を持っていなかったという事実は，不況の時にも自民党を選挙で罰することがなかった過去と同じような業績評価を市民が行っていることに由来する可能性がある．小泉は経済回復を前面に押し出したが，評価基準として景気回復が機能するかどうかは，市民が自分の選好に基づいてリーダーを評価しており，その評価が期待された業績と実際の業績との比較の関数であるという仮定が成り立つかどうかに依存している[48]．このモデルが成り立つためには，市民は経済状況の責任が

どこにあるのかをはっきり知っているという前提が必要とされる．小泉政権のケースでは，経済状況の責任がどこにあるのかははっきりせず，それが小泉にとって有利に働いた[49]．小泉は選挙民に対して改革には「痛み」が伴うと宣言しており，それによって経済が回復しなかった時の責任が回避されたのである．加えて，小泉の改革案を立法化しようとする闘争が広く宣伝されたことは，改革案の立法化が被った初期の遅延は守旧派の責任に帰せられると描かれたことを意味している．非難されるべきは自分一人ではないと小泉が市民に思わせられる限り，景気が良ければ政府に褒美を与え，悪ければ罰するという単純な基準を選挙民が採用する可能性は低くなる．自分自身の苦境を強調することで，小泉はもとより首相に大きな責任が集中されていたわけではないシステムにあってさらに責任を分散させることができた．しかし，景気が回復した時，市民は小泉に褒美を与えなかった．全体としてみれば，本章の分析結果は，選挙民が景気によって政権を称賛したり非難したりするかどうか，そしてそれに従って投票するかどうかは政治的制度環境に決定的に依存するという研究結果と合致する[50]．ティモシー・ヘルウィッグが指摘するように，多くの国際比較研究が単純な経済投票の褒賞－懲罰理論の有効性は極めて限られたものであることを示している．単に個人的な収入や経済全体を見ているのではなく，選挙民は自分が暮らしている政治的な環境についての情報を吸収し，処理しているのである[51]．

　要するに，小泉は多くの政治的・経済的結果について責任を問われることはなかった．支持率の低下を座視したくないとすれば，日本の首相はメディアを利用し，ドラマチックな話題を提供し，責任を分散させることで成功をおさめるだろう．

1　Rose and Mackie 1983; Paldam 1986.
2　Powell and Whitten 1993, 298-299.
3　Ostrom and Simon 1988, 1100 を参照．
4　内閣支持率は時事通信による全国世論調査の数値を用いている．研究者は通常この数値を首相への支持の指標として用いている（Krauss and Nyblade 2005）．
5　Feldman 2002; 星・逢坂　2006; Krauss 2002.
6　逢坂　2006; Popkin 2006.
7　池田　2004; Krauss and Nyblade 2005; 蒲島・今井　2002.

8 Brace and Hinckley 1992; Kernell 1997; Newman 2002,782. 橋本龍太郎政権で総理大臣秘書官を務めていた江田憲治は，日本で生じた同様の現象を描いている．橋本の支持率が劇的に低下した後に，自民党議員は勢いづいて橋本を批判したり，政権の政策を公然と非難したりするようになったのである（Eda 2002）．
9 内容分析によって，一般にも明らかとされていることを確認できる．すなわち，主要全国紙の中では『朝日新聞』が最も政府に対して批判的であり，『毎日新聞』，『読売新聞』，『日本経済新聞』，『産経新聞』の順でこれに続く．最後の2紙はたいていの場合，政府に好意的である（Feldman 1993, 28-29をみよ）．
10 Freeman 1996; Pharr and Krauss 1996.
11 近年の優れた研究として，星・逢坂 2006，逢坂 2006．
12 Krauss and Nyblade 2005.
13 Flanagan 1996, 279.
14 飽戸ほか 1978．
15 Flanagan 1991.
16 Iyengar and Kinder 1987, 4. ジョン・ザラー（Zaller 1992）はこれらの現象を「頭頂部」反応（"top of the head" responses）として言及している．
17 Wolfren 1989, 93-100.
18 Krauss 1996.
19 Pharr 1996, 35. この両義性は一部のジャーナリストの態度にも反映されている．一方では，自分たちは体制と対決しなければならないと思っており，ジャーナリズムは統治の機能に影響を与えるものだと考えている（Kim 1981をみよ）．他方，新聞は表向き不偏不党，中立公正の方針を掲げているのである（Feldman 1993, 16-18）．
20 Freeman 2000, 21.
21 Kabashima and Broadbent 1981.
22 たとえば，Kabashima and Broadbent 1986; Groth 1996; Reich 1984. これら以外の目立った事例としては，一部のメディアによって1993年になされた非自民連立政権を支持するキャンペーンが挙げられる．
23 Krauss 1996, 360.
24 Krauss 2002, 7. Krauss 2002もみよ．
25 Taniguchi 2004をみよ．
26 2001年の総裁選では，都道府県連とマスメディアの圧力によって，自民党指導部は1998年の時よりも都道府県の票が重くなるように制度を変更した．自民党所属の国会議員票は346票であり，都道府県の代表には全部で141票が割り当てられた（各都道府県に3票）．

27　*Asahi News Service* July20, 2001.
28　石沢　2002; Taniguchi 2004.
29　NSK 2002.
30　このような規制があるため，多くの論者が日本のメディアは選挙戦に小さな影響しか与えないと考えている（Curtis 1988, 167）.
31　Feldman 2002.
32　Manin 1997, 227.
33　Ostrom and Simon 1988, 1100.
34　Ostrom and Simon 1989, 365.
35　Lowi 1985.
36　『聞蔵』データベース.
37　Yamada 2004.
38　Taniguchi 2004.
39　読売新聞社が2006年8月に行った世論調査では，50％が小泉の靖国神社参拝に反対し，40％が賛成していた（*Daily Yomiuri*, August 9, 2006）.
40　逢坂　2006，14－15.
41　Ostrom and Simon 1985.
42　Newman 2002.
43　Ostrom and Simon 1985, 337.
44　Anderson and Ishii 1997; Reed and Brunk 1984.
45　Baum and Kernell 2001, 217.
46　エドワード・カーマインとジェームズ・スティムソンは，アメリカ政治における争点としての人種についての研究の中でこのようなパターンを「刺激－減衰モデル」として表現し，争点が短期的ではあるが強力な影響を政治システムに対して及ぼしうると論じている（Camines and Stimson 1989, 139）.
47　Manin 1997.
48　Ostrom and Simon 1985, 336.
49　G・ビンガム・パウエルとガイ・ホイッテンは，経済と投票行動との間に関係がないことを「責任の明確性」の欠如として指摘する（Powell and Whitten 1993）．日本はパウエルとホイッテンが責任の明確性が欠如する国として想定する場合には当てはまらないが，概念そのものは有益である．責任が明確でない国では，現職の政権は経済によって選挙民に罰せられたり，報いられたりする可能性がより小さい．小泉は彼らが測定した指標よりももっと特殊なケースだが，概念はこのような状況を含んでいる．
50　Hellwig 2001, 1144.
51　Hellwig 2001, 1144.

参考文献

Anderson, Christopher J., and Jun Ishii. 1997. "The Political Economy of Election Outcomes in Japan," *British Journal of Political Science* 27: 619-630.

Baum, Matthew A., and Samuel Kernell. 2001. "Economic Class and Popular Support for Franklin Roosevelt in War and Peace," *Public Opinion Quarterly* 65: 198-229.

Brace, Paul, and Barbara Hinckley. 1992. *Follow the Leader: Opinion Polls and the Modern Presidents*. New York: Basic Books.

Carmines, Edward G., and James A. Stimson. 1989. *Issue Evolution: Race and the Transformation of American Politics*. Princeton: Princeton University Press.

Curtis, Gerald L. 1988. *The Japanese Way of Politics*. New York: Columbia University Press.

Eda, Kenji. 2002. "How the Prime Minister is Kept from Leading," *Japan Echo* 29: 14-18.

Feldman, Ofer. 1993. *Politics and the News Media in Japan*. Ann Arbor: University of Michigan Press.

Feldman, Ofer. 2002. *Personality and Leadership*. Washington D.C.: Woodrow Wilson International Center for Scholars.

Flanagan, Scott C., 1991. "Media Influences and Voting Behavior," In Scott C. Flanagan ed. *The Japanese Voter*. New Haven: Yale University Press.

Freeman, Laurie A. 1996. *Ties that Bind: Press, State and Society in Contemporary Japan*. Unpublished Thesis Ph. D, The University of California, Berkeley.

Freeman, Laurie A. 2000. *Closing the Shop: Information Cartels and Japan's Mass Media*. Princeton: Princeton University Press.

Groth, David E. 1996. "Media and Political Protest: The Bullet Train Movements," In Susan J. Pharr and Ellis S. Krauss eds. *Media and Politics in Japan*. Honolulu: The University of Hawai'i Press.

Hellwig, Timothy T. 2001. "Interdependence, Government Constraints, and Economic Voting," *Journal of Politics* 63: 1141-1162.

Iyengar, Shanto, and Donald R. Kinder. 1987. *News that Matters: Television and American Opinion*. Chicago: The University of Chicago Press.

Kabashima, Ikuo, and Jeffrey Broadbent. 1986. "Referent Pluralism: Mass Media and Politics in Japan," *Journal of Japanese Studies* 12: 329-361.

Kernell, Samuel. 1997. *Going Public: New Strategies of Presidential Leadership*, 3rd ed. Washington D.C.: CQ Press.

Kim, Young C. 1981. *Japanese Journalists and Their World*. Charlottesville: University Press of Virginia.

Krauss, Ellis S. 2000. *Bradcasting Politics in Japan: NHK and Television News*. Ithaca: Cornell University Press.

Krauss, Ellis S. 2002. *The Role of the Media*. Washington D.C.: Woodrow Wilson Center of Scholars.

Krauss, Ellis S., and Benjamin Nyblade. 2005. "'Presidentialization' in Japan? The Prime Minister, Media, and Elections in Japan," *British Journal of Political Science* 35: 357-368.

Manin, Bernard. 1997. *The Principles of Representative Government*. Cambridge, U.K.: New York: Cambridge University Press.

Newman, Brian. 2002. "Bill Clinton's Approval Ratings: The More Things Change, The More They Stay The Same," *Political Research Quarterly* 55: 781-804.

NSK (Nihon Shinbun Kyokai). 2002. *Circulation and Diffusion of Newspapers By Prefecture Survey*, Electronic Version. Available from http://www.pressnet.or.jp/newsb/0301b.html.

Ostrom, Charles W., and Dennis M. Simon 1985. "Promise and Performance: A Dynamic Model of Presidential Popularity," *American Political Science Review*, 79: 334-358.

Ostrom, Charles W. and Dennis M. Simon. 1988. "The President's Public," *American Journal of Political Science* 32(4): 1096-1119.

Ostrom, Charles W., and Dennis M. Simon. 1989. "The Man in the Teflon Suit? The Environmental Connection, Political Drama, and Popular Support in the Reagan Presidency," *Public Opinion Quarterly* 53: 353-387.

Pharr, Susan J. and Ellis S. Krauss eds. 1996. *Media and Politics in Japan*. Honolulu: The University of Hawai'i Press.

Popkin, Samuel L. 2006. "Changing Media, Changing Politics," *Perspectives on Politics*, 4: 327-341.

Powell, G. Bingham, and Guy D. Whitten. 1993. "A Cross-national Analysis of Economic Voting: Taking Account of the Political Context," *American Journal of Political Science* 37: 391-414.

Reed, Steven, and Gregory G. Brunk. 1984. " A Test of Two Theories of economically Motivated Voting: The Case of Japan," *Comparative Politics*, 17: 55-66.

Reich, M. 1984. "Troubles, Issues, and Politics in Japan: The Case of Kanemi Yushō," In George De Vos ed. *Institutions for Change in Japanese Society*. Berkeley: Institute of East Asian Studies, University of California.

Taniguchi, Masaki. 2004. "Changing Media, Changing Politics in Japan," Working Paper , 21st century COE Program, University of Tokyo.

Wolferen, Karel van. 1989. *The Enigma of Japanese Power: People and Politics in a*

Stateless Nation. London: Macmillan.(篠原勝訳．1990．『日本／権力構造の謎』早川書房．)

Yamada, Masahiro. 2004. "The Effectiveness of Adopting a Populist Strategy and the Importance of Trust," 日本政治学会研究会報告論文．

飽戸弘・三上俊治・高木英至・斎藤純・水野博介．1978．「現代大学生の生活と意識：マス・メディア行動，政治意識及び価値観を中心に」『東京大学新聞研究所紀要』26：31－109．

池田謙一．2004．「2001年参議院選挙と『小泉効果』」『選挙研究』19：29－50．

石澤靖治．2002．『総理大臣とメディア』文春新書．

逢坂巖．2007．「小泉劇場 in テレビ　05年総選挙のテレポリティクス：『内戦』としての『改革』，その表象と消費」『選挙研究』22：5－16．

星浩・逢坂巖．2006．『テレビ政治』朝日新聞社．

『聞蔵』データベース．http://database.asahi.com/library/main．

補表A　変数の記述統計

	最小値	最大値	平均	N
内閣支持率	34	78	47.7	58
テレビ報道量	2	74	27.3	58
選挙	0	1	0.07	58
靖国参拝	0	1	0.09	58
田中外相更迭	0	1	0.02	58
拉致被害者帰国	0	1	0.18	58
日朝首脳会談	0	1	0.03	58
年金未納問題	0	1	0.02	58
自衛隊イラク派遣	0	1	0.02	58
郵政選挙	0	1	0.02	58
失業率	4.0	5.8	4.94	58
消費者物価指数	97.4	99.6	98.2	58
小泉の在任期間	2	59	30.5	58

小泉政権のメディア戦略について

伊東俊平

1節. はじめに

　小泉政権の政治手法について議論する際よく聞かれるのは,「小泉はメディア宰相である」「小泉首相はマスコミを利用するのが巧みである」という意見である. だが果たして本当にそうだったのだろうか. 小泉はマスコミに報道されることを前提に, 戦略的に動いていたのであろうか.

　この点を検証すべく, 我々は東京新聞で小泉首相の番記者をされていた清水氏と, 朝日新聞で番記者をされていた鯨岡氏にインタビューを行った[1]. 新聞記者の方から情報を収集したのは, 今回のテーマが「マスコミがどう小泉政権のことを報じたか」ではなく「小泉政権がどこまで意図的にマスコミや国民にアプローチし, 広報活動を展開したか」ということであり, 各種文献からでは無意識的な行動との区別が表面上つけにくいからである. 以下は番記者の方たちに伺ったメディア戦略の一例である.

2節. 小泉政権における基本的広報戦略

(1) ぶら下がり

　首相が官邸に出入りする際にマスコミが付き従って歩きながらインタビューする, というのが今までの慣例であった中, 小泉は史上初めて立ち止まってマスコミのインタビューに答えるという「ぶら下がり」を慣行化した. これまではきちんと質問を受ける場というのが記者会見しかなかったため, ぶら下がりの制度を整備したことでさらに首相の意見を伝えるツールが増えたと言える. 首相就任以来退任まで, 小泉は毎日番記者たちの質問に答えていた. 1日のインタビューの回数は就任してからはずっと昼・夜1回ずつであっ

たが，後任（と目されていた）安倍の負担を考慮したのか，あるいは郵政民営化を達成して単に面倒になったのか，2006年途中から夜1回に減らしている．インタビューが2回の時期は，昼は新聞，夜はテレビの記者の取材を受けると決められていた[2]．質問は事前に首相番記者同士ですり合わせてまとめるが，その場には秘書官補も参加するため，首相側には事前に質問が伝わっている．

　この制度の主なメリットは，事前に質問を知ることが出来るため失言のリスクを減らせること，立ち止まって話すと誤解が生じにくくきちんと伝わるように話せること[3]である．逆に小泉が歩いている間のインタビューは行われないことになった．

(2) テレビ重視の姿勢

　小泉政権は新聞よりもテレビによる報道を重視しており，ぶら下がりにおいても夜のインタビューの方に力を入れている．例えば，昼の新聞各社に対するインタビューでは，不機嫌そうにポケットに手を入れながら，「そうですね」などと非常に短く一言で答えることもあるのに比べ，夜のインタビューでは明るく生き生きとした表情で長くコメントしたりするという[4]．

　また，小泉はテレビカメラの前で同じことを繰り返して話す．「ワンフレーズ」と称される彼のこの話し方には理由があるようだ．小泉の下で官房長官をしていた安倍は講演で，「テレビは5分しゃべっても20秒しか流れない．小泉首相はその言葉を出そうと思ったら，それしか言わない．だからその言葉しか放送しようがない．」と述べている[5]．自分の発言をテレビ局に誤って編集されないようにするために，小泉はあえて短い言葉で質問に答えているようだ．さらに彼の言葉は短いだけでなく，印象的でキャッチコピーのようなものが多く，2001年度の日本新語・流行語大賞では「米百俵」「聖域なき改革」「恐れず怯まず捉われず」「骨太の方針」「ワイドショー内閣」「改革の『痛み』」の6つの言葉が年間大賞に選ばれている．こうしたキーワードを軸に小泉はお茶の間の主役としての地位を確立したと言えよう．それは同時に彼の人気を高めることも意味していた．

　また，新聞社への対応について，飯島政務秘書官は，「新聞は一言では記事にならず，テレビとは違った対応をする必要があるので，どうしても2種類のぶら下がり（昼・夜）をやらざるを得ない」とインタビューで答えている[6]．

(3) リスク管理

上でも述べたように，ぶら下がりでは大体の質問が事前に首相の耳に伝わっている．またそれに対する答弁についても，直前に全秘書官で打ち合わせて方針を決めるため，ハプニング的な発言は少なかった．実際，小泉の発言で，いわゆる"失言"としてマスコミに批判されたコメント[7]は，いずれも国会の答弁で出てきたものである．普段のぶら下がりでは無難に質問に答えるのがうまく，言葉にうまく保険を掛けているらしい[8]．

また，いわゆる「政治とカネ」の問題に絡むことも無く，クリーンな政治家としてのイメージを保っている．清水氏によれば，ある秘書官が言うには，支持率が悪くても30〜40%だったのは「チョンボ（ミス）が無いから」らしい．

(4) 映り方へのこだわり

テレビや写真に映るときは秘書官がカメラマンと打ち合わせ，照明にまで注文をつける．親しみやすいキャラクターを演出するため，カメラの前では「仕事ばかりではない」ことを面白おかしくアピールすることもある．こちらも清水氏が挙げたエピソードだが，子供の日に掲げられた鯉のぼりを見て小泉が，「お父さんの鯉とお母さんの鯉はいるのに子供の鯉はいないんだね」と発言したことがある．

(5) メールマガジン

政権発足直後すぐに始まった広報活動であり，題材はその週の小泉の発言であることが多い．しかし実際に小泉本人が書いているわけではなく，秘書官が原案を作って小泉の了解を得る．メールマガジンの分析については〈コラム〉「らいおんはーと」と支持率を参照のこと．

(6) 首相官邸

平成14年3月に完成した新官邸は，マスコミへの牽制の面でも役立っている．旧官邸は執務室の直前までマスコミは入ることが出来た（これは世界でも異例のことである）のに対し，新官邸では1階でエレベーターに首相が乗るまでしか記者は随行出来なくなった．3階の執務室前を映すTVモニター

が設置されてはいるものの，官房長官と執務室は内廊下でつながっているため，密会が可能である．マスコミにとっては天と地の差ほど取材がやりにくくなったという．従って厳密な意味では首相動静も完璧ではない[9].

(7) 様々なメディアへの露出

小泉政権のメディア戦略を語る上で，飯島の存在を欠かすことは出来ない．小泉が国会議員に初当選してから30年間，ずっと小泉を支え続けて来た彼のメディアへの影響力は絶大で，情報を少しずつリークすることでマスコミを操っている．彼の広報に関するアイデアは随所に活かされており，ぶら下がりも彼の発案と言われている．

さらに彼は，小泉内閣発足直後に週刊誌，月刊誌の編集者・記者7人を官邸に招いて小泉との昼食懇談会をセッティングした．また個別にスポーツ紙の取材を受けさせたり，選挙の際にスポーツ紙のために集団インタビューの枠を設けたりした[10]．それまでは共同通信の原稿を利用するしかなかったスポーツ紙が首相のことを大きく取り上げるようになったため，小泉はスポーツ紙に度々登場する初の首相となったのである．

また，小泉はラジオで政策について話したり[11]，テレビのバラエティー番組[12]に出演したりもしていた．こうしたソフトメディアへの露出は，小泉純一郎というキャラクターやその考えを幅広い有権者に伝えることができ，支持基盤を固めるのに役立ったであろう．ワイドショー番組で取り上げられることも多く[13]，首相の姿をテレビで見かける機会は激増した．かくして小泉政権は，政治に関心がなかった層の人気を取り込むことに成功し，田中真紀子外相更迭までの間，非常に高い支持率を維持していくこととなる．

3節．結論と含意

以上見てきたように，小泉政権では，従来の自民党政権が行っていなかったような対マスコミ戦略を採用していたようだ．上に述べた工夫・戦略の数々は，小泉の発言や映像を全国の有権者に毎日届けることに一役買ったのである．過去にこれほどまでテレビに映ることを重視した政権は無く，飯島が展開した基本的なマスコミ対応についての改革は，小泉人気を盛り上げる上で大きな成果を上げたと言えよう．

また，2006年9月11日に行われた衆院選の際に世耕弘成広報本部長代理が

行った選挙戦略も非常に興味深いものであった．彼はデータを基に自民党史上類を見ないほど洗練された戦略を練り，専門チームを統括して選挙活動をリードしていった[14]．

但し，ひとたび海外に目を向けてみると，そうした広報戦略は至極当たり前のものに過ぎないということを付け加えておく．例えばアメリカの大統領選挙では，PR 会社から派遣されるプロのコーディネーターが，大統領候補の発言から服装までありとあらゆる点をチェックしているのである．日本にまだこのようなスタイルが根付いていなかった中，自民党史上初めてプロの広報手法を取り入れ，結果を出したという点については，小泉政権を評価することが出来るだろう．

1　清水氏へのヒアリングは2005年11月29日の法学部3号館203教室にて（1時間半程度）．鯨岡氏へのヒアリングは2006年3月19日の熱海のホテル・サンミ倶楽部にて（2時間程度）．
2　昼の部は新聞社が主催し，幹事社が主に質問する．夜の部にも新聞各社はいるが，主催は民放各社と NHK の記者が行っている．
3　これに関して，2002年10月28日発行の小泉内閣メールマガジンには，「短い時間でのやりとりなので，必ずしも十分に意をつくせないこともあるかもしれませんが，官邸と皆さんをじかにつなぐ重要な機会だと思っています．これからも，分かりやすい言葉で話すようにしたいと思います．」との記述がある．
4　この点について，鈴木悠介が民放キー局の報道担当に行ったインタビューによると（本書134頁），「新聞とテレビで首相の対応に差はなかった」という．
5　2006年4月7日の朝日新聞2面より．
6　http://www.nagano-np.co.jp/modules/xfsection/article.php?articleid=12 を参照されたい．
7　小泉の失言としては，「この程度の公約を守れなかったことはたいしたことではない」（2003年1月の代表質問で菅直人氏に公約を守っていないと言われて），「どこが非戦闘地域なのか，私に聞かれても分かるはずがない」（2003年7月の自衛隊派遣問題の際の菅直人氏との党首討論で），「人生いろいろ，会社もいろいろ，社員もいろいろ，岡田さんあなたの会社もそうでしょ？」（2004年6月，年金問題で岡田克也氏に会社員時代のことを追及されて）などがある．
8　「格差はないとの報告を受けています」といった責任の所在をはぐらかす言い回しを鯨岡記者に例として挙げて頂いた．

9 東京新聞の首相動静について分析した際,官邸が変わる前後で面会した人数が大きく減っていた.新官邸になり,正確な人数をカウントすることが難しくなったためと思われる.
10 鯨岡記者の話では,以前の選挙では,集団インタビューとして新聞社の枠とテレビの枠しか用意されていなかった.
11 2003年1月18日,全国34局で第1回が放送された.以降毎月1回のペースで続く.
12 「SMAP×SMAP」(フジテレビ系列)の人気コーナー「ビストロSMAP」に出演するなど.この番組に政治家が出演すること自体大変珍しいことであった.
13 ワイドショーの分析については福田亮の論文とコラムを参照.
14 彼の著書である『プロフェッショナル広報戦略』(ゴマブックス,2006)や,彼のブログ「世耕日記」(http://blog.goo.ne.jp/newseko/)に詳細が記されているので是非参照されたい.

参考文献

http://www.nagano-np.co.jp/kikaku/hisyokan/index.shtml
http://www.taka-watch.com/nikkei-main66.htm
http://www.kantei.go.jp/

〈コラム〉

テレビ欄を「読む」

福田 亮

　空前の人気と共にスタートした小泉政権はそれまでの政権と比較し圧倒的なテレビ露出度を誇った．民放の各番組もこぞって小泉の登場する政治ニュースや小泉自身を取り上げ，新聞のテレビ欄に掲載されることがかなり多かった．以下に具体例を交えながらテレビ欄での取り上げられ方を分析し，小泉政権がテレビメディアに果たした役割を考える．

(1) ワイドショー

　主婦層を主な視聴者とするワイドショーでは事件性，話題性のある事柄を取り上げる傾向にあり，元来テレビ欄には芸能ニュースが来ることが多かった．しかし小泉政権がスタートしてからはその傾向が一変した．以下表1に「情報プレゼンターとくダネ！」「ザ・ワイド」のワイドショー2番組について印象的な例を挙げた．

　特に政権初期においては，まるで小泉純一郎や田中真紀子が人気タレントであるかのように取り上げられている．所謂「小泉フィーバー」の時期であるが，芸能人の恋愛事情などより政治家の一挙手一投足の方が主婦層に受けていたという事実が興味深い．

　そして小泉政権の中期以降では，外交問題や選挙（後述表4，5）など，個人で

表1　ワイドショー

2001/4/25 とくダネ！	小泉総裁①真紀子氏痛烈エール②独占！　ムード歌謡㊙熱唱テープ③変人へアー誕生秘話④㊙記者メモ語る橋本派誤算の真相
2001/6/6 ザ・ワイド	波乱必至　速報中継・小泉首相初の党首討論・高支持率首相に野党の秘策は
2001/6/22 とくダネ！	"因縁対決"真紀子大臣かみついた鈴木議員に自民党内から猛抗議FAX
2001/8/2 とくダネ！	出演の依頼殺到！　首相の長男"小泉孝太郎"芸能界入り
2001/8/20 ザ・ワイド	箱根中継　小泉首相夏休み…温泉＆プレスリー
2002/1/31 とくダネ！	政界激震①真紀子大臣"目むき怒りにワナワナ震え"更迭の瞬間②鈴木宗男議員㊙外務官僚操縦術OBが証言③抗議殺到外務省困惑
2003/12/10 とくダネ！	小泉首相イラク派遣決定で会見①日本の精神試されている②必ずしも安全ではない③説明に国民は④戦争行くのではない
2004/5/10 ザ・ワイド	23日小泉首相訪朝急浮上・どうみる/菅代表進退きょう決断へ

〈コラム〉 127

なく政策面に注目する記述がワイドショーのテレビ欄にも登場する傾向がみられる．話題性があり主婦層の喜ぶ小泉純一郎個人を番組で追えば，自然にそれに付随する政治的話題も取り上げられることになる．日々そういった話題に触れることにより視聴者も政治に対しそれまで以上に関心を抱くようになり，「お堅い」話題に対する敷居も低くなっていったといえるのではないだろうか．だとすれば小泉はそれまで話題性，事件性ばかり追っていたワイドショーの報道の性質も変容させたことになると言えよう．

(2) 夜の報道番組

次に夜のニュース番組の代表的な存在である「報道STATION」「筑紫哲也NEWS23」について分析する．

「報道STATION」は18年間続いた人気番組「NEWSステーション」の後継番組であり，その「報道バラエティ」的手法を受け継いでいる．その特徴として分かりやすく単純化した報道があるが，その姿勢はテレビ欄の文面にも現れている．表2を見て欲しい．

前記のワイドショーと比較してより政治の話題に切り込んではいるが，その文章は「！」や「？」を多用し，かなり仰々しい印象を受ける．まるで小泉の「劇場型政治」を煽っているかのようである．それだけ小泉政権にはドラマ仕立てに報道できるような話題性があったとも言える．

「筑紫哲也NEWS23」は1989年の放送開始以来堅く権力批判的な報道姿勢を貫いている番組である．この番組中では短期集中型のシリーズ企画が数多く放映されているが，その中でもテレビ欄にまでそのシリーズに関する記載がされるのはそれほど多いことではない．しかし小泉政権中においては，同政権に関連するシリーズが多

表2　報道STATION

2001/6/14	驚異的支持率小泉政権にどう立ち向かうの？　"民主党の覚悟"その内部にカメラが…
2002/9/17	史上初の日朝首脳会談詳速報…拉致された人たちの安否，帰国は？　核開発・戦後補償問題は？　その時の小泉総理と金総書記
2003/9/19	踊る大総裁選いよいよ前夜…小泉・藤井・亀井・高村候補スタジオ生出演　"小泉圧勝"予想で反小泉派は？　組閣名簿は？
2004/5/17	徹底独自調査!!　衝撃急展開!!　北朝鮮拉致問題年金…民主党…小泉日本はどこへ行くのか
2004/6/4	大混乱!!　年金問題をめぐる最終攻防…問責決議？　牛歩？　それとも…民主に捨て身の秘策はあるのか
2005/8/3	私たちは歴史的転換点にいるのかもしれない郵政民営化最終決戦!!　その先にあるか大政変それとも？
2005/8/9	100年後の教科書にも載るでしょう…自民党分裂状態で総選挙へ!!　新党結成はあるのか？　政界再編は？　日本政治変われるか

表3　筑紫哲也NEWS23

2001/5〜6	小泉内閣解体新書
2001/7	「一票からの幸福論」
2002/4〜5	拝啓小泉総理殿
2003/11	年金改革
2004/6〜7	ニッポンの分かれ道
2005/8〜9	コイズミ的を問う
2006/4〜5	小泉的ニッポン

くテレビ欄に登場した．それらの例をまとめたのが表3である．

上記のシリーズは一度始まるとその期間中ほぼ毎日テレビ欄にその日の小テーマと共に記載された（具体例は後述の表4，5参照）．またこれらのシリーズは政権開始直後から後期まで断続的に放送されていることからも，小泉政権の注目度の高さが窺える．特に郵政選挙の際のシリーズ"コイズミ的を問う"は第20回まで続く長期シリーズとなった．

(3) 2005年衆議院選挙時のテレビ欄

小泉政権はそれまでの政権と比べ各番組から数多くテレビ欄に取り上げられたが，その中でも最も報道が過熱したのが2005年の衆院選であった．郵政民営化法案の参議院での否決，衆議院の解散，造反議員へ自民党の公認を与えず刺客候補者の擁立，自民党の大勝，郵政民営化法案の可決と続く一連の流れの中で各番組は連日選挙の話題を取り上げ，テレビ欄はかつての小泉フィーバーの時に匹敵するほど政治関連のニュース一色となった．投票日であった9月11日の前後の4番組のテレビ欄を表4と表5にまとめた．

朝昼のワイドショーも夜のワイドショーも，2005年の8月，9月はひたすらこの選挙について取り上げ続けた．どの番組も郵政民営化を単独争点化し，刺客議員に世間の注目を向けることで他党の付け入る隙をなくそうという自民党側の策略に乗るだけではなく，郵政民営化以外の争点や他党の動静にも焦点をあてた報道を行っていた．しかし結果として笑ったのは小泉純一郎であった．各番組がこぞって取り上

表4　2005/9/9

とくダネ！	投票直前に戦術変更…党首が列島奔走
ザ・ワイド	争点⑩治安・我が身を守る方法
報道ステ	ついにあさって投票日最後の追い込み党首は候補者は!?／あなたの決断のために「がけっぷち日本」⑤公共事業をどうする
NEWS23	「コイズミ的を問う」⑲立花隆生出演大詰め"郵政選挙"の実像とは

表5　2005/9/12

とくダネ！	衆院選①審判の日…投票率回復どう影響？　政権選択の行方検証②小倉が直撃あの対立候補が生出演反対派の運命は③注目選挙区分析
ザ・ワイド	衆院選激闘大追跡SP "あの人はどうなった？"①あの大候補＆女優妻＆大物妻密着②注目候補生出演
報道ステ	自民党圧勝へ!?　歴史が動いた運命の日を総力ドキュメント…天下分け目の総選挙…笑いも涙も影も裏も徹底追跡日本の行方
NEWS23	「コイズミ的を問う」⑳有権者が選んだ道は

げることでこの衆院選は大きな盛り上がりを見せたが，その派手なドラマの中で小泉は最後まで主演の座にあり続け，大勝利を収めたのである．

　ちなみに今回調査対象とした4番組全てにテレビ欄に登場するというのはかなり話題性のある出来事がないとなかなか達成できないものである．4番組で同時に政治関連ネタが記述された日数は細川政権2日，橋本政権3日，小渕政権2日，森政権7日しかなかったのに対し，小泉政権では95日にも及ぶ．初期の小泉フィーバー，田中真紀子の外務官僚との対立と更迭劇，北朝鮮訪朝と拉致被害者の帰国，自衛隊のイラク派遣，そして郵政選挙と，とにかく話題の尽きない政権であったことが分かる．

　小泉政権はメディアを味方につけた政権と言われている．それは小泉が大衆受けする人間性を有していたことだけでなく，政権中に多くの「話題性」のある出来事が起きたことも理由であろう．それらの出来事の全てが小泉側の意図的に仕掛けたものではなかったが，すぐに新聞のテレビ欄に登場してしまうほどの注目度の高さを小泉が巧みに利用することに成功したと言えるのではないだろうか．
　また，小泉の存在により政治に関連する話題がこれまで以上にテレビ欄に登場する機会が増え，各視聴者層にとって政治がより親しみやすい話題になったことは確かであろう．

〈コラム〉

自民党のブロガー懇談会という新たな試み

伊東俊平

　2005年9月の衆院選で自民党が大勝した背景には、世耕弘成参議院議員らが繰り広げた鮮やかなメディア戦略があったが、インターネット上でも自民党のそうした戦略は働いていた.

　公示日直前の8月25日、自民党は有名なブログ[1]のライター（以下ブロガー）やメールマガジン（以下メルマガ）の管理人30人余りを党本部に招き、懇談会を開いた. 党から出席したのは、前述の世耕と、武部勤幹事長（当時）であった. 懇談会は19時から始められ、冒頭10分の武部の談話は報道陣に公開されたが、その後の1時間半ほどのやり取りは報道陣を締め出して非公開で行われた.

　懇談会自体は非常に穏やかな雰囲気の中で進行したらしい. 会の前に読者から質問を募集したブログもあり（後述の「GripBlog」など）、様々な分野に関する質問がなされ、各ブログで内容が記事にされて好意的なコメントが多く付いた一方、「マスコミの記者と比べて特に優れている訳ではなかった」「突っ込みが物足りなかった」などの意見も散見された[2].

　また、その席上で、懇談会の開催理由として世耕は、「（ブログは）メディアとして、無視できない存在になっていると私たちは実感しているから」と述べている. メンバーの選考方法については、「別にブロガー協会があるわけでもないですしね（笑）. どうやって選ぶか非常に困ったのですが、スタッフがみんなで手分けをして、アクセス数の多いブログとか、過去、雑誌に紹介されてきたようなメルマガの中で選びました. 決して自民党フォローの方を呼んだわけではなくて、かなり中立的に真面目にやっておられるなと思えるところを独断と偏見で今回ご招待させていただいた」と述べている[3]. 100人以上のライターに招待メールを送ったそうだが、実際に参加したのは12のブログと17のメルマガから33人である. 参加したブログとメルマガは表1、表2の通り.

　メンバーについての正確なデータが自民党によって公表されているわけではないので、参加したメンバーのブログなどを参考にした. リストを一見してみると、社長やエコノミストなどが書く経済系のブログ・メルマガが非常に多い.

　質問内容について真新しいことはなかった、との意見がネット上で多く見られたので、ここにさらに政治を深く取り扱っているブログを交えれば、もっと議論が白熱したかも知れない. 政治系ブログの大手「GripBlog」のライター・泉あいも、「本気でインターネットを意識していて、有権者の生の声を聞きたいと思うのなら、あ

〈コラム〉

表1　参加ブロガー

はなまるライターの小冊子作成・活用術！（http://blog.livedoor.jp/hanamaru_kikaku/）
Hotta World:「活・喝・勝」（http://hottaworld.com/）
社長日記（「知恵の総合商社」←旧：商社マン日記）（http://blog.stakaoka.com/）
「ノーリスク起業予備校」の要点ノート（http://blog.livedoor.jp/marumana44/）
【ミナログ】製造業社長の逆襲（http://minaro.cocolog-nifty.com/）
グロービス堀義人 blog「企業家の風景」（http://blog.globis.co.jp/hori/）
社長の成功日記（http://blog.livedoor.jp/no1syatyou/）
「日刊リウイチ」（http://www.asahi-net.or.jp/~WF9R-TNGC/nikko.html）
たむたむの自民党VS民主党（http://tamtam.livedoor.biz/）
ビジネス情報取引所－BIE－（ブログ版）（http://blog.livedoor.jp/biejp/）
Grip Blog（http://gripblog.cocolog-nifty.com/blog/）
情熱起業列島〜西川潔が起業を語る〜（http://forum.netage.co.jp/blog/jonetsu/）

表2　参加メルマガ

がんばれ社長！　今日のポイント（http://www.e-comon.co.jp/index.php）
株の秘訣!!『デイ・短期』（http://www.melma.com/backnumber_141698/）
花岡信昭メールマガジン（http://www.melma.com/backnumber_142868/）
トークに使える　日経新聞　今日のネタ（http://www.iw-jp.com/）
マーケティング発想源（http://www.quizzing.jp/hsg/）
株式新聞メールマガジン（http://www.kabushiki.co.jp/investinfo/kshp106.jspx）
メルマガ新規開拓なくして成長なし（http://blog.mag2.com/m/log/0000121339/）
株式最新情報館（http://blog.mag2.com/m/log/0000025268/）
知識をチカラに！（http://www.web-smile.com/jissenkigyou/）
はてなメールマガジン週刊はてな（http://d.hatena.ne.jp/jkondo/）
isoana（http://isoana.blog8.fc2.com/）
甦れ美しい日本（http://www.melma.com/backnumber_133212/）
片手間で副収入！　新規公開でガッポリ儲ける方法！
時事用語のABC（http://blog.mag2.com/m/log/0000022774/）
ビジネスブレーンストーミング（http://www.carriageway.jp/）
株・為替で1億円！　財布がパンパンになる¥塾投資講座（http://www.enjyuku.com/）
メルマガ成功法〜メルマガ専門のコンサルタントの秘策（http://www.sc-p.jp/）

えて自民党に批判的な意見を書いているブロガーを招待して，議論するべきではないかと思います」と懇談会後のブログに書いている[4]．

　ただし，自民党の戦略上，こうした人選によって会が無難な内容に終始したことが失敗だった，ということは無いだろう．むしろネット内での話題づくりという点では成功だったと言える．選挙の前に，選挙対策本部の幹部がインターネットの著名人と意見を交わすこと自体史上初めてなのである．「自民党が面白いことをやっている」ということがネットの中で話題となり，議論の対象になったという点で，ブロガー懇談会という初めての試みは自民党に実りある結果をもたらしたと言えよう[5]．

1 　主に日記を中心としたウェブサイトの一種．トピックを制限したものも多い．
2 　「スーパー広報 Blog（http://ameblo.jp/super-koho/）」などの記事を参照されたい．
3 　「GripBlog」に懇談会での全発言がテープ起こしされており，世耕の発言もここを参照した．
4 　自民党から招待メールが届いたが参加しなかったライターも多数おり，その中には「ブログ時評 http://dando.exblog.jp/」のように自民党に批判的な記事を書くブログもあった．また，同じく参加しなかった「MBA を超える戦略的医薬品マーケティング http://blog.livedoor.jp/pba2003/」は，開催 2 日前にメールを送る自民党のやり方に対し，厳しい見方をしている．
5 　この後自民党がもう 1 回，さらに民主党が 1 回，ブロガー懇談会を開催している．こちらもネット上で盛り上がりを見せていたので，詳細を http://blog.so-net.ne.jp/tracker/archive/c15376938 で確認されたい．

参考文献

http://japan.cnet.com/news/media/story/0200004771520086 69100.htm
http://blog.so-net.ne.jp/tracker/
『論座』（2005年11月号）

〈コラム〉

小泉政権はなぜ有権者重視の態度をとったのか

鈴木悠介

　テレビ欄分析やメールマガジン分析において，小泉政権は支持率によってそのメディア露出の頻度や内容を巧みに変化させていることが分かった．では，小泉政権がなぜこのような支持率＝有権者重視の性格を有するに至ったのか，TBSの元総理番記者への取材をもとに考えたい．

　まず始めに，なぜ小泉は歴代の首相と比べて，テレビに登場する回数が多いあるいは多いように感じるのか．このことについて，記者は「政治以外の発言が多い人であるから」という返答をくれた．例えばドラフト会議や大相撲の話題がその日のスポーツニュース・ワイドショーで取り上げられることになったとする．その時，小泉がその話題にぶら下がりなどで触れていると，「一方この方は，これについてこんなコメントをしています」といったようなテロップと共に，小泉がコメントをしている映像が流れる．つまり，政治以外のソフトニュースにおいての首相の露出度が格段に上昇する．

　小泉が他の首相に比べソフトニュースにコメントする時間が多かった理由として，記者達に行う1日2回の，ぶら下がり取材の存在がある．小泉以前の歴代の首相は移動中などに歩きながら記者達の質問に答えていただけだったが，小泉は1日に2回，午前中はカメラなしで，午後はカメラありで，記者の質問に対して答えるためだけの時間を設けた(06年7月3日より1日1回に変更)．2002年11月28日のメールマガジンでもこのぶら下がりについて小泉氏自身が触れている．以下原文．一部省略．

　　● ぶら下がり
　　小泉純一郎です．
　　テレビの夜のニュースなどで，私がインタビューに答えている映像をごらんになった方が多いと思います．これは，いわゆる「ぶら下がり」で，総理就任以来，毎日，官邸で総理番記者の質問に答えています．通常は1日2回．1回目は，12時ごろにテレビカメラなしで．2回目は，夕方執務を終えて官邸を出るときにテレビカメラの前での「ぶら下がり」になることが多くなっています．
　　(中略)
　　ついさっき起きたばかりのできごとのコメントを求められたり，「ぶら下がり」

を終えて執務室に戻ってテレビをつけると，2，3分前に答えた映像がもうテレビニュースで流れていることもあったりと，まさに同時進行で動いていると実感します．「今日の話は分かりやすかった．」とか，「コメントが短すぎて，よく分からなかった．」など，ご批判や激励をいただきます．言葉の一部分だけとらえて報道されて，誤解を招くこともあります．

短い時間でのやり取りなので，必ずしも十分に意をつくせないこともあるかもしれませんが，官邸と皆さんをじかにつなぐ重要な機会だと思っています．これからも，分かりやすい言葉で話すようにしたいと思います．

このように，小泉自身このぶら下がりを重要視していたことが窺える．

こうして，「ぶら下がりの制度化→記者が政治以外のニュースについてコメントを求める時間的余裕が生まれる→政治以外のニュースでの首相の露出度があがる→国民の首相に対する親近感が深まる→更に記者が首相に政治以外のニュースについてのコメントを求めるようになる」という循環が生じるのではないだろうか．

では，なぜ小泉政権はこのようなぶら下がりの制度化（その結果としてのテレビ露出の増加）やメールマガジンの配信に代表される，対有権者重視の行動をとったのだろう．これについて2つの理由が考えられる．

1つ目の理由として，小泉政権の成立過程に大いに関わっているのではないかということが，記者の推論である．つまり，「小渕政権・森政権のように党内に支持基盤があり，世論の支持率が低くとも党内の支持率が高ければ総理になれた人たちは，世論や支持率に耳を傾けることよりも党内の実力者といかに夕食を食べ，自分の味方になってもらうかに苦心すればよかった．しかしながら，世論の高い支持率を背景に誕生した小泉政権の場合は，（有権者に）自分の思いが伝わらない限り，自分の政権を維持できないという事情があった」（記者談）ため，首相と有権者の緊密なコミュニケーションを図ろうとしたということである．小泉政権の持って生まれた「有権者の高い支持によって誕生した」という内在的制約が，意識的にせよ無意識的にせよ，首相にあのような「パフォーマンス的」と言われる言動を強いていたのではないであろうか．

支持率の低い時にはメールマガジンにおける雑談の割合が減り，首相が政策についての説明を直接行っているということも，この「小泉は政権の誕生に関わる内在的制約のせいで，支持率には敏感に反応せざるを得なかった」という推論を支える．

2つ目の理由として，政権の持つ議題設定権というものが挙げられる．政権が権力を持つ所以たるものは数多くあるが，その中でも重要といえるものがこの「議題設定権」である．小泉政権はテーマを設定するのが非常に巧妙だった政権であり，

その最たる例が，郵政民営化を争点とした9・11総選挙である．

なぜ，一見国民の大多数にはさほど重要性を持たないように見えた郵政民営化が，より国民の関心が高かった年金などの社会保障や景気回復を差し置いて争点化したのか．それは，小泉の衆議院解散直後の記者会見での「郵政民営化に賛成か，反対か．これを国民の皆さんに問いたい．」という一言によるところが大きい．この一言により郵政民営化が議論すべきテーマに上がり，これについて何の意見を持っていなかった人でも，多くの人がこの問題に関して賛成か反対かの態度を取るようになった．ここに，政権の持つ権力性が見え隠れする．つまり，自分の政権に有利なテーマ・議題を，議論に載せてしまうことで，今までそのテーマについて考える事をしていなかった有権者に，考えるきっかけを与える．そのテーマは勿論，政権にとって扱いやすい・有利なものを選ぶはずであるから，自然と有権者も政権寄りの考えを持つ傾向となりやすい．

こうして，議題を有権者の意思を無視して「勝手に」設定し，結果として自らの土俵で勝負し，戦いを有利に進めることができるようになる．こう考えると，小泉政権は様々な方法で議題設定を行い，世論の流れをコントロールしようとしていたように思える．前述のぶら下がりも然り，メールマガジンも然り，従来の首相が行わなかったスポーツ新聞への露出も然りである．ここに，小泉政権の巧妙さが見え隠れしているように感じる．

以上のことから言えるのは，「小泉政権は，必ずしも小泉純一郎個人の特異性だけからではなく，政権の持つ内在的制約と議題設定という積極的目標に基づいて，多くの政策・アクションを行っていた」ということではないだろうか．

また小泉政権とメディア（特にテレビ）との関係で特徴的である点として，両者が相互に利用しあっていたという関係がある．テレビが小泉政権を利用したという側面もあることは否めないのではないか．

小泉以前まで，政治のネタというのは必ずしも視聴率が取れるジャンルの話題ではなく，人々の関心を集めるのは大きな選挙やスキャンダルの時ぐらいであった．しかし小泉政権は違った．組閣・外交といった通常の話題でも，その一つ一つが耳目を集めたのである．これは，ワイドショーやニュース番組を作るテレビ局側にとっては願ってもない話であったと考えられる．なぜならば，制作費がほとんどかからない上に，視聴率を稼げる番組をコンスタントに生み出すことができるからである．小泉は1日に2回も『無料で』会見を開いてくれるし，小泉の行う政策・政治自体が話題性に富んでいる．これらの情報をテレビが「更に」分かりやすく，面白くまとめて放送すると，視聴者はそれを面白がって見る．小泉政治が数字の取れる「ネタ」であることにと気づいたテレビ局側は，視聴者に飽きられないように趣向を

凝らして，より面白く（ある意味ワイドショー的に）素材を加工して伝えようとするが，そういったテレビ局側の動きを敏感に嗅ぎ取った政権側も積極的にテレビを利用しようとする．

　つまり，小泉政権がテレビを積極的に利用するようになったのは，政権→テレビという動きだけではなく，テレビ→政権という双方向の動きが多分にあったのではないかと考えられるのである．

〈コラム〉

「らいおんはーと」と支持率

鈴木悠介・福田　亮

　小泉政権は歴代の政権の中で初めて，登録者にメールマガジンを配信するという試みを行った．登録者数はピーク時には227万人に達し，最終の250号までのメールマガジン配信総数は約4億5,000万通，寄せられた意見や感想は約49万件にのぼった．このメルマガの冒頭部分には，毎回「らいおんはーと」と銘打つ首相自らが書くコラムのようなものが連載され，北朝鮮やイラク問題などの政治ネタからスポーツや芸能の話題までその内容は多岐に渡った．

　この「らいおんはーと」の内容を「政策の説明系」と「その他雑談系」とに分類し，それぞれの話題に行数が何行分充てられているかを集計し，「雑談系」の記述が各月の行数全体において占める割合と支持率の変化をグラフに表した．2つの値の変化の波の形が似通っていることが図よりみてとれる．この雑談の割合と支持率との間の相関係数は0.499461となり，かなり高い相関関係があることが分かる．支持率が高い時には「らいおんはーと」における雑談の占める割合も高くなり，逆に支持率が低い時には政策系の占める割合が高くなる傾向があるといえる．

　普段「私はぶれない」という姿勢を有権者にはアピールし，そのように振舞っているように見える小泉であったが，実際は歴代の首相と変わることなく，むしろ歴代の首相よりも過敏に，支持率に対して反応していたのではないだろうか．有権者の顔色を窺わずにはいられない小泉の本心が数字に現れているといえよう．

図1　らいおんはーとの行数と支持率の推移

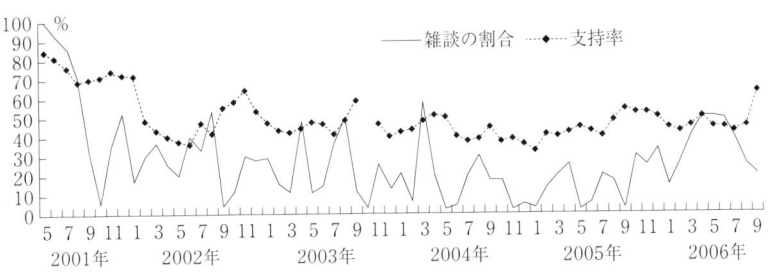

〈コラム〉

一般紙の反応——天声人語の記事から

島田　匠

　小泉政権という，空前の支持率を誇った政権に対し，一般紙はどのように反応したのだろうか．ここでは朝日新聞の「天声人語」において細川，小渕，森，小泉各首相がどの程度取り上げられたかを，朝日新聞記事データベース「聞蔵」を用いて検証してみる．

　具体的な検証方法は，「聞蔵」を用いて「天声人語」「首相」というキーワードで1，それぞれの首相の在任期間中どのくらいの記事数があるかをカウントし，それを1日平均で比較するというものである．まず，それぞれの首相の在任期間中の記事数の合計は表1のようであった．それぞれの首相で在職期間が大きく異なるため，これらの数字を一概に比較することはできない．では1日平均ではどうだろうか，図1に示した．

表1　在任日数及び天声人語登場件数

	細川	小渕	森	小泉
在任期間	1993/8/9 – 1994/4/28	1998/7/30 – 2000/4/5	2000/4/5 – 2001/4/26	2001/4/26 – 2006/9/26
在任日数	263	616	387	1,980
平均値	2.67	1.86	4.85	2.55
件数	28	42	62	168

図1　天声人語登場件数割合

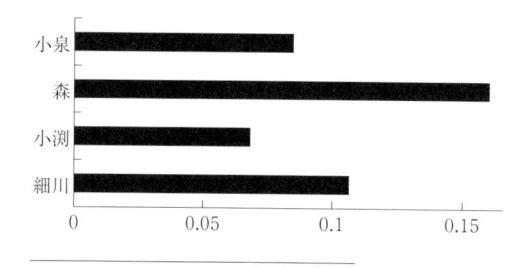

　平均値で最も多かったのは森首相であった．朝日新聞の場合，自民党からの首相に対して否定的に書くことが多いが2，森首相がもっとも批判の対象としやすかった，ということであろうか．

1　朝日新聞においては，在任期間中は必ず首相に対しては「首相」という呼称をつけるため，「首相」で検索を行った．

2　データとして実際の天声人語の記事を添えてあるので，そちらを参照していただきたい．

第4部
小泉政権と政党組織・政党対立

小泉政権期のシニオリティ・ルールと派閥

白糸裕輝

1節．はじめに

　小泉政権による政府役職（閣僚・副大臣・大臣政務官）人事は，派閥間のポスト配分についてどのような特徴を持っていたのだろうか．そして，そのような特徴はなぜ生じたのだろうか．本章は，小泉政権期についての人事データおよび各自民党議員の役職経験データを用いて，ポスト配分の特徴を要約し，その特徴がシニオリティ・ルール——議員の党内昇進を当選回数に基づいて決定する人事慣行——における昇進段階の変化と結び付いていることを主張するものである．

　小泉が長らく自民党政権の特徴として指摘されてきた派閥均衡人事の慣行から逸脱したことには，論者の間で幅広い合意がある．そして，要因を1990年代以来の制度改革の成果に求めるにせよ，小泉個人の資質に強く依存する大衆的な人気に求めるにせよ，派閥との間の力関係において小泉が優位に立ったことによって派閥均衡からの逸脱が可能になったというのが標準的な理解であろう．

　しかしながら，これまで派閥均衡人事の制度化とシニオリティ・ルールの制度化は一体として説明されてきた．それにもかかわらず，小泉政権期の自民党内におけるシニオリティ・ルール（あるいは，その変化）についてはあまり検討がなされていない．本章3節で示すように，ほとんどの論者は小泉の影響力や自律性を示すものとして閣僚人事に言及しているが，同時に党内のシニオリティ・ルールに言及しているものは極めて稀である．加えて，当選回数に基づく役職配分にどのような変化が生じているのかが実証的に示されたことはない．

　本章は，小泉政権による政府役職人事の特徴を自民党長期政権下の人事配

分に対して与えられてきた従来の理論と整合的に説明する．具体的には，シニオリティ・ルールに基づく役職配分が特定の条件のもとでは派閥均衡人事を必要とすることを所与として，副大臣ポストの創設が党内昇進段階の変化をもたらし，その結果として閣僚人事については派閥均衡が要請されなくなったと主張するものである．この仮説が，本書に収められている自民党議員の役職経験データを分析することで検証される．

以下，本章は次のように構成される．次節においては，本章が説明の対象とする小泉政権期の政府役職配分を検討し，その特徴を明らかにする．3節ではまず，自民党長期政権下の派閥均衡人事を説明する理論ではシニオリティ・ルールが重要な位置を占めていたことを確認する，次いで，小泉政権による閣僚人事についての既存研究を概観する．そして，小泉政権の政府役職人事を説明する本章の枠組みを提示し，それを本書所収のデータを分析することで検証する．最後に本章全体を要約し，分析の意義と含意について述べる．

2節．小泉政権期の人事

本節では小泉政権期の人事の特徴を概観する．最初に閣僚人事に着目し，人事配分と派閥との関係を検討する．そこではまず，小泉政権期の閣僚人事が確かに派閥均衡ではなかったことが確認される．次いで，閣僚人事がどのように派閥均衡から逸脱していたかを検討し，それが主流派優遇人事であったことを明らかにする．第2項では，閣僚に副大臣と大臣政務官を加えた役職配分を検討し，それが閣僚人事とは異なる様相を持っていたことを実証的に示す．すなわち，副大臣と大臣政務官を含めた人事では，小泉政権の下でも派閥均衡が保たれていたのである．

(1) 閣僚——主流派優遇人事

図1に，派閥の議員比率と閣僚配分比との乖離の絶対値をとって合計したものを小泉政権期の各内閣[1]について示した[2]．第3次小泉改造内閣における極端な乖離は直前の衆院選で大量に当選した無派閥新人議員の存在によるものだが，他の時期においても乖離の絶対値が20％を割り込んだことは一度もなかったことがこの図から見て取れる（最も低かった第2次小泉内閣で32.56％であった）．派閥均衡人事が確立した1970年代の福田内閣期以来，自

民党政権の下でこの値が20％を超えることは稀であった[3]から，確かに小泉政権期の閣僚人事は従来の派閥均衡から逸脱していたと言って良いだろう．

だが，図1からは派閥の議員勢力比と閣僚比が乖離していたということしか読み取れない．そこで，この2つの比率がどのように乖離していたのかを図2に示した．この図では，主要な6つの派閥[4]について各内閣における閣僚配分比から議員比率を引いた値が示されている．この図を見ると，小泉政権期に閣僚人事において優遇された派閥と冷遇された派閥とを明瞭に見て取ることができるだろう．最も優遇されたのは首相の出身派閥である森派で，第2次小泉内閣[5]の時を除いて議員勢力比を上回る閣僚ポストを獲得している．それとは対照的に，小泉政権初期には党内最大派閥であった津島派（当時は橋本派）や，旧堀内派（当時は堀内派），伊吹派（当時は江藤・亀井派）は最初の2内閣で極端に冷遇されていることが分かる．津島・伊吹両派がそれほど冷遇されなくなった政権の後期には，旧堀内派の冷遇が目立っている．また，小泉に近いと見られていた山崎拓が率いる山崎派は，その評判から予期されるほどには厚遇されていない[6]．以上の知見を補強するために，図3で派閥ごとに乖離値を合計した値を示しておいた．小泉政権全体としてみても，優遇された森派，冷遇された

図1　派閥議員勢力比と閣僚配分比の乖離（1）

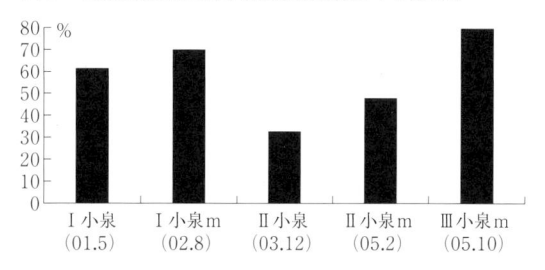

図2　派閥議員勢力比と閣僚配分比の乖離（1）

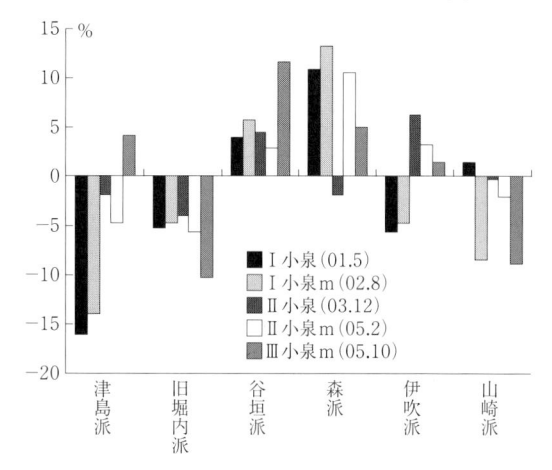

図3 派閥議員勢力比と閣僚配分比の乖離(3)

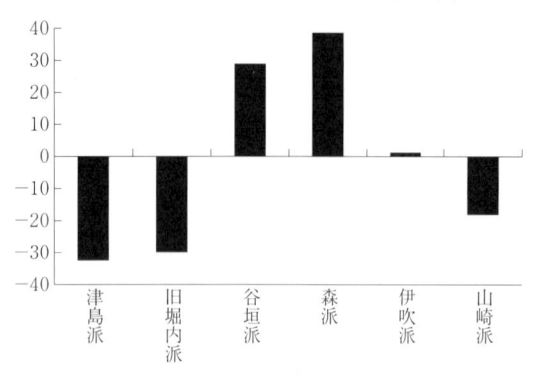

（津島派、旧堀内派、谷垣派、森派、伊吹派、山崎派）

津島・旧堀内派、という構図は変わらない。一方、伊吹派は政権初期の冷遇と後期の厚遇が打ち消しあって、政権期間全体をみると冷遇も厚遇もされていない。

以上の検討から、閣僚人事についての考察は次の2点に纏めることができるだろう。第1に、小泉政権期の閣僚人事は確かに「派閥均衡」から逸脱していた。第2に、その逸脱は閣僚ポストの配分において森派を優遇し、政権初期に党内最大であった津島派や、森派と並ぶ議員勢力を持っていた旧堀内・伊吹両派を冷遇することによって生じていた[7]。換言すれば、主流派優遇人事が行われていたのである。

(2) 閣僚，副大臣，大臣政務官──派閥均衡の持続

しかしながら、議員に分配される政府の役職は閣僚のみに留まらない。閣僚よりも多くの副大臣や大臣政務官のポストがより当選回数の少ない議員に分配されているのである。これらのポストに目を転じると、小泉政権期の人事配分と派閥との関わりは上で述べたものとは一変する。

図4は、図1で示したのと同様の指標を、閣僚に副大臣と大臣政務官を加えた政府人事全体について示したものである。一見して、閣僚のみに限った時よりも派閥勢力比との乖離が顕著に小さいことが分かるだろう。無派閥新人議員の存在が数値を嵩上げしている第3次小泉改造内閣の場合を除けば、最高でも30%を超えていない。この数字は、「派閥均衡」とみなされた過去の内

図4 派閥の議員勢力比と全役職配分比との乖離(1)

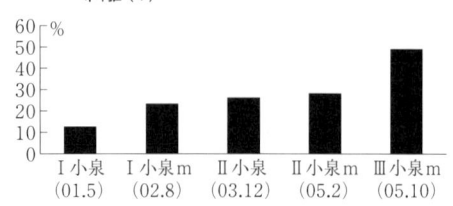

（Ⅰ小泉(01.5)、Ⅰ小泉m(02.8)、Ⅱ小泉(03.12)、Ⅱ小泉m(05.2)、Ⅲ小泉m(05.10)）

図5　派閥の議員勢力比と全役職配分比との乖離(2)

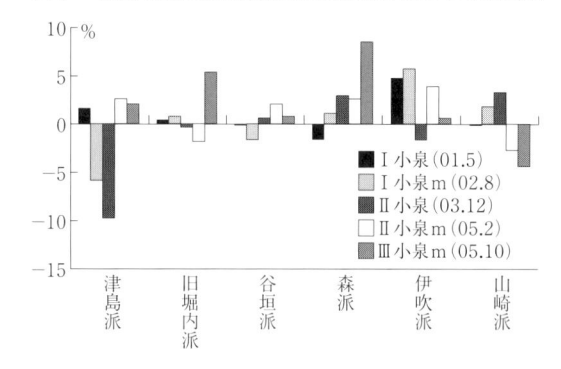

閣の閣僚人事における乖離と大きくは変わらない．

図5は，図2と同様の数値をやはり内閣全体のポストについて示したものである．このグラフからは，閣僚人事との違いをよりよく把握できる．第1に，議員勢力比と役職配分比との乖離は，仮にあるとしても，閣僚の場合に比べて極めて小さい．第2に，閣僚ポストのみを見たときには極端に冷遇されているように見えた派閥でも，全体の人事配分では必ずしも冷遇されていない．例えば第3次小泉改造内閣における旧堀内派は，閣僚配分比率が議員勢力比を10%以上下回っているにも拘わらず，政府役職全体を見るとポストの配分比率は議員勢力比を5%弱上回っている．他の例ではここまで極端ではないにしても，閣僚人事において冷遇された派閥が副大臣・大臣政務官ポストに占める割合は常に閣僚に占める割合を上回っており，閣僚ポストに比べて優遇・冷遇の差がごく小さいことは確認できる．ここでも先ほどと同様に，各派閥の乖離値を合計した値を図6に示しておいた．閣僚人事では非常に大きい森派の優遇，津島派・旧堀内派の冷遇も，人事配分全体として見れば小さな水準にとどまっていることが分かる．

本節の最後に，小泉政権期の人事配分に関する考察を纏めておこう．閣僚ポストの配分は派閥均衡から明瞭に逸脱しており，しかも森派の優遇と津島・旧堀内・伊吹の3派の冷遇がはっきりと見て取れる．しかし，副大臣と大臣政務官を加えた全体の人事配分を観察すれば，その特徴は派閥均衡であると表現して差し支えない．

図6　派閥の議員勢力比と全役職配分比との乖離(3)

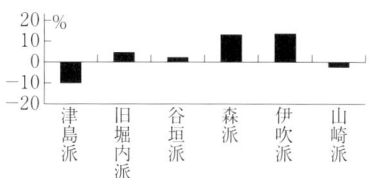

3節. シニオリティ・ルール,副大臣,派閥均衡人事

では,小泉政権における以上のような人事配分の特徴はなぜ生じたのだろうか.この問いに答える前に,本節では派閥均衡人事の制度化に対して与えられてきた従来の理論を要約し,そこにおいて自民党内のシニオリティ・ルールが重要な役割を果たしていたことを確認する.次いで既存の主要な関連研究を概観し,小泉政権期の閣僚人事がこれまで首相と派閥との間の力関係によって説明されてきた(あるいは,首相の優位を示す証拠として指摘されてきた)一方で,自民党内のシニオリティ・ルールの状況は十分に検討されていないことを確認する.最後に,本章第2節で確認した小泉政権の人事配分を従来の理論と整合的に説明する枠組みを提示し,その枠組みが各自民党議員の役職経験データと整合的であることを明らかにする.

(1) シニオリティ・ルールと派閥——派閥均衡人事の淵源

佐藤誠三郎と松崎哲久の詳細な分析によって示された自民党長期政権における役職人事の制度化は,当選回数に基づくキャリア・パス——シニオリティ・ルール——と派閥間人事配分の制度化として要約できる[8].閣僚ポストについて言えば,シニオリティ・ルールの下で自民党議員はほぼ全員が当選6回で初入閣を経験し,そのポストは派閥の議員勢力比に応じて配分される派閥均衡型の人事がなされている,とされた.

この2つの人事慣行に統一的な説明を与えたのが川人貞史である[9].川人は,派閥間の無限繰返しゲームにおける協調的なナッシュ均衡として派閥均衡人事を説明した河野勝[10]を批判し,次のように論じた.

第1に,首相が主流派優遇人事を行う余地を持つか否かは派閥間の戦略的相互依存関係によって規定される.川人の理論では,派閥は単一の行為主体として扱われ,それらは衆議院における多数派形成に埋め込まれた自民党内のゲームをプレイする.自民党内の勝利連合が形成されると,主流派は反主流派に対して利得(役職)をどのように分配するかを提案し,これに対して反主流派は離党して衆議院における勝利連合から離脱するか否かの選択肢を持っている.離党の威嚇に信憑性があるかどうかは反主流派の私的情報であり,主流派にとっては不確実であるが,反主流派の離党が自民党の野党転落を招く場合にはその損失が極めて大きいために主流派は反主流派に対して譲

歩する（すなわち，自分の手番で派閥均衡人事を提案する）．他方，反主流派の威嚇に明らかに信憑性がないか，離党しても自民党が与党の地位を維持できる場合には主流派は譲歩する誘因を持たないので，主流派優遇人事を行う余地が生じるのである．

　第2に，序列が当選回数のみによって決定されるシニオリティ・ルールが党全体に適用されるためには，派閥均衡人事が必要となる．シニオリティ・ルールは主体による合理的選択の帰結として安定的に維持されうるが，自民党長期政権下で生じたシニオリティ・ルールには2つの条件が必要とされる．1つは議員序列を管理する派閥において当選回数のみが序列の決定要因になること，もう1つは首相による役職任命が派閥内議員序列を尊重するようになされることである．そのためには，そのような役職任命が派閥間の政治力学に対して中立的になっていなければならない．従って，入閣を待つ議員が特定の派閥に偏っていたり，配分できる閣僚ポストの数を大きく上回っていたりすると，2つ目の条件を満たすことは難しくなるだろう．逆に，各派内の序列が当選回数のみによって定められ，かつ各派閥に所属する議員の当選回数構成がほぼ均等になっている場合には，極端な主流派優遇は党全体のシニオリティを破壊することにつながる．主流派優遇人事は反主流派に対してポストが分配されないことを意味しており，当選回数が等しい議員の間に格差を作り出すからである．

　以上の理論を議員構成の推移に適用することによって，川人は自民党の人事配分の展開を統一的に説明することに成功した．1960年代には敗戦直後に新人議員として当選した議員が特定の当選回数に集中しており，入閣を待つ議員が配分できるポストの数を大きく上回っていた．そのため，シニオリティ・ルールを党全体に適用して閣僚ポストを分配することは不可能であった．一方で同時期，自民党は衆議院における過大規模連合だったために主流派優遇人事が行われる余地があった．しかし70年代半ば以降，敗戦直後に当選した議員が淘汰されていくに従ってシニオリティ・ルールを党全体に適用することが可能となり，また保革伯仲と5大派閥への整理統合のために自民党が衆議院における最小勝利連合となったため，主流派優遇人事は不可能になったのである．その結果，70年代の末に派閥均衡人事とシニオリティ・ルールが人事慣行として確立された．

　このように，シニオリティ・ルールは派閥均衡人事の1つの主要な要因と

して指摘されてきた．派閥間の政治力学が派閥均衡人事の十分条件ではあっても必要条件ではないとすれば，派閥領袖と首相との力関係の変化が直ちに派閥均衡人事の崩壊に結びつくとは言えない．シニオリティ・ルールを全党的に適用するために派閥均衡人事が必要ならば，シニオリティ・ルールが維持される限りは力関係の如何にかかわらず派閥均衡人事も維持されなければならないのである．裏返せば，閣僚人事における派閥均衡からの逸脱は党内のシニオリティ・ルールに何らかの変化が生じたことを示唆している．

(2) 小泉政権下の閣僚人事——首相の人事権

小泉が首相として発揮した強い影響力の源泉については，大きく分けて2つの立場が存在する[11]．一方には小泉による世論の動員あるいは誘導を強調する見方があり，他方で1990年代以来の制度改革が首相の影響力の制度的条件を整えたという見方がある．そして，いずれの立場の論者も小泉が派閥の意向を無視した閣僚人事を行ったことを，首相が派閥に対して優位に立ったことの結果として指摘している．しかしながら，それらの研究のほとんどは自民党内のシニオリティ・ルールについて言及していないし，個別の議員レベルで適用されるルールがどのように変化したかはまだ分析されていない．

小泉の世論動員を強調する代表的な論者として，早くからポピュリズム概念を小泉に適用した分析を行ってきた大嶽秀夫は，小泉が「派閥の力を削ぐような方策」として閣僚の任命を用いたと述べている[12]．また，制度的な変化を射程に入れつつも小泉の「パトスの首相」としての側面を強調する内山融も，小泉が派閥均衡を破ることで派閥の役職分配機能を奪ったと指摘する．内山は同時に「年功序列ルール」からの逸脱も指摘しているが，その逸脱とは「当選回数の少ない若手を登用」することを意味しており[13]，当選回数によって各議員のキャリア・パスが規定されるという意味のシニオリティ・ルールについては議論していない．当選回数が少ない若手議員の抜擢は確かにシニオリティ・ルールの原則からは例外に属するが，この事実は当選回数を重ねても入閣ができない議員が生じたことを意味するわけではないのである．

90年代以来の選挙制度や政治資金制度などの政治制度改革，省庁再編や官邸機能強化などの行政改革がもたらした効果を強調する代表的な論考として，ここでは竹中治堅と待鳥聡史のそれを挙げておきたい．竹中は，制度改革の効果として派閥の弱体化がもたらされ，橋本，小渕，小泉と代替わりするに

つれて徐々に首相が派閥の意向を無視した閣僚人事を行えるようになってきたことを指摘している[14]．待鳥も，首相が派閥に対して優位に立ったことを示す事実として小泉が派閥の推薦を受けずに組閣を行ったことを挙げている[15]．しかしながら両者とも，自民党内のシニオリティ・ルールには全く言及していない．

前項で述べた川人の枠組みに沿って以上の論考を位置付けるとすれば，いずれの立場を採用する論者も主流派優遇人事の余地を規定するとされた戦略的相互依存関係の変化によって，小泉による派閥均衡からの逸脱を説明していると捉えることができる．世論を自分の味方につけることで派閥の力を削ぐにせよ，制度改革の効果として所属議員に対する派閥の統制が弱まったにせよ，派閥に対する首相の優位とは派閥による離党の威嚇に信憑性がなくなったことを含意する．しかしながら前項で述べたように，派閥均衡人事がシニオリティ・ルールの党全体への適用のために必要とされるのだとすれば，派閥均衡からの逸脱を説明するためにはシニオリティ・ルールの変化を検討する必要がある．

この点，伊藤光利は「派閥勢力比型人事と全党的シニオリティ・ルールのセット」を明示的に分析対象としている[16]．しかしながら，伊藤は閣僚の派閥別内訳と出身別内訳（非議員，他党，参院，衆院当選4回以下，衆院当選5回以上）の表を示し，非議員や当選4回以下の議員が増えていることをもって，全党的シニオリティ・ルールが軽視されたと結論付けている．自民党所属議員全体の役職経験は分析されておらず，先に内山の研究について述べたのと同様に当選回数を重ねても入閣できない議員がいたことが示されているわけではない．

政策過程全体における小泉の影響力を検討したものではないが，小泉政権による財政政策転換の要因を検討した樋渡展洋の業績は間接的ながら明示的に自民党所属議員全員に適用されるシニオリティ・ルールが崩壊したことを実証しようと試みている例外的な研究である[17]．その論点は多岐にわたるが，本章と関連する点に限れば次のようになろう．自民党政権の通説的理解によれば，当選回数に基づく党内昇進の下では安定的に再選される農村部選出議員が党指導部の役職を占める農村バイアスが生じるため，自民党政権の政策過程は地方への公共事業利益誘導によって特徴付けられる．これに対して樋渡は，分権的な利益誘導競争による集合行為問題（すなわち財政赤字）を解

決する手段として,一般議員よりも均衡財政志向の政策選好を有する首相など党指導部への権限委任がなされていると主張する.従って,シニオリティ・ルールに従わない役職配分は首相に委任された裁量が拡大することを意味する.なぜなら,シニオリティ・ルールの下で生じる党指導部の農村バイアスは指導部と一般議員の政策選好の均質性を担保し,指導部によって実現される政策的帰結を農村部への利益誘導を志向する一般議員の政策選好に従属させるからである.裏返しに,首相が自律的に人事配分を決定できるとすると,そのような政策選好の均質性は担保されない.この場合には,首相は自己の政策選好に沿った役職任命と政策の実現を達成しやすくなる.

樋渡によれば,小泉政権による財政政策転換をもたらした1つの重要な要因は90年代以後に首相へ委任される権限が拡大したことにあった.樋渡は,80年代と比べて90年代に入ってからは閣僚と自民党4役の当選回数が平均的に低下したこと,80年代には安定的で大きかった首相と党4役の農村バイアスが90年代には解消されたこと,さらに90年代以降は首相の政策選好が財政収支を規定する独立した要因としてそれ以前の時期よりも重要になっていることを示している.

しかしながら,樋渡はシニオリティ・ルールの変化を直接実証しているわけではない.第1に,樋渡の議論にとって重要なのは農村バイアスの程度,すなわち党指導部と自民党議員の政策選好の均質性であってシニオリティ・ルールそのものではない.そもそも樋渡が90年代に入って年功序列に基づく役職任命が動揺したと主張するのは,通説的理解においてシニオリティ・ルールが農村バイアスをもたらすとされてきたためと思われるが,農村バイアスの存在を体系的に実証した菅原琢は自民党内で農村バイアスが生じるのはシニオリティ・ルールが適用される自動昇進段階ではなく,初入閣より後の実力昇進段階であることを示しているし[18],もともと党4役のような幹部ポストはシニオリティ・ルールに基づいて配分されるものではない.そうだとすれば,首相の政策的裁量拡大を含意する農村バイアスの消滅はシニオリティ・ルールの動揺以外の要因によってもたらされたと考えた方が自然だろう.

第2に,役職に就いた議員の平均当選回数が低下したことをもって年功序列に基づく役職任命が動揺したと結論付けることはできない.この事実だけからでは,当選回数を重ねても入閣できなかった議員がいたのか,あるいは単に入閣のための当選回数の基準が変化しただけなのかを推論することがで

きないからである.

　以上検討したように，既存の研究においては自民党議員に適用されるシニオリティ・ルールがどのように変化したかは十分に検討されてこなかった．首相と派閥との間の力関係の変化を反映するものとして小泉による閣僚人事を捉える諸論考は，派閥均衡人事と党内のシニオリティ・ルールとの関連を考慮していない．小泉政権による財政政策転換の要因を探究する樋渡の研究では首相への権限委任拡大をもたらす農村バイアスの消滅が実証されれば十分であり，シニオリティ・ルールの変化は直接には検証されていない．そこで，本章の以下の部分ではシニオリティ・ルールの変化を組み込むことで小泉政権期の役職配分を整合的に説明する枠組みを提示し，その検証を試みる．

(3) 議論

　前節および本節第1項で本章が主張してきたのは，小泉政権期の人事配分に対して与えられる整合的な説明は次の2つの条件を満たさなければならないということであった．第1に，小泉政権期の人事配分の特徴とは，閣僚人事配分における派閥均衡からの逸脱と政府人事配分全体における派閥均衡の継続である．従って，これらの双方が説明の対象とされなければならない．第2に，閣僚ポスト配分における派閥均衡がシニオリティ・ルールを全党的に適用するための必要条件とされてきた以上，論理的に派閥均衡からの逸脱を説明するためにはシニオリティ・ルールの変化を検討することが必要である．

　以上の2点を踏まえる本章の説明が，前項で挙げた派閥の弱体化のみから閣僚人事における派閥均衡からの逸脱を説明する既存の議論に対して持つ優位点は上記の2点に関連して2つある．第1に，本章の枠組みは既存の研究が説明の対象としてこなかった政府役職配分全体における派閥均衡の持続を射程に含むことができる．第2に，シニオリティ・ルールを考慮しない既存の説明に比べて本章の枠組みは自民党長期政権の下での派閥均衡人事に与えられてきた説明と論理的な一貫性を持つ．

　本章の枠組みは川人貞史の理論を基本的に踏襲し，派閥の弱体化とシニオリティ・ルールの変化を組み合わせて小泉政権期の人事配分を説明するものである．まず，既存の研究に従って，派閥の弱体化に伴って反主流派による離党の威嚇から信憑性が失われ，自民党が衆議院における最小勝利連合であ

るにも拘わらず首相に主流派優遇人事を行う余地が生じたと考える．派閥領袖が離党を決意したとしても派閥所属議員をまとめ上げることができないとすれば，首相は反主流派の離党を恐れて人事配分において譲歩する必要はない．

次に，派閥均衡人事を必要条件としてきたシニオリティ・ルールに関しては，小泉政権発足直前の2001年1月に導入された副大臣制度が重要な変化であったと論じる．先にも述べたように，当選6回で初入閣を果たすのが標準的な自民党議員のキャリア・パスであった．しかしながら，副大臣ポストの創設はシニオリティ・ルールの下で入閣までに踏むべき段階が一段増えたことを意味している．換言すれば，これまで「入閣適齢期」とされていた当選5－6回（通常の議員の初入閣は当選6回であった）の議員が「副大臣適齢期」になったと考えられる．

シニオリティ・ルールの下で入閣要件となる当選回数が増加すると，閣僚人事における首相の自由度は大きく高まる．なぜなら，シニオリティ・ルールに従って入閣させなければならない議員の数が大幅に減少するからである．同時期に初当選した議員の数は選挙を重ねるごとに減っていき，当選7－8回になると通常は15人程度になる．この程度の人数であれば，当選回数に基づいて閣僚ポストを分配したとしてもポストの方が余ってしまう．ポストを配分するために閣僚の入れ替えを頻繁に行う必要もなくなるし，余ったポストを首相が自由に配分できる（若手の抜擢[19]や民間人の登用に用いられる）とすれば，閣僚人事における派閥均衡は必ずしもシニオリティ・ルールの必要条件ではなくなるだろう．

小泉の場合には，制度導入期に特有の，さらに有利な条件が整っていた．政権発足時，当選6回の議員は全員が初入閣を果たしていた．他方，その時点で閣僚経験がない当選4－5回議員の多くは副大臣を経なければ入閣できないことになる．事実上，小泉はシニオリティ・ルールの制約なしに閣僚を選択することができたと考えられるのである．

以上述べたことから明らかなように，本章は自民党内のシニオリティ・ルールが崩壊したと主張するものではない．一定の当選回数要件を満たすことで大臣政務官，副大臣，閣僚への就任が（少なくとも一度は）保証される議員の昇進制度は維持されるものと考えている．この点を明確にすることによって，本章は既存研究が説明の対象としてこなかった政府役職全体の配分に

おける派閥均衡の持続を説明することができる．シニオリティ・ルールが存続しているとすれば，形式的な当選回数要件を満たす議員が数多く存在するポストについて派閥均衡が保たれるのは自然なことだからである．加えて，シニオリティ・ルールそのものが一般的な合理性をもっていることにも依拠する川人の理論[20]からすれば，ルール自体は安定していると考えた方が論理的には一貫している．

　以上の議論をデータを用いて検証してみよう．第1に，本章では川人が1960年代の主流派優遇人事を説明するのに用いたシニオリティ・ルールの適用不可能性ではなく昇進段階の変化によって人事配分を説明しようとしているから，小泉政権期にシニオリティ・ルールの全党的適用が不可能ではなかったことを示す必要があろう．具体的には，各派閥の当選回数構成が互いに似通っていたこと，自民党議員が入閣を待望する層に集中して分布していたわけではなかったことを示す必要がある．第2に，副大臣制の導入によって昇進段階の変化が生じたという本章の主張が正しいとすれば，小泉政権の下でこれまで入閣適齢期とされてきた当選5－6回を迎えた議員は特有の役職経験パターンを示すはずである．彼らは入閣を保障されなくなった一方で副大臣には確実に就任するはずであるから，同時期に当選した議員に占める入閣経験議員の割合は伸び悩み，副大臣経験議員の割合が100％に近づいていくだろう．

　まず，小泉政権期にシニオリティ・ルールが適用不可能ではなかったことを確認する．図7と図8は，それぞれ小泉政権発足直前（2001年4月）と第2次小泉内閣成立直後（2003年11月）時点で最大勢力を擁していた4つの派閥について，当選回数別の人数分布を示したものである．一見して分かるように，いずれの時期についても当選回数4回以降の人数分布にはほとんど差が生じていない．従って，特定の派閥に入閣待

図7　各派閥の当選回数構成（小泉政権発足前）

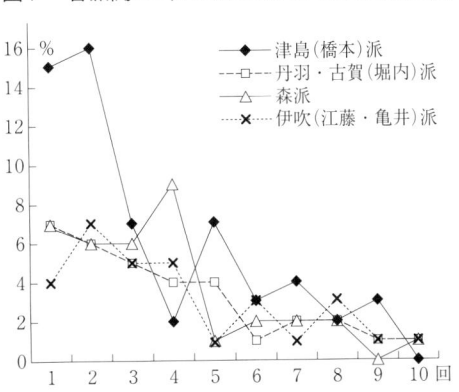

――◆――　津島（橋本）派
--□--　丹羽・古賀（堀内）派
――△――　森派
――×――　伊吹（江藤・亀井）派

図8 各派閥の当選回数構成（第2次内閣成立直後）

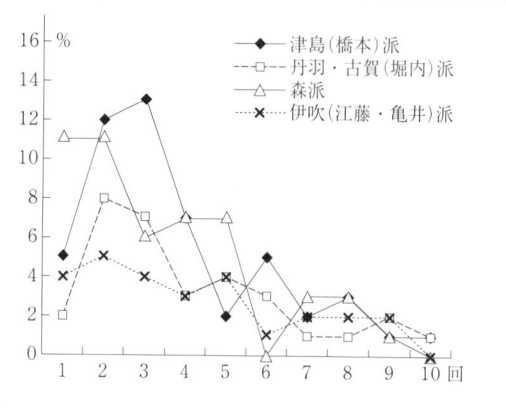

望議員が集中してシニオリティ・ルールの全党的適用が妨げられる状況ではなかったことが確認できる.

一方，図9は自民党全体の未入閣議員数を当選回数別に各時期について示したものである．小泉政権のどの内閣の時期をとっても分布はほぼ単調な右下がりになっており，特定の当選回数の議員が団塊状に存在したことはない．従って，閣僚ポストに対して入閣待望議員の数が多すぎたためにシニオリティ・ルールの適用が妨げられたわけではないと結論できる．

図9 小泉政権期の未入閣議員分布

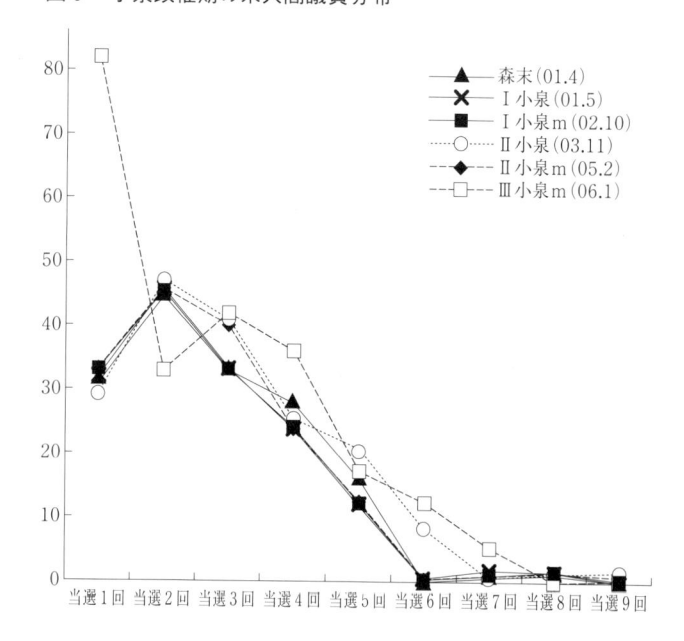

ここまでで，シニオリティ・ルールの適用が不可能であったために派閥の弱体化と相まって閣僚人事における主流派優遇が生じた，という説明が妥当でないことが示された．そこで次に，本章の主張である昇進段階の変化が実際に生じていたのかどうかを検証する．

まず，入閣に必要な当選回数が増加したことを裏付ける事実を示しておこう．先にも述べたように，小泉政権誕生時点で当選6回以上の議員は2名の例外（中馬弘毅と青山丘）を除いて全員が閣僚を経験していた．他方，その時点で閣僚未経験の当選4－5回衆院議員は47名（閣僚経験者を含めても53名）だったが，総選挙が2回あった小泉政権期間中に初入閣を果たした衆院議員の数は全部で23名であり，そのうち政権誕生時に当選4－5回だったのは17名に過ぎない．

図10は，従来の当選6回という条件がもはや入閣には十分でなくなったことをより明白に示している[21]．小泉政権発足当時当選5回だった議員は政権末期には当選7回を数えているにも拘わらず，入閣経験率は70%に満たない．政権末期の当選6回議員についても，入閣を経験した議員は半数を切っている．これらのデータからは，自民党議員が入閣を果たすためには当選6回では不十分になっていると結論することができるだろう．

それでは，これまでの入閣要件は実際に副大臣就任要件になっているのだろうか．図11と図12は，当選年次別に副大臣経験率の推移を示したものである．ただし，図12には入閣経験のない議員のみに限定した副大臣経験率を示した．

この2つの図から読み取れるのは，副大臣への就任は自民党所属の全議員にほぼ保障されているということである．特に，入閣を経験していない議員についての図から読み取れるように，6回目の改選を迎えるまでには（抜擢による）入閣か副大臣への就任がほぼ全員に保障されている．実際，

図10 小泉政権期の入閣率

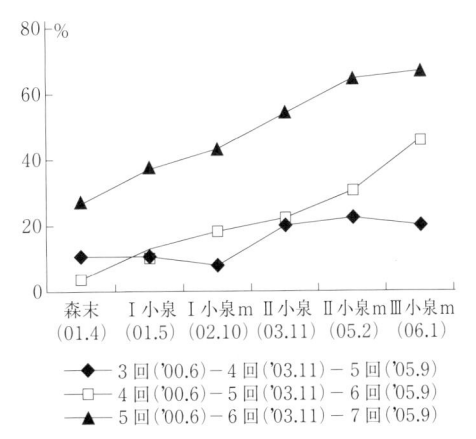

◆ 3回('00.6) － 4回('03.11) － 5回('05.9)
□ 4回('00.6) － 5回('03.11) － 6回('05.9)
▲ 5回('00.6) － 6回('03.11) － 7回('05.9)

図11　小泉政権期の副大臣経験率

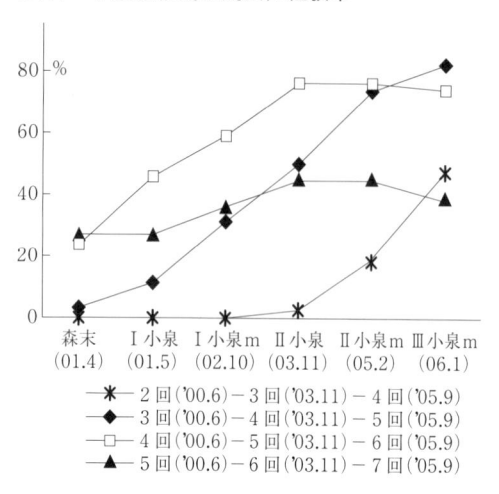

凡例
✳ 2回('00.6)−3回('03.11)−4回('05.9)
◆ 3回('00.6)−4回('03.11)−5回('05.9)
□ 4回('00.6)−5回('03.11)−6回('05.9)
▲ 5回('00.6)−6回('03.11)−7回('05.9)

図12　小泉政権期の副大臣経験率（未入閣議員のみ）

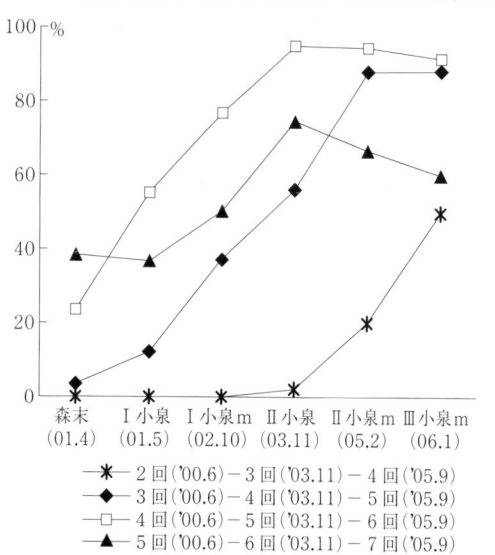

凡例
✳ 2回('00.6)−3回('03.11)−4回('05.9)
◆ 3回('00.6)−4回('03.11)−5回('05.9)
□ 4回('00.6)−5回('03.11)−6回('05.9)
▲ 5回('00.6)−6回('03.11)−7回('05.9)

小泉末期の当選6回代議士の中で副大臣も閣僚も経験していないのは22名中1名（鈴木恒夫），当選7回代議士の中では15名中2名（二田孝治，園田博之）のみであった[22]．注目すべきは，当選時期が遅い議員ほど副大臣への就任が明確にシニオリティ・ルールに従っているように見えることである．当選3回で少数の議員が副大臣に就任し，当選4−5回でほとんどの議員が副大臣ポストを割り当てられる，という慣行が小泉政権の末期にはほぼ確立されたと結論付けられよう．

　自民党内でシニオリティ・ルールに従った人事配分が継続されているという本章の主張は，副大臣・大臣政務官人事に関する他の事実とも整合する．まだかなりの数が残っている当選回数の議員全員にポストを配分するには，かつて閣僚ポストを配分する必要から内閣改造が頻繁に行われたのと同様に，内閣の任期途中で副大臣や大臣政務官だけを入れ替える必要も生じるかもしれない[23]．また，小泉政権期には閣僚の留任が増えている一方で，副大臣や大臣政務官は入れ

替わりが激しいこと[24]も本章の主張と符合する.

以上, 本項では閣僚人事配分における主流派優遇と政府役職人事配分における派閥均衡という小泉政権期の人事配分の特徴を, 派閥の弱体化とシニオリティ・ルールにおける昇進段階の変化から説明し, それを検証した. 90年代以降の政治制度改革によって派閥の弱体化がもたらされ, その結果として主流派優遇人事が可能になったとすれば, 2001年に始まった副大臣制度が自民党内の昇進段階を変化させ, 首相が閣僚人事において有する自由度を拡大した. 自民党議員の昇進は依然としてシニオリティ・ルールに従ってはいるものの, それはもはや閣僚ポスト配分における派閥均衡人事を必要条件とするものではなくなったのである.

4節. 結論と含意

本章で回答を試みたのは, 小泉政権期の政府役職人事配分はどのように説明されるのか, という問いであった. そこでまず, 説明されるべき現象としての小泉政権の役職配分にはどのような特徴があったのかを明らかにした. その特徴とは, 閣僚ポスト配分における派閥均衡からの逸脱と, 政府役職配分における派閥均衡の持続が併存しているということであった.

次に, 自民党政権の派閥均衡人事は一面では党内昇進のシニオリティ・ルールの帰結として生じたとされてきたことを確認した. しかるに, 既存研究で小泉の閣僚人事に与えられている説明は党内シニオリティ・ルールとの関連を実証してこなかったことを示した.

最後に本章は, 小泉政権の政府役職人事は派閥の弱体化に加えて政権発足の直前に導入された副大臣制による党内昇進段階の変化の帰結であると論じた. すなわち, 初入閣の前に経験すべきポストが増えたことによって初入閣の標準的な当選回数が増加し, それゆえ小泉は閣僚ポストの配分をより自由に行う余地を得た. しかしながら, シニオリティ・ルールによるポスト配分はその合理性のゆえに強固に残存しており, 結果として政府役職配分には派閥均衡がもたらされたのである. この主張は, 小泉政権期の自民党議員の役職経験データを用いて検証された.

以上の議論は, 小泉の特異な個性よりもむしろ現存の制度を利用する戦略性を強調するものである. 本章の立場からすれば, 派閥の弱体化がどのような要因でもたらされたものであれ, 党内の昇進段階が変化していなければ閣

僚人事において小泉が持つことのできる自由度は制約されていたであろうと考えられる．シニオリティ・ルールは組織メンバーにとっての集合財が均衡において供給されることを担保するものであり，ルール自体の廃止は容易にはなしえないと考えられるからである．そのような意味において，本章は小泉政権下の政策革新が1990年代以降の政治・行政改革で生まれた様々な制度（例えば小選挙区比例代表並立制，経済財政諮問会議，官邸機能の強化など）を利用することによってなされたとする立場と軌を一にする．従って本章の分析の意義は，もともとは行政統制や国会審議の改革を目的としていた副大臣制度の導入[25]が自民党組織における昇進制度の変化をもたらし，それが人事における首相の自由度の拡大を通じて小泉政権期に生じた人事配分の変化へと帰結するという具体的な因果経路を実証的に示したことにあると考える．

しかしながら，政策革新をもたらした政策過程の変容[26]が本章で示した自民党組織の変容と結びついていたのか否か，結びついていたとすればいかにしてか，という点は本章の射程の外にある．どのような評価を与えるにせよ，小泉政権の政策過程を理解し，その持続可能性を検討するに当たっては，この点の分析が必要となろう．

1　第1次小泉再改造内閣，第3次小泉内閣は，それぞれ第2次小泉内閣，第2次小泉改造内閣とほとんど差異がないため割愛した．
2　佐藤・松崎（1986）による派閥均衡人事の最初の分析，および川人（1996，図2）による本章と同様の分析にならって，閣僚，議員とも衆議院議員のみに限定した比率を用いている．
3　川人　1996，図2．
4　議員勢力比で5％を超える派閥（津島派，旧堀内派，森派，伊吹派，山崎派）に，ポスト小泉候補を擁していたという理由で谷垣派を加えた．
5　この内閣では図1で示した指標も最低の値をとっている．小泉政権期間中では最も派閥均衡に近い閣僚人事が行われたと言ってよいだろう．
6　ただし指摘しておくべきは，図で表されている5つの内閣のうちの4つで山崎派は党幹事長ポストを獲得している点である．党3役を加えて同様の分析を行うと，山崎派の乖離は全体によりプラス方向へとシフトする．
7　なお，この違いは小泉政権期に派閥の所属議員数を増やしたか否かにほぼ反映されている．172-174頁のコラム参照．
8　佐藤・松崎　1986, 39-51, 63-73．
9　川人　1996．

10 河野　1991, 46-49.
11 待鳥　2006b, 175. また待鳥 (2006a) は，議員内閣制下の首相があたかも大統領であるかのように一般有権者からの支持に依拠したリーダーシップスタイルを採用して自己の選好する政策を実現しようとする現象について，世論やマスメディアを動員して下位政府アクターの拒否権行使を封じようとする「大統領的首相化」と，制度構造の変更によって下位政府アクターが持つ自律的な拒否権行使の能力を制約する「議院内閣制のウェストミンスター化」とを区別することを提案している．
12 大嶽　2003, 63. 大嶽による同様の視角からの研究として，大嶽　2006.
13 内山　2007, 15.
14 竹中　2006, 53-54, 109-110, 124, 156-158. また，派閥の弱体化の表れとして，派閥に配慮した人事配分が森政権の基盤を安定させ得なかったことも指摘している (136-137頁)．
15 待鳥　2005, 180.
16 伊藤　2006, 26-29. 引用は p. 26.
17 樋渡　2006. 以下の論点については特に108-111, 122-133頁を参照．
18 菅原　2004, 72-76.
19 ただし，抜擢人事が可能となるためにはポストの余剰と共に先に述べたような派閥の弱体化も必要条件となりうる．派閥による序列管理が弛緩していなければ，議員の側が抜擢されることを好まないであろう．
20 川人　1996, 129-131；Shepsle and Nalebuff 1990.
21 閣僚を経験せずに党幹事長に就いた安倍晋三については，党幹事長就任を以て「入閣経験」として計算している．
22 なお，経験率の減少が見られるケースがあるのは，副大臣経験者が落選・議員辞職・離党などで自民党の議員でなくなる場合があることによる．特に，'06年時点で当選回数7回の議員は入閣者を含めた全体で見ても15名しかないため，1人の落選が比率の大きな変動をもたらす．
23 小泉政権期にも，内閣は変わらないままで副大臣・大臣政務官の多くが同時に入れ替えられたことがある (第1次内閣)．
24 本書所収のデータを参照．また，飯尾 (2006, 57) が同様の事実を指摘している．閣僚の在任期間長期化については，伊藤 (2006, 注20) も参照．
25 中野　2002；川人　2005, 第7章；飯尾　2006.
26 東京大学社会科学研究所　2006.

参考文献

Shepsle, Kenneth and Barry Nalebuff. 1990. "Commitment to Seniority," *Journal of Law, Economics, and Organization* 6 (Special Issue): 45-72.

飯尾潤．2006．「副大臣・政務官制度の目的と実績」『レヴァイアサン』38：41－59．

伊藤光利．2006．「官邸主導型政策決定と自民党――コア・エグゼクティヴの集権化」『レヴァイアサン』38：7－40．

内山融．2007．『小泉政権 「パトスの首相」は何を変えたのか』中公新書．

大嶽秀夫．2003．『日本型ポピュリズム――政治への期待と幻滅』中公新書．

大嶽秀夫．2006．『小泉純一郎 ポピュリズムの研究』東洋経済新報社．

川人貞史．1997．「シニオリティ・ルールと派閥――自民党における人事配分の変化」『レヴァイアサン』臨時増刊：111－145．

川人貞史．2005．『日本の国会制度と政党政治』東京大学出版会．

河野勝．1991．「自民党――組織理論からの検討」『レヴァイアサン』9：32－54．

佐藤誠三郎・松崎哲久．1986．『自民党政権』中央公論社．

菅原琢．2004．「日本政治における農村バイアス」『日本政治研究』1（1）：53－86．

竹中治堅．2006．『首相支配――日本政治の変貌』中公新書．

東京大学社会科学研究所編．2006．『「失われた10年」を超えて［Ⅱ］――小泉改革への時代』東京大学出版会．

中野晃一．2002．「行政改革 余波か三次的変化か？」樋渡展洋・三浦まり編『流動期の日本政治』東京大学出版会，第7章．

樋渡展洋．2006．「小泉改革の条件――政策連合の弛緩と政策過程の変容」『レヴァイアサン』39：100－144．

待鳥聡史．2005．「小泉長期政権を支える政治改革の成果」『中央公論』2005年4月：176－184．

待鳥聡史．2006a．「大統領的首相論の可能性と限界――比較執政制度論からのアプローチ――」『法学論叢』158（5・6）：311－341．

待鳥聡史．2006b．「『強い首相』は日常となる」『中央公論』2006年10月：174－184．

民主党機関紙を通して見る小泉政権

勝本大二朗

1節. はじめに

　自民・公明党の連立内閣であった小泉政権にとって，選挙戦および国会運営において最大のライバルとなったのは，政権期間中常に最大野党として存在し続けた民主党であろう．2003年衆院選で見ると，比例区での獲得議席数は自民党69議席に対し民主党72議席とわずかではあるが上回り，小選挙区と組み合わせても自民党237議席，民主党177議席と60議席差まで迫った．これを受けて二大政党制の到来がメディアでも報じられるようになった．さらに2004年参議院選挙では，民主党は自民党を1議席上回る50議席を獲得した．また自らを政権交代可能な野党と定義し，独自の議員立法提出や政権公約（マニフェスト）を掲げて論戦を行ってきた．

　以上のように最大野党として存在してきた民主党は，具体的にはどのように政権に挑戦してきたのだろうか．本章では，小泉政権に対して民主党がどう対峙してきたのかを，主に民主党機関紙の記事を用いて考察し，それを通じて小泉政権の全貌を浮き彫りにすることを試みる．

2節. 自民党の民主党観

　民主党側から見た小泉政権を考察する前に，政権は民主党の存在をどう捉えていたのかを検証する．果たして民主党は政権にとって有力なライバルたりえたのであろうか．

　表1は，毎週発行される自民党機関紙『自由民主』に2003年8月26日号から2年半以上にわたってほぼ毎号連載された記事「永田町焦点街」において，タイトル・見出し・小見出しから読み取れる批判対象の時期別割合である（小数点以下は四捨五入）．

表1 『自由民主』内「永田町焦点街」の批判対象

	アメリカ	マスコミ	官僚	社民党	中国	北朝鮮	民主党	野党	批判以外	総計
0308-09				20%			60%		20%	100%
0310-12							64%	18%	18%	100%
0401-03		11%	11%				56%	11%	11%	100%
0404-06					8%		58%		33%	100%
0407-09					9%		45%		45%	100%
0410-12						9%	45%	9%	36%	100%
0501-03		30%					40%		30%	100%
0504-06	8%				25%		33%	8%	25%	100%
0507-09		8%			8%	8%	23%	8%	46%	100%
0510-12		9%					9%		82%	100%
0601-03							25%		75%	100%
0604-05							60%		40%	100%
総計	1%	5%	1%	1%	5%	2%	42%	5%	39%	100%

　この「永田町焦点街」は自党のアピールおよび他党・団体,外国の批判を主な内容としたものであるが,とりわけ全期間に渡って民主党批判が掲載され,全体を通しても民主党批判が最も大きな割合を占めることから,主に民主党批判を行ってきた記事であることがわかる.また,この記事は,それまで（〜2003年8月5日号）連載されていた「小泉改革進行中」という政策アピールを主内容とした記事と同じスペースに,差し代わって連載が始まったものであるが,その時期はちょうど民主党と自由党の合併が協議されだした頃（03年9月26日に正式合併）である.このことから言えるのは,民主党が議会内の勢力を拡大するにつれて,自民党および小泉政権にとって,民主党の存在が少なからず無視し得ないものになった,さらにいえば民主党に対する危機感が高まった,ということが考えられよう.その反応として,頻繁に機関紙に民主党批判を掲載したと推測される.

　図1は表1から民主党批判の記事と批判以外の記事数だけを取り出したグラフである.2005年の10月〜12月期において民主党批判数が激減しているが,これはおそらく9月11日の衆院選での大勝により民主党と議席数に差がついたこと,小泉首相と政策・イデオロギー的に近いとされる前原誠司の民主党代表就任によって,民主党の存在が圧力・危機として感じられなくなったことが大きな要因だと思われる[1].また選挙戦大勝の余裕からであろうか,他者を批判すること自体が減り,自党政策の積極的提案が増えている.そして小沢一郎が代表に就任した06年4月から再び批判の姿勢を強めており,小沢

民主党に対する警戒心が現れているのではないだろうか．

図1 「永田町焦点街」民主党批判記事・批判以外記事の推移

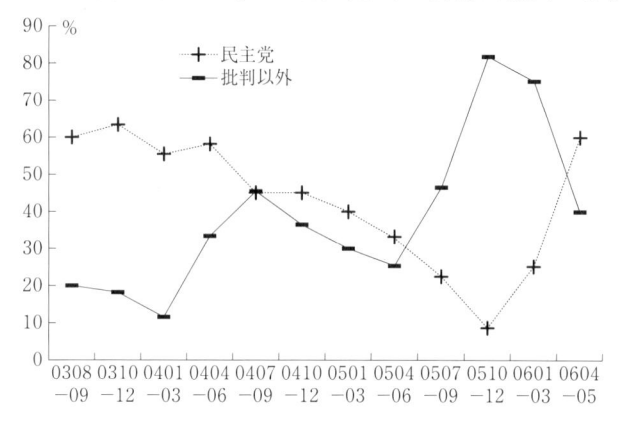

以上のように，議席数の上だけでなく小泉政権（正確には自民党）側の意識としても，国会内や選挙での最大のライバルは民主党であり，またその危機感は民主党の党勢によって上下してきたといえる．

3節．政権交代か？

イギリス議会に代表される二大政党制の特徴のひとつとして，二大政党による政権交代の可能性が挙げられる．その可能性を疑問視する見方もあるが[2]，小泉政権期に二大政党制の到来が叫ばれるようになったことは先に述べた．

そこで，当の政権交代を狙う民主党側の意識はどうだったのだろうか．表2は，民主党機関紙において「政権交代」を主張した記事の数と，同時期の民主党・自民党の衆議院議席数の比較である（議席数は『衆議院の動き』『国会便覧』をもとに作成）．なお機関紙は時期によって発行頻度に差があるため，各記事数を期間内の発行号数で除している．また記事内容は各記事の見出し・小見出しから判断した．

ここで言えることは，小泉政権発足時から民主党は政権交代を目標として掲げてきたが，当初はその頻度は少なく3号に1回程度だった．さらには「改革が本当に前進するなら，党派越えて支援」といった見出し記事（01年6月15日号）を掲載するなど，ともに改革を目指す姿勢も見せていた．それが次第に，政権を批判する内容とともに2002年頃から徐々に政権交代を呼びかける回数を増やし，2003年9月の自由党との合併を機にその回数は激増して

表2 民主党機関紙 「政権交代」記事数と議席数

時期	政権交代記事	機関紙号数	記事/号数	民主党議席(衆)	自民党議席(衆)
01②	1	3	0.33	129	239
01③	1	3	0.33	126	238
01④	1	3	0.33	126	239
02①	7	3	2.33	126	243
02②	3	3	1	126	243
02③	2	3	0.67	126	243
02④	3	3	1	124	239
03①	10	5	2	118	243
03②	5	5	1	118	243
03③	15	5	3	136	244
03④	18	5	3.6	180	245
04①	11	6	1.83	179	244
04②	7	5	1.4	179	249
04③	6	5	1.2	178	249
04④	13	6	2.17	178	249
05①	11	5	2.1	177	249
05②	6	6	1	177	249
05③	15	6	2.5	113	295
05④	3	6	0.5	113	295
06①	0	6	0		
06②	5	4	1.25		
06③	3	3	1		

注：時期の①は1～3月，②は4～6月，③は7～9月，④は10～12月を意味する．以下の図表も同様に表記．

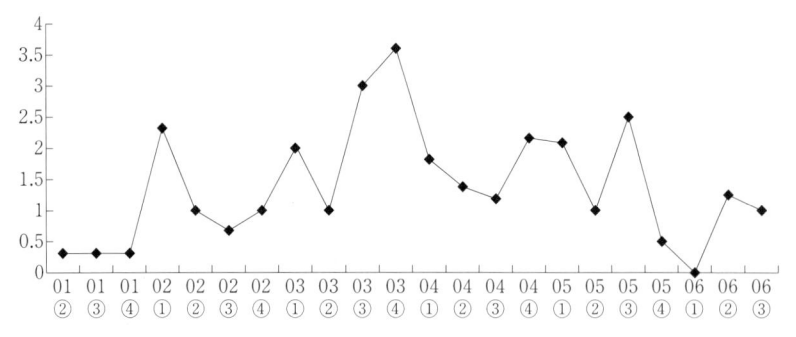

図2 「政権交代」記事／号数

いる．その後の11月9日の衆院選では結果的に議席数をさらに伸ばし，それを受けて政権交代を掲げる記事もさらに多く掲載されることになった．民主党の政権交代可能性には疑問符がつけられているところであるが，民主党自身の意識としては当時政権交代の意気がかなり高かったことが推測される．

逆に05年9月の衆院選での大敗の後には全く述べられなくなっているのも特徴的である．これは上述の『自由民主』「永田町焦点街」での民主党批判が減った時期にも重なり，議席数の差の増大が民主党自身の政権交代の気運を下げたといえよう．

小泉政権期の民主党の特徴として，政権交代を目標として掲げ，批判のための野党に終わらないと自身を定義し対案を政権にぶつけてきたことが挙げられる．しかしその姿勢も一貫したものではなく，主に国会内での党勢によってその強さが変遷してきたことがわかる．

4節．各種政策に対する民主党の態度

表3は，小泉政権の行った各種政策および民主党の主張する政策に関して，民主党機関紙で取り上げた記事の数の変遷である．なお機関紙発行頻度は時期によって差があるため，以下のグラフでは記事数を発行号数で除した数を用いている．また記事内容は各記事の見出し・小見出しから判断した．

(1) 対外政策

小泉政権が行った外交政策の中で主だったものとして，自衛隊イラク派遣，対北朝鮮政策・拉致問題，対中韓関係が挙げられよう．これらの政策に対し民主党はいかに対応してきたのだろうか．そこで，イラク問題，北朝鮮問題，靖国問題の3点を取り上げて，各時期の記事数をまと

表3 民主党機関紙内各種政策記事数

時期	イラク	格差	道路	年金	農政	北朝鮮	靖国	郵政	号数
01②		2	1	1					3
01③									3
01④		1	1						3
02①		1							3
02②			2			1		1	3
02③						1		1	3
02④						3			3
03①	9	1		1	2	2			5
03②	17					2			5
03③	7	2		3	2	1			5
03④	5	2	6	4	3				5
04①	24	3		10	7	4			6
04②	5		1	19	6	5			5
04③	5			17	5	1		1	5
04④	12			8	4	2			6
05①		1		9	2	5	1	2	5
05②	1	1		11	7		2	8	6
05③	1	3		3	4	1	1	8	6
05④		1		1	1	2		3	6
06①	1	3			3	1	1		6
06②		2			2				4
06③		3			1	1	2		3
総計	87	26	11	87	50	31	7	24	

めたのが図3である．

(i) イラク政策

03年3月に開始されたイラク戦争に対して小泉政権のとった支持や自衛隊派遣に対して，民主党は一貫して強く批判を続けてきた．記事の掲載回数および期間からもそれは窺える．他の記事に比べてもその数は多く，小泉政権の行った政策の中でも国会内でとりわけ批判・摩擦の強かったものが，イラク政策だといえる．03年衆院選での民主党の勝利は，自衛隊イラク派遣などの外交・安全保障上の課題が争点になったことが原因と言われる[3]が，以上のような民主党の強い国会論戦および有権者への呼びかけがイラク問題争点化に結実したのではないだろうか．しかし政権末期にはイラク政策を取り上げることはなくなっており，このことから国会内でイラク政策に対する関心が薄れたのか，あるいは国民世論のイラクに対する関心の薄れからイラク政策を批判することが有効でなくなったと民主党が判断したことが推測される．東大・朝日新聞共同調査分析によると，04年参院選後に調査した結果，有権者はイラク復興支援に関して自民党政権を支持する度合いが強いとされており[4]，その傾向を汲んだのかもしれない．

(ii) 対北朝鮮政策

政府の行った対北朝鮮政策および拉致問題についても一定程度継続的に取り上げられているが，しかしイラク政策や他の政策との比較から見るとその

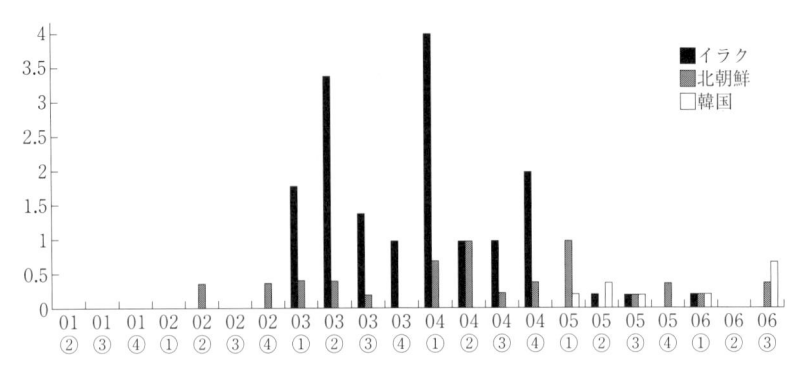

図3 対外政策記事数変更

数は決して多くない．先述の東大・朝日新聞共同調査分析によると，北朝鮮問題に関して有権者は政権をかなり高く評価しており[5]，この政策に関して政権のとった行動は野党からの批判の対象としては弱いもの，言い換えれば非の少ないものだったことが推測される．

(iii) 首相の靖国参拝

小泉首相の靖国神社参拝に対する批判記事は，期間を通してわずかなものである．靖国神社参拝によって中国・韓国との関係に軋轢を生み出したといわれ，また旧社会党系の流れも汲む民主党にとって靖国参拝は批判の対象となることが予想されたが，意外にも民主党としてはこのことをあまり重要視していなかったようである．民主党内で靖国参拝に対する一貫した批判がなかったこと，あるいは参拝批判によって有権者に対するアピールが得られないと考えたことが想像される．

(2) 「小泉改革」

小泉政権下ではさまざまな改革が謳われた．それらの国内政策に対して民主党がどのように反応したのか．ここでは年金制度改革，道路公団民営化，郵政民営化に絞って取り上げ，図4を作成した．

(i) 年金改革

もっとも記事として多く取り扱われたのは，年金に関する政策である．こ

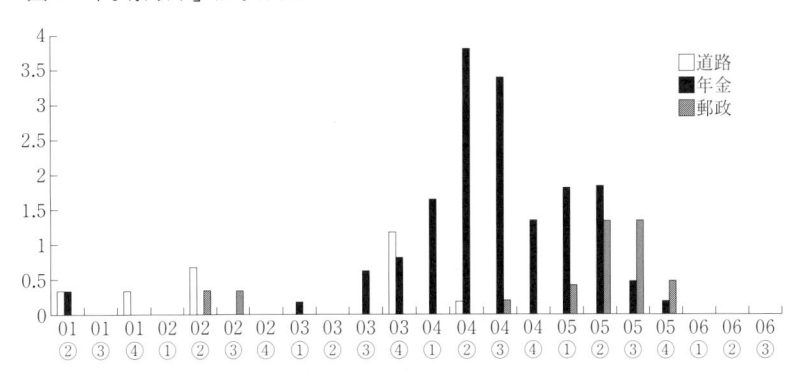

図4 「小泉改革」記事数変遷

の時期スキャンダラスな年金未納問題も起こったことにより記事が多くなっているが，未納問題の収束後も年金制度改革について継続的に批判し，その他諸改革と比べても，記事数・掲載期間が圧倒的に多くなっている．このことから政権の年金政策に対して国会内での抵抗が強かったこと，また有権者の中でも年金に対する関心が強かったと民主党が判断したことが窺える．東大・朝日新聞共同調査分析では，05年衆院選でも年金を含む社会保障制度に高い関心が集まっていたことが挙げられており[6]，そのような世論を反映した国会論戦，有権者対策を行っていたのではないだろうか．

(ii) 道路公団民営化

他方道路公団民営化に関しては，取り上げられることが極めて少なかった．その理由として，道路公団民営化に関しては自民党内の族議員の抵抗が強く，民主党機関紙記事内容からも，そのような自民党の体質に対しての批判や更なる改革を掲げるものがあり，民主党の方向性は小泉首相とさほど乖離がなかったためではないだろうか．このことから，政権は道路公団民営化に際して野党との摩擦をあまり引き起こすことなく進めることができたといえよう．

(iii) 郵政民営化

小泉首相自身がもっとも強調した郵政民営化に関しては，2005年に集中して批判記事が掲載された．2005年衆院選では小泉首相の戦略によって郵政問題が争点化したといわれているが[7]，それまでの間民主党が強く取り上げていたのは主に年金問題であり，郵政問題がいかに短期間に争点化されたかがうかがえる．また数としても年金問題ほど多い数字にはなっていない．道路公団民営化と同じく，これに関しても政権の大きな妨げになったのは自民党内族議員であり，民主党との間では実際は大きな摩擦は生じていなかったといえるのではないだろうか．竹中治堅は国会審議の過程で民主党は郵政民営化法案に対する対案を提示できなかったと書いているが[8]，そのことが機関紙での取り上げ方の消極性に現れているように見える．

(3) 「格差」，「セーフティネット」，「痛みを伴う」，「弱者切り捨て」

経済財政諮問会議を中心に新自由主義的経済政策を行った小泉政権であるが，そのなかでたびたび取り上げられたのが経済格差拡大問題である．そこで，

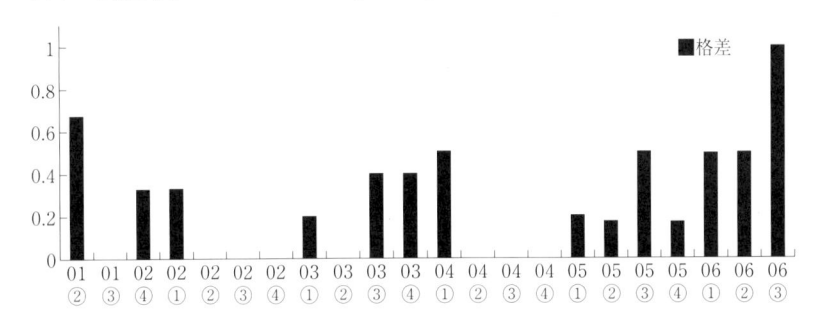

図5 「格差」「セーフティネット」「痛み」「弱者」記事数変遷

格差問題のキーワードとなる「格差」「セーフティネット」「痛み」「弱者」の語を見出しに含む記事の変遷を見たところ，やはりある程度継続的に取り上げていることが分かる（図5）．個別に見ていくと，小泉政権発足当初～中期は，「セーフティーネット」の整備を呼びかけ，また「痛みを伴う」改革を批判している．また政権末期になると，小泉改革の結果として「格差」が生じたことを訴えている．民主党に存在する旧社民勢力，大きな支持基盤である労組の影響力や，また小泉政権期に生活水準が下がったとされる有権者を想定しそれらを取り込もうとする意図がうかがえる．

(4) 民主党の農村重視政策

民主党機関紙では，以上のような政権の政策に対する記事だけでなく，自党の掲げる政策を積極的に呼びかける記事も多数掲載されている．その中でも，とりわけ農林水産業重視の政策を掲げた記事の変遷を見ると，04年ごろから頻繁に農村重視の政策を呼びかけているのがわかる．民主党は本来都市型政党といわれ，実際にも選挙戦では都市部で自民党を上回っていた．一方で，農村重視といわれた自民党であるが，小泉政権は都市型政策を行い民主党の支持基盤を切り崩してきた[9]．それを受け，民主党が支持基盤拡大を試み，農村重視の政策に力を入れていることを主張してきた様子があらわれている（図6）．

5節．結論と含意

以上民主党機関紙を通して小泉政権の行ってきた政策が，国会における最

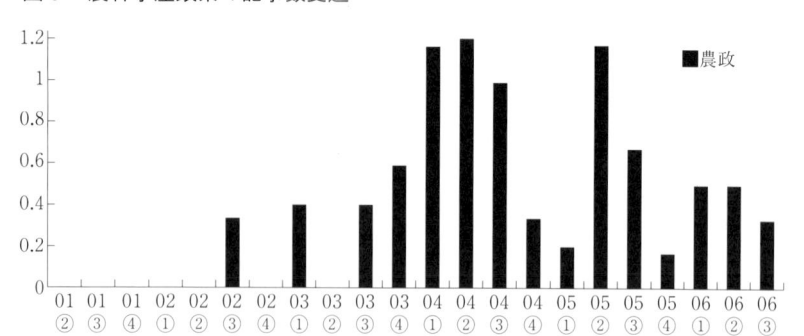

図6　農林水産政策の記事数変遷

大野党民主党にどう批判され，また支持されたのかを見てきた．機関紙には，読者が主に支持者であるという特徴もあるが，それゆえに政権の政策に対して厳しい見方を示す傾向があるため，小泉政権に対する批判を際立たせることができたのではないだろうか．

　小泉政権の各種政策の中でとりわけ強い摩擦を呼び起こしたのが，イラク政策，年金改革である．道路公団民営化や郵政民営化，北朝鮮政策に対しては特に批判が多いわけではなく，国会内での対立が少なかったことが推測される．民営化問題は日本型システムの改革であり，本来野党が呼びかける問題であったのであるが，小泉政権は「自民党をぶっ壊す」というスローガンの下で自らの政策の中心に置いた．そのことによって野党からの批判・摩擦を弱め，それが長期政権を築かせる一因となったのではないだろうか．

　民主党側から見れば，政権交代を実現する上で，明確な対立軸を作ることが出来なかったのではないだろうか．年金問題，イラクなど，政権を強く批判してきた問題が争点化した03年衆院選・04年参院選では民主党は勝つことができ，二大政党制が実現すると思われた．しかし05年衆院選では，さほど批判を行っていなかった郵政民営化問題を争点化されたことで大敗を喫したのである．今後民主党が政権をとるためには，継続的に政権の非を国会内で批判し，争点や対立軸を明確にしてそれらを有権者に呼びかけ投票に結びつけることが必要であろう．また，小泉自民党が支持を手放した農村の支持をいかに奪うかも，民主党にとって重要である．

1　蒲島・大川　2006：96．

2 蒲島 2004.
3 大嶽 2004：79.
4 菅原・谷口・蒲島 2004：235.
5 菅原・谷口・蒲島 2004：235.
6 谷口，菅原，蒲島 2005：99.
7 蒲島・菅原 2005：110.
8 竹中 2006.
9 蒲島・菅原 2005.

参考文献

大嶽秀夫（2004）「民主党は小泉を『悪役』に仕立てられるか」『諸君』2004年1月号：74-81.

蒲島郁夫（2004）『戦後政治の軌跡——自民党システムの形成と変容』岩波書店.

蒲島郁夫・大川千寿（2006）「民主党の研究——前原代表は何をすべきか」『世界』2006年4月号：92-102.

蒲島郁夫・菅原琢（2005）「2005年総選挙分析——自民党圧勝の構図 地方の刺客が呼んだ『都市の蜂起』」『中央公論』2005年11月号：108-18.

菅原琢・谷口将紀・蒲島郁夫（2004）「東大・朝日共同調査分析 自民党から『ハト』が逃げた——小泉の落日，岡田の早暁」『論座』2004年11月号：93-104.

谷口将紀・菅原琢・蒲島郁夫（2005）「東大・朝日共同調査分析 自民にスウィングした柔らかい構造改革派」『論座』2005年11月号：93-104.

竹中治堅（2006）『首相支配——日本政治の変貌』中公新書.

〈コラム〉

「勝ち組」派閥と「負け組」派閥
―― 解体か収斂か ――

白糸裕輝

　小泉政権の下で，各派閥の勢力はどのように変化したのだろうか．派閥は解体しつつあるのだろうか．

　図1は，小泉政権期の派閥勢力比の変遷をみたものである．一見して，派閥の中で「勝ち組」と「負け組」が鮮明になっていることが分かるだろう．森派・山崎派が一貫して勢力を伸ばしているのに対し，津島派・旧堀内派・伊吹派の凋落は著しい．2005年9月の衆院選で自民党の衆議院議員総数が増えたために比率では見えづらくなっているが，政権末期の森派は議員の数にして政権初期の1.5倍になっている．対照的に，津島派は比率では半減，実数では3分の2にまで減らしているのである．

図1　衆院派閥勢力比率

（01.5 I 小泉）（02.8 I 小泉m）（03.12 II 小泉）（05.2 II 小泉m）（05.10 III 小泉m）（06.1 III 小泉m）

◆津島派　□旧堀内派　◇谷垣派
○森派　＊伊吹派　▲山崎派

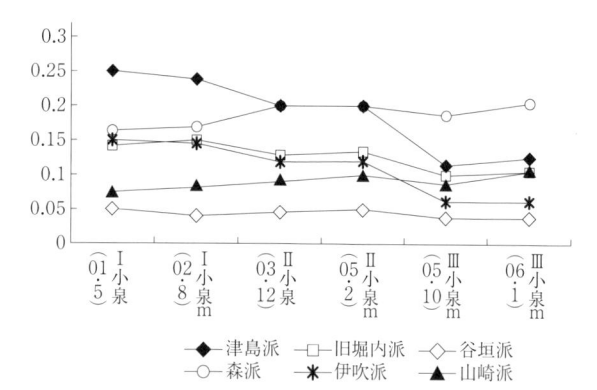

図2　新人議員の派閥加入

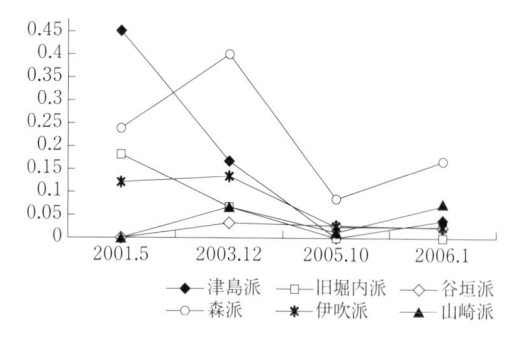

2001.5　2003.12　2005.10　2006.1

◆津島派　□旧堀内派　◇谷垣派
○森派　＊伊吹派　▲山崎派

　新人議員がどの派閥に加入しているかもみておこう．図2は，それぞれの時期における当選1回の衆議院議員（参院在職経験のある議員を除く）における派閥の勢力比を示したものである．ここでも，森派・山崎派が「勝ち組」，津島派・旧堀内派・伊吹派が「負け組」という構図は変わっていない．付言しておけば，議員の実数で見た場合，2003年12月時点での森派の新人議員は12名，2006年1月時点での森派の新人議員は14名であ

った.無派閥新人議員が大量に存在するために比率では低くなっているが,次回の衆院選結果によっては森派の比率が大きく高まることもありうる.

総裁派閥へ議員が集まる傾向が見られるという事実は,従来派閥について与えられてきた(そして,昨今の派閥の存在感の低下に対する)説明と整合的である.即ち,中選挙区制の下では自民党候補者間の選挙競争が生じたため,候補者は党よりも派閥から支援を受けて選挙を戦っていた.そして,1つの選挙区からは複数の自民党候補者が出馬するのが常であったから,自民党内で複数の派閥が鼎立したのである.しかしながら,同一政党の候補者間で競争が行われない小選挙区制の下では党の公認と支援を受けることこそが死活的に重要となる.そうなれば,党内に複数の派閥が存在する必然性はなくなるだろう.近年広く指摘されている(たとえば,竹中 2006)ように,このことの帰結として,派閥に属する議員が派閥幹部の意向に従って統一行動を取ることが少なくなり,また派閥幹部が首相に対して及ぼすことのできる影響力が低下しているという事実がもたらされている.しかしそうは言っても全ての派閥が即座に消滅するわけではなく,当面はほとんどの議員がいずれかの派閥に所属するだろう.このように,複数の派閥が存在する意味はほとんど失われている一方で派閥という存在自体はまだ残っている,というのが今日の状況だとすれば,議員が自らの所属派閥として総裁派閥を選択するのはごく自然なことのように思われる.

2つめの問いに移ろう.もし派閥が本当に解体しつつあるとすれば,派閥に所属しない議員の割合が増えると予想される.派閥の解体は,個々の議員にとって派閥に属する誘因が弱まっていることを意味するはずだからである.逆に,派閥に属することが議員にとって依然として魅力的であるならば,派閥が解体しつつあるとは言えないだろう.

図3は,図1と同じ時点において無派閥議員が全体に占める割合を示したものである.これを見ると,2005年9月の衆院選で極端に増加するまで無派閥議員の割合は増えていなかったことが分かる.さらに,2005年の衆院選から時間が経つにつれて無派閥議員の割合は低下している.この事実は,2005年9月の衆院選が特殊な例外であって,無派閥議員がいずれ従来と同程度の水準に落ち着くことを示唆しているのかもしれない.そうであるとすれば,派閥が解体しつつあるという見解を支持することはできないだろう.

他方,新人議員のみのデータはやや異なる傾向を示している.図4を見ると,小泉政権が発足した当初は新人の無派閥議員が1人もいなかったことが見て取れる.ところが,

図3 衆院無派閥議員の割合

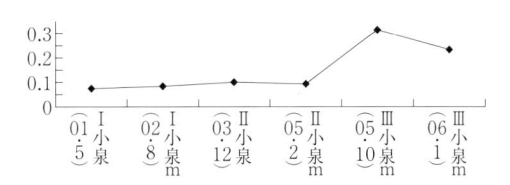

図4　新人議員に占める無派閥の割合

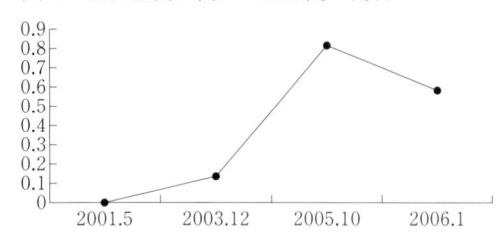

小泉政権の下での最初の衆院選（2003年）の後には無派閥の新人議員が僅かではあるが出現し（そのうち3名が次の衆院選まで無派閥のままだった），周知の通り2005年の衆院選では無派閥の新人議員が大量に当選した．無派閥新人議員の増加が傾向として定着しつつあるとすれば，それは長期的には派閥が解体しつつあることの前兆なのかもしれない．

参考文献

竹中治堅．2006．『首相支配——日本政治の変貌』中公新書．

〈コラム〉

機関紙『自由民主』の見出しによる傾向分析

松田愛子

(1) 分析方法

　まず,『自由民主』の表面・裏面の見出しを小泉政権発足の2001年4月から安倍政権に交代するまでの2006年9月までを集めた．表面・裏面に限定したのは，機関紙に載っている記事を全て集めると膨大な数になること，地方版の記事が含まれていることもあるのでそれまで含めると全ての収集が困難であること，その機関紙内で最も重要な記事は表面に，そして裏面に集中するであろうことを考えてである[1]．また分析を加えるに当たっては恣意的になってしまう恐れがあるため記事内容に踏み込むことを避け，見出しから読みとれることのみに限定した．

　記事のカテゴリ分けに関しては,『自由民主』平成16年7月6日の12面にある「小泉改革3年間の成果」という記事を参考にした[2]．これはそれぞれの政策・成果をカテゴライズしたものであり，これに従うことで自民党の姿勢に忠実に分けることが可能であると考えたためである．以下にそれぞれのカテゴリの例を挙げておく．

行財政改革：
　　規制改革，郵政事業改革，特殊法人改革，道路関係四公団改革，三位一体の改革，構造改革特区，地域再生プログラム，国立大学・国立病院を法人化，司法制度改革など

外交・国際貢献：
　　イラク人道復興支援，北朝鮮問題，ODA，テロ対策特措法に基づく協力活動支援など

起業支援・雇用確保：
　　最低資本金規制特例，ベンチャー支援税制拡充，530万人雇用創出プログラム，ホームレス自立支援，中高年の再就職支援，障害者の雇用機会拡大など

安全・安心の国づくり：
　　警察官の増員，ハイテク犯罪への対処，安心の住まいづくり支援，食品安全，地震防災，被災者生活債権支援制度など

教育・環境：
　　強い人間力を持った子ども達の育成，大学の国際競争力強化，食育基本法，環境と経済の両立など

IT・科学技術：

IT化の進展，e-Japan戦略，バイオマス，イネゲノムの技術開発など
経済・金融システム：
　税制改正，主要銀行の不良債権比較，基礎的財政収支，地域再生推進のためのプログラム決定，経済連携協定（EPA）の締結など
産業再生：
　産業再生機構設置，中小企業再生紙延享議会，破産法・民事再生法の改正，知的財産関係，観光立国など
社会保障制度改革：
　年金改革，障害者基本法改正など

これに加え，選挙，改憲，党関連というカテゴリを追加した．選挙関係は記事の中にもちろんそれぞれのジャンルに入るような政策の主張が書かれているのだが，記事の性質としては選挙の宣伝に主眼があると考えられるため，選挙というカテゴリに含めた．改憲はしばしば見出しに用語がでており，それぞれのカテゴリに無理に含めるよりは改憲という1つのテーマとして独立させた方が良いと思われた．党関連は主に党の募金活動や講演会の記事をここに含めている[3]．また，複数のカテゴリにまたがるような記事は無理に分けずに（空白）にしてある[4]．

(2) 機関紙の記事の傾向

図1　『自由民主』の記事の傾向

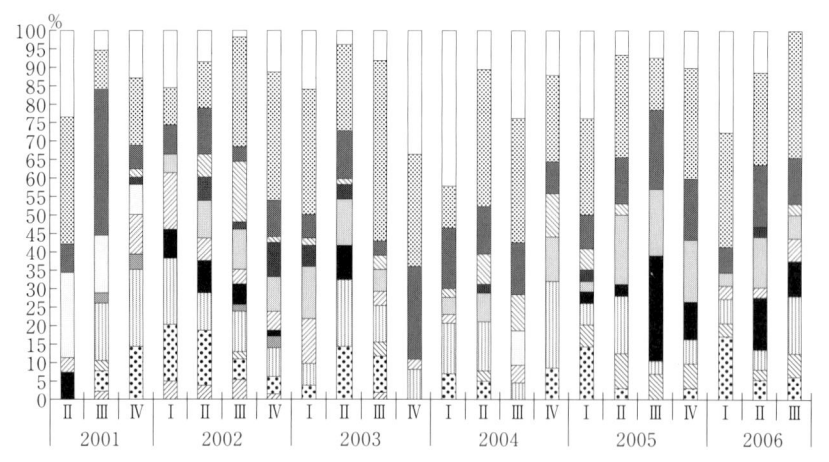

まずはそれぞれのカテゴリの割合がどのように推移しているかをグラフにしてみた．ローマ数字は1年を3カ月ごとに4期に分けたものである[5]．

特徴的な部分からみていく．

安全・安心の国づくりに関しては，平成14年のⅠ期（以下 H14－Ⅰと表記），H15－Ⅱ，H17－Ⅰ，H18－Ⅰに山が見られる．このカテゴリは一貫してある程度食の安全に関係した記事が多いのだが，それぞれの山ではその時期に特に話題となった狂牛病，有事法案・個人情報関連法案，凶悪犯罪（愛知の乳児殺害事件を受けて），耐震偽装問題が加わっている．

外交・国際貢献に関しては(3)で詳しく分析する．

教育・環境でH17－Ⅲが極端に多いのはこの時期「食べる・育てる日本の心」という特集が組まれており，食育に関する内容であったためである．また平成18年に割合がやや高いのは主にクールビズなどの環境系の話題が中心であったためである．

図2　「安全・安心の国づくり」

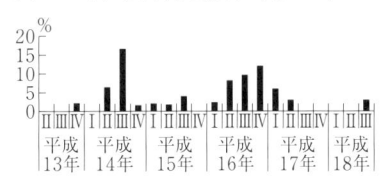

図3　「教育・環境」

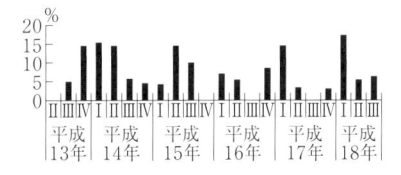

図4　「経済・金融システム」

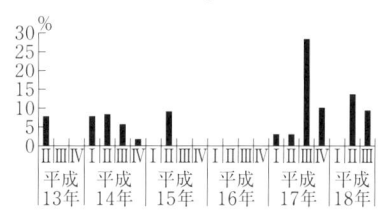

図5　「行財政改革」

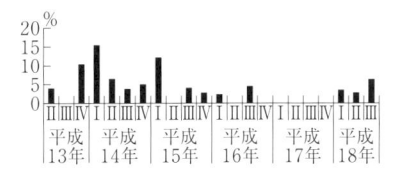

図6　「社会保障制度改革」

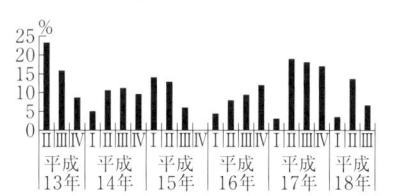

図7　「選挙」

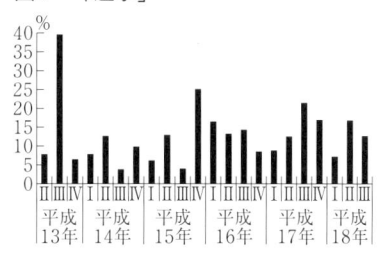

経済・金融システムの記事が平成13年〜15年に偏っているのは，記事の内容がデフレに関するものであり，この後景気が回復したと自民党が判断したためであろう．これと同様に産業再生も前半にしかほとんど表れないが，やはり内容は中小企業再生によるデフレ脱却についての記事である．

行財政改革はこのカテゴリに含まれるものが多いので記事の割合も高くなっているが，その内容が大きく異なる．平成15年までは構造改革特区，三位一体改革が中心であり，後者に関しては特集も組まれている．だが平成17年に入ってからの内容はほとんどが郵政民営化に関する記事ばかりであった．選挙で野党との間の争点になったためとも考えられるが，それに加えて党内でも反対する者がでてきたため，党としての意見をまとめようとしたという面もあったのではないだろうか．

社会保障制度改革はH14-Ⅲが目立っているが，これは「明日の医療制度」という特集が組まれていたためである．また，平成16年の山は「社会保障を考える」という特集であった．

選挙の割合の波は選挙の時期とほぼ一致している．

また党関連の記事は一貫してある程度の数があった．毎年ある程度の講演会やレセプションが行われ，記事に書かれているためである．

(3) 外交姿勢

ここで先ほど省いた外交・国際貢献を細かく見ていく．次のグラフは，見出しから読みとれた国名に従って記事を分けたものである[6]．

注目すべきは近年問題となっているイラクと北朝鮮であろう．イラクに関しては，平成13年は同時多発テロの記事，および平成15年以降は復興支援についての記事である．北朝鮮は平成14年に国交正常化交渉と首脳会談，また平成16年は訪朝，そして特定船舶入港禁止法案についてであるが，全体を通して多いのが拉致問題に関するものであった．

逆に他の国に関してはこれといった特徴が見当たらない．政府はどこの国とも関係を保つ重要な役割があり，大きな問題がない国に対しては差がないのであろう．公明党が対中国を意識しており記事の割合が高いのに比べて，自民党は与党として対象国が偏っていないことが窺える[7]．

だとすると，特に記事の多いイラクと北朝鮮は国民の意識と同じく政府にとって特に重要とされる外交問題であると言える．

以上の(1)から(3)までのことから『自由民主』を概観すると，機関紙といえども自民党は時期ごとに世の中で特に話題となった重要な論点を取りあげ，世相を反映していると考えられる．

しかし本当にそういえるのだろうか．カテゴリとしては以上の各分析から情勢を反映して変動しているように見えるが，カテゴリではなく個々のテーマにターゲッ

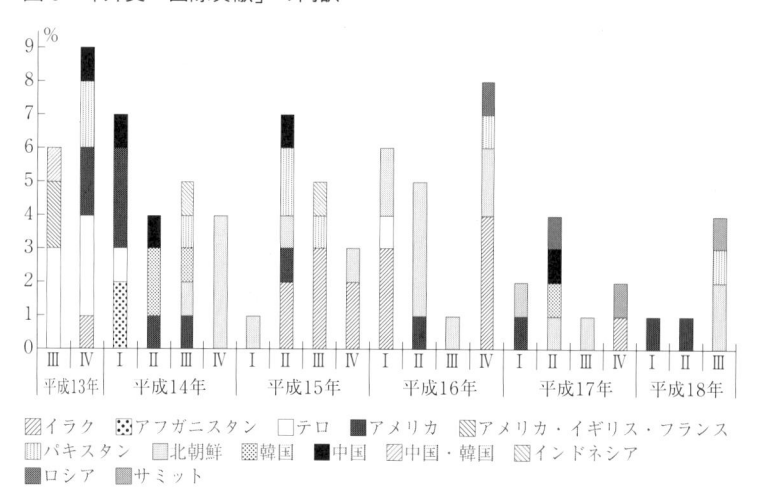

図8 「外交・国際貢献」の内訳

```
凡例:
▨ イラク    ▦ アフガニスタン    □ テロ    ■ アメリカ    ▧ アメリカ・イギリス・フランス
▥ パキスタン    ▤ 北朝鮮    ▩ 韓国    ■ 中国    ▨ 中国・韓国    ▧ インドネシア
■ ロシア    ▤ サミット
```

トを絞ったとき，マスコミで取りあげられる頻度が高く重要であると思われていたものは機関紙の中で同様に記事が頻出しているのだろうか．国民の関心はマスコミの取りあげ方に顕著に表れるが，それと機関紙での取りあげ方を比べることで国民と自民党との関心の違いを見ることができると考えられる．

次にマスコミにしばしば取りあげられていた重要なトピックに的を絞って考察してみたい．

(4) 重要政策に関して

表1を見て欲しい．これは見出しに出てくるキーワードの数をカウントしてまとめたものである．大見出し，小見出しで両方とも使われている場合はまとめて1件とした[8]．

「イラク」という単語の回数である．主に記事になっている時期が民主党と同じ時期であり，激しく議論になったことが窺える．これはマスコミでもしばしば取りあげられた論点であり，ここでの国民との意識の差はないと思われる．

次に「年金」である．これは国民の生活に密接に結びついているためマスコミでも頻繁に取りあげられ，各テレビ局のニュースの視聴率から考えても，国民の間での重要度は高いと思われる．しかし『自由民主』ではほとんどと言っていいほど取りあげられていない．これは民主党の記事数と比べても顕著である．自民党はこの改革を他に比べて重視していなかった，あるいは機関紙の役割を党内での情報伝達と党としての意見統一にあるとするならば，党内で意見の対立がなかったために表

表1 キーワード検索の件数

年度	期	総数	イラク	年金	郵政
H13(2001)	II	26	0	0	0
	III	34	0	1	0
	IV	45	0	0	0
H14(2002)	I	38	0	0	0
	II	45	0	0	0
	III	43	1	1	0
	IV	45	1	0	0
H15(2003)	I	38	2	0	0
	II	42	2	0	1
	III	40	3	0	0
	IV	33	2	0	0
H16(2004)	I	35	3	1	1
	II	26	2	3	4
	III	21	0	1	9
	IV	33	3	0	3
H17(2005)	I	34	0	0	0
	II	31	0	1	0
	III	28	0	0	0
	IV	30	1	0	0
H18(2006)	I	28	0	0	0
	II	36	0	0	0
	III	32	0	1	0

面・裏面に持ってくる必要性を感じなかったのだという可能性も考えられるだろう．

次に「郵政民営化」であるが，これが国民にもっとも注目されたきっかけとなったのは2005年9月11日の衆議院選挙であろう．"郵政選挙"と呼ばれるほど郵政民営化が選挙の争点となり，造反議員や刺客議員が新聞やニュースで多く取りあげられた．マスコミへの登場頻度と国民の関心度が一致すると考えるならば，『自由民主』で取りあげられた回数のピークとほぼ1年のずれがあることになる．衆議院選挙では造反議員の登場で自民党内が分裂しているような印象があったが，実際は党内での意見統一の動きは1年以上前から行われており，選挙の時点ではある程度賛成派と反対派の構図が固まっていたのではないだろうか．選挙時に自民党内での郵政民営化の議論が下火になっている一方で小泉氏がそれを選挙の論点の中心に据えたとなれば，郵政民営化を当初から強く唱えていた小泉氏のイメージと自民党との温度差が感じられる．

---

1 表面と裏面見開きで1つの記事になっている場合は記事数が1つとカウントした．
2 基準となるこの記事がやや古いという嫌いはあるが，中心的な政策に関しては新しく付け加わったもの，大きく変更されたものが無かった点を考えてこの記事を用いることにした．
3 平成14年6月18日から平成15年10月21日の『自由民主』の1面には「新時代を担う」という特集の見出しのみが載っている．これは議員個人に注目したものであり具体的な内容は見出しに書かれていないため，政策関係のカテゴリに分けることはできなかった．議員の紹介のような色彩が濃いことから党関連に含めている．他の類似した見出しも同様に処理した．
4 この分析では対象を見出しに限っているため，内容まで踏み込むことを避けた．仮に内容まで考慮した場合，どの程度まで言及していればそれぞれカウントするのかが曖昧になるのを防ぐためである．また，抽象的な論を展開しているものはそもそも分けることが困難であるためでもある．
5 I：1〜3月，II：4〜6月，III：7〜9月，IV：10〜12月とする．

6 このグラフは全体に対するパーセンテージではなく記事の件数で行った．割合で考えればあまりにも値が小さくなり差が出ないと考えたからである．ここでは個数をカウントすることで，単純にどれだけの回数とりあげたのか，ということを問題にした．
7 公明党の外交姿勢に関しては田付のコラム p. 191-192を参照．
8 勝本の論文（p. 161以下）にも同様のキーワードで民主党を分析したものがある．そちらも参照いただきたい．

〈コラム〉

『自由民主』に登場する人名の傾向から見る派閥の勢力図

松田愛子

　機関紙『自由民主』を読んでいるうちに，インタビュー記事が一般の新聞に比べ多く登場しているという印象を受けた．またインタビュー記事ではなくとも，ある特定の人物に焦点をあてた記事が多い．

　表1は『自由民主』における記事数と登場人名数を表にしたものである．ここでの記事数とは大見出しを基準にカウントしてあり，一方で登場人名数は小見出し・名前のみの大文字などもカウントしているため極端に人名登場の割合が高いように思われるだろうが[1]，限られた記事数の中でこれだけの人名が含まれていることに注目していただきたい．

表1　『自由民主』の記事数と見出しに登場する人名数

年	記事数集計	登場人名数総計
平成13年	104	90
平成14年	189	165
平成15年	170	142
平成16年	108	110
平成17年	109	81
平成18年	87	61
総計	767	649

　それではここに登場する人にはどのような傾向があるのだろうか．それを調べるために，『自由民主』の表面・裏面に登場する人名を集め[2]，それを派閥ごとに分類し[3]登場回数をグラフ化した．

　まず単純に数をグラフにしたのが図1である．平成14年に頂点を持つ山の形を描いているが，これはそもそも記事の総数が同様の山形を描いており，それに従って変化したものだと思われる．

図1　『自由民主』の見出しに登場する人名の派閥（数）

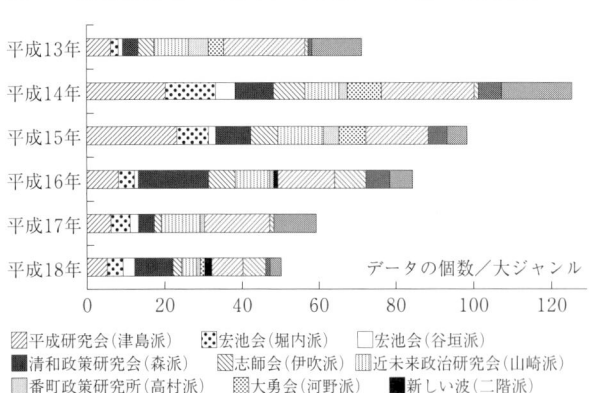

凡例：
- 平成研究会(津島派)
- 宏池会(堀内派)
- 宏池会(谷垣派)
- 清和政策研究会(森派)
- 志師会(伊吹派)
- 近未来政治研究会(山崎派)
- 番町政策研究所(高村派)
- 大勇会(河野派)
- 新しい波(二階派)
- 無派閥
- 非議員
- 知事・市長
- 党外

　それでは各年における割合を図2で見ていこう．

　清和政策研究会からは平成16年に安倍晋三が頻出していた．しかし平成17年には派閥そのものの割合は減っており，平成18

〈コラム〉 183

年で持ち直してはいるが取りあげられる人にばらつきが見られる.平成18年9月に総裁に選出されたことを考えるともう少し直前で取りあげられてもいいのではないかと考えられるが,その時の総裁選で争った麻生太郎,谷垣禎一の両者も同様に総裁選の記事以外ではほとんど名前が出てきていないため,総裁選へ向けて『自由民主』誌上で水面下の争いが行われていたというわけではなさそうである.

図2 『自由民主』の見出しに登場する人名の派閥(割合)

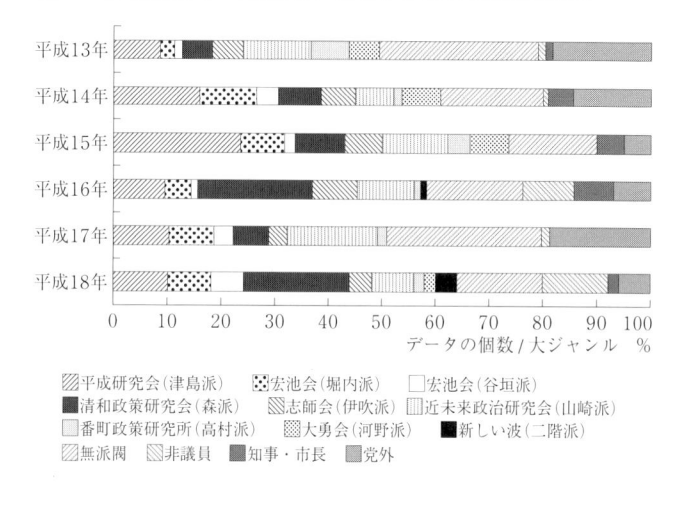

凡例:
- 平成研究会(津島派)
- 宏池会(堀内派)
- 宏池会(谷垣派)
- 清和政策研究会(森派)
- 志帥会(伊吹派)
- 近未来政治研究会(山崎派)
- 番町政策研究所(高村派)
- 大勇会(河野派)
- 新しい波(二階派)
- 無派閥
- 非議員
- 知事・市長
- 党外

近未来政治研究会については,平成15年まで山崎拓が幹事長としてしばしば取りあげられていたが,平成15年と16年を境に武部勤が彼に代わってかなりの頻度で登場している[4].平成16年9月27日に武部が自民党幹事長として抜擢されたことは「サプライズ人事」と呼ばれ流行語大賞にも選ばれたほどだが,『自由民主』を読む限りでもそれ以降に登場が偏っており党内でも「サプライズ」であったのではないかと推察される.また,逆に言えば近未来政治研究会に属する人物が取りあげられるのはほとんどが幹事長であり,他の役職での党内における影響力はさほど大きくないのではないだろうか.

それに対して平成研究会の内訳はほとんど特定の個人というものが現れない.うまくさまざまな役職からテーマにあわせてピックアップされており,若手も積極的に記事に出てきている.派閥の姿勢が近未来政治研究会とは根本的に違うのではないかということが窺える.

無派閥の割合が大きいのは,ひとえに小泉純一郎がここにカテゴライズされるからである.無派閥の記事の大半が小泉純一郎がらみであり,総裁・首相という立場からすれば頻出するのは当然だろう.平成17年には秋葉賢也が宮城2区の補選の候補として数回記事に取りあげられるなど,その他の年度でも様々な人が出てきているため,それを除いて考えると平成14年を境に急激に回数が減っている.ただし割

合から見れば決して極端に減っているわけではないため，最後まである程度のカリスマ性を持っていたと見ることができるだろう．

さて本題の派閥の勢力図についてであるが，グラフはある派閥が突然伸びたりして変化が大きいように一見思えるが，他の派閥と割合における順位が逆転することはない．これは単純に派閥に属する人数が直接的に関わってくるであろうが，この『自由民主』に見られる勢力比は本書付属の自民党議員個人データと比較するとほぼ一致している．党の機関紙として特にどの派閥にも偏ることはなく，中立な立場を取っていることを示している．これは党首である小泉が無派閥であることにも関係していると考えられる．小泉は既存の権力を壊すことを訴えていたが，この『自由民主』を見ると従来の勢力図を塗り替えることなく，その上にうまく乗ったのだと捉えられるだろう．また，勢力の拡大・縮小などの変化も前述のデータと『自由民主』の傾向は一致しており，ある程度長期的なサンプルを取ることで派閥の性格も合わせて知ることができるようだ．

---

1 記事数を大見出しに限っているのは，内容的に1つの記事の中にキーワードとしての小見出しが複数出てくる場合があるためである．また対談のような記事の中では小見出しとして人名が複数出現するため，そのような場合に一方のみを取りあげるのではなく差別化せずに全ての人名をカウントしたため基準が小見出しとなっている．大見出しに登場する人名に限って数えることも可能であったが，基本的に小見出しに人名が登場することが多く分析するほどの数が集まらないためにこの方法は採らなかった．

2 名字のみの場合も名前が登場したものとして数えた．ただし「小泉改革」のような特定の個人を指していると思われない場合はカウントしていない．

3 派閥を特定するにあたって，本書付属の自民党議員個人データを参照した．大学教授，ジャーナリストなどの民間の人物は「党外」として1つのカテゴリを作った．また自民党内で役職についていても議員でない人物は「非議員」とした．知事・市長は公認であっても派閥には属さないためそれのみのカテゴリを作っている．ここで派閥による分類を行ったのは，小泉純一郎本人が無派閥でありどのように派閥のバランスをとりながら自民党を率いたのかを見るためであり，役職ごとに分類するよりも彼のバランスの取り方が如実に表れるであろうと考えたためである．

4 平成15年9月の総裁選のときに山崎拓は幹事長を更迭されている．その記事そのものは表面・裏面では取りあげられていないが，この突然な転換はそのためであると思われる．

〈コラム〉

機関紙『自由民主』における小泉と安倍

伊東俊平

(1) 仮説

『自由民主』を調べるにあたり，まず「支持率が高いときは意図的に1面に小泉の写真を持ってくるのではないか」という仮説を考えた．小泉の風貌には見た目のインパクトがあり，彼のファンをターゲットとして写真を掲載するのは，支持を広げる上で有効な手段と思えたからだ．また，上の仮説と表裏一体になるが，「支持率が低いときは小泉の写真をあえて掲載しないのではないか」ということも予想した．

(2) 分析方法

『自由民主』は大抵一面に何らかの写真が掲載されている．政権存続期間を3カ月ずつに分け，「その間の1面の写真での首相の登場回数」を「その間の機関紙の発行回数」で割ったものを首相登場率とし，支持率1との連関を調べた．また小泉政権の特徴を浮き彫りにするため，小渕・森政権についても同じ分析をした．詳しいルールは以下の通りである（図1，図2）．

(i) 原則として一番大きな写真のみを対象とする．
(ii) 同程度の大きさの写真が複数枚あった時は全て対象とする．
(iii) 写真内に複数の人物が写っている場合は添えてある文章を参照する．例えば「沿道の有権者に手を振る小泉総理」と添えてあれば小泉の写真として数える．

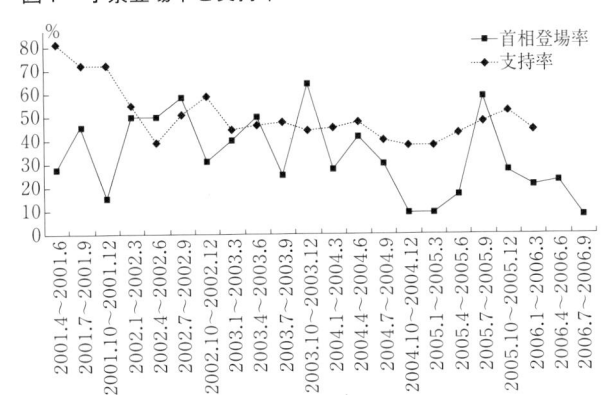

図1　小泉登場率と支持率

(3) 分析結果

3つの政権について調査し，取ったデータをグラフ化してそれぞれ分析したところ，い

図2　首相登場率と支持率

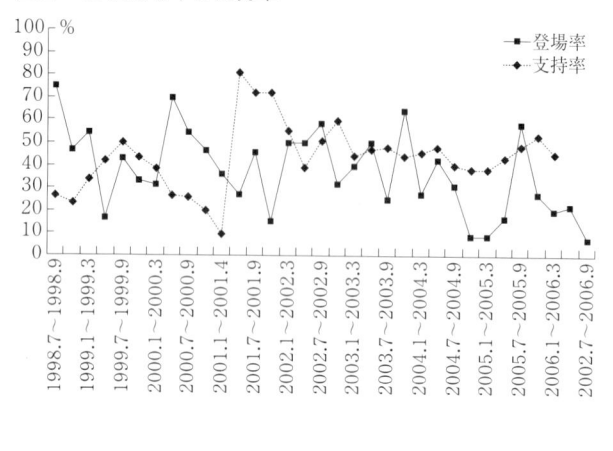

くつか興味深い結果が出た.
(i) 小泉の写真登場率と支持率は関係していない.

小泉の政権期間中における登場率と支持率との相関係数を3カ月ごとに取ってみたところ，0.012215と非常に小さい数字を得た．なぜこのような数字が出たのであろうか．

理由の1つとして，そもそも小泉政権が『自由民主』を通じて有権者に働きかけようとは考えていなかったから，ということがまず考えられる．『自由民主』は国民一般というよりは党員向けの機関紙なので，テレビや新聞といった媒体ほどには広報効果が望めず，小泉を登場させようとする意欲が低かったのかもしれない．

上記の理由に加えてさらに考えられるのは，圧倒的な人気を誇り，高い支持率を維持していた小泉政権が，自分たちのホームとも言える自民党機関紙までメディア戦略を行う必要性を感じなかったのかもしれないということである．

ただし誰をトップ写真に持ってくるか，という人選の面では何かしら意図があったように思える．小泉が国民に圧倒的な人気を誇っていた政権発足直後，熱の冷めないうちに一面に小泉の記事や単独写真ばかり載せたり，拉致問題が熱く議論されていた頃に安倍がよく登場したりしたのはその好例である．『自由民主』の紙面作りは自民党広報局が行っているので，小泉周辺の意見がそのまま『自由民主』に反映されたかは定かでないが，広報局が人気キャラクターであった小泉をうまく利用して支持を広げようとしたのかもしれない．

ちなみに森政権時代の登場率と支持率の相関係数は，0.883016と非常に高い数値を記録した．今回のように政権存続期間を3カ月ごとに分けた時，森の在任期間は4つにしか分けられないため，極端な数値が出やすくはある．しかし支持率の急落に焦り，党があからさまに森を一面に出すのを避けたかのようにも感じられる．

さらに小渕政権での相関係数は−0.59672となった．ここまで負の数値が大きくなると，支持率が高い時には小渕の写真を出さず，低い時に小渕の写真を掲載していたということなので，この時期の党は特に一面の写真に気を遣ってはいなかった

のかもしれないと考えられる．しかし，支持率が低いときに小渕の顔写真を出すことで回復を図ろうとしていたと考えることも出来るので，どちらだったのかは推測の域を出ない．

(ⅱ) 小泉政権では首相が一人で写った写真が多い．

図3 小泉単独登場率と支持率

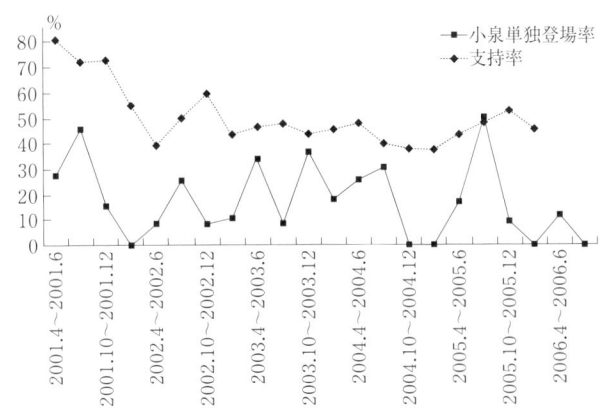

小泉政権では首相が単独で一面の写真に写っている割合が他の政権より高い．首相が単独で登場するということは，会議や首脳会談，委員会といった会合についての記事ではなく，あくまで首相自身がクローズアップされた記事ということなので，広報局が意識的にそうした写真を載せていたと考えられる．

また，図4を見ると分かるが，小渕・森政権が末期になるにつれて単独登場回数が減っていったのに比べ，小泉政権では5年半という長期に渡りながらも断続的に単独登場し続けている．森・小渕政権時代は時と共に首相の求心力が弱まり，単独での写真を載せるのがためらわれたのに対し，小泉政権時代には小泉の人気は平均的に高いものだったので，比較的載せやすかったと言えそうである．

図4 単独登場率と支持率

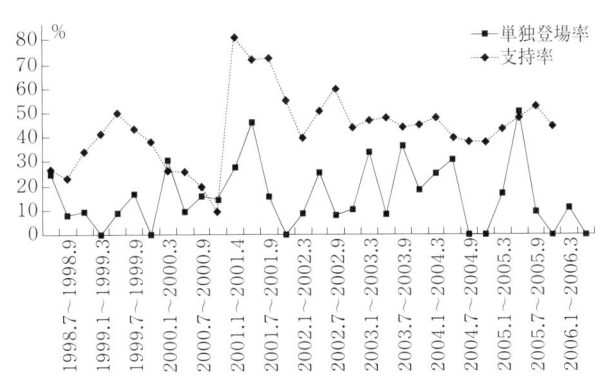

(ⅲ) 安倍の登場率は支持率に相関していない．

小泉の後を継いで総理大臣になった安倍は，小泉政権時代は内閣官房長官などの主要ポ

図5　安倍登場率と支持率

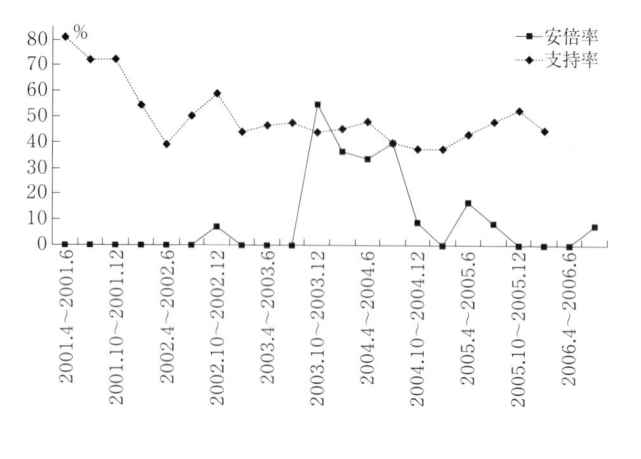

ストに就いていたが，彼の登場率はどうだったのだろうか．

安倍の登場率と小泉政権の支持率との相関係数は－0.32225となった．この数値を見ると安倍の登場率は支持率に対してマイナスの相関を持っているが，これはあくまで小泉政権の存続期間全体で相関を取ったからこそとも言える．図5を見ると安倍は小泉の北朝鮮訪問の際に非常に多く登場している．この時期小泉の支持率と共に，国民の間で安倍の人気も高まったことを考えると，自民党広報局はこの時期に，意図的に一面に安倍の写真を載せていた可能性も考えられる．

1　朝日新聞・鯨岡記者に頂いたデータを使用．

〈コラム〉

『自由民主』一面の批判的記事

伊東俊平

　ここで言う批判記事というのは，一面の大半を割いて民主党やその他野党への批判をしている記事のことである．見出し文字のフォントが大きく，写真もあまりイメージの良くないものが大きく使われている．このような批判記事は，上に挙げた三政権の存続期間で平均すると3カ月に1回あるかないかというものだが，小渕・森政権では政権末期の3カ月に固めて6，7回と批判記事を出していた．「政権末期になり支持率が下がってくると，野党の批判をすることで国民の目をそらす」という手法を従来の自民党が採っていたのではないかという推測を容易に立てることが出来る．政策論議が行き詰まってくると致し方ないものなのかもしれない．

　しかし小泉政権では，批判記事はかなり少なくなっている．なぜだろうか．

　1つにはそうした必要性がなかったからだと考えられる．小泉政権の支持率は低くても40%をキープしており，あえて野党の批判をするよりも自らの政策を打ち出す方が効果が高い，と党側が踏んだのかもしれない．もう1つの理由として，小泉の熱くクリーンなイメージを壊したくなかったのではないかと思われる．たとえ的を射た批判であっても，国民は激しい論調には良くないイメージを持ってしまう．

図1　批判率と支持率

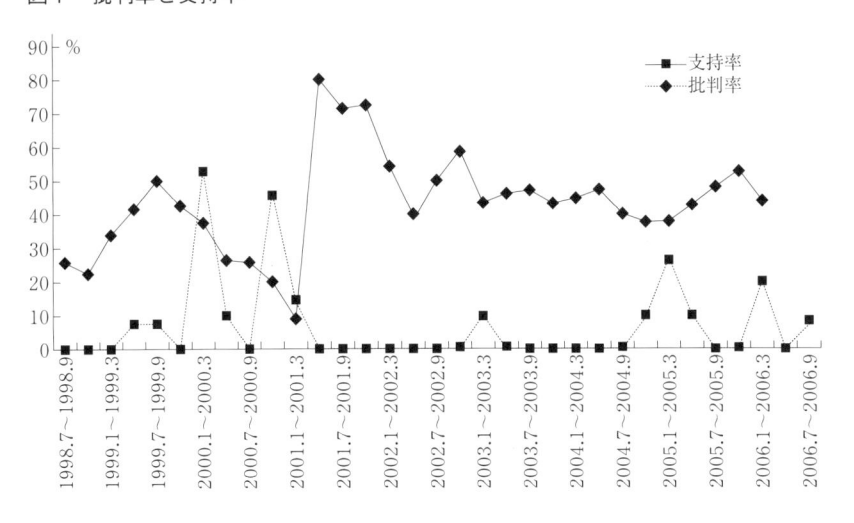

改革を推し進めるリーダーとして,いちいち野党の政策の矛盾を突くのではなく,悠然と理想を追う姿を国民に見せたかったのではないだろうか.

〈コラム〉

公明党の対米・対中外交政策

田付信一

　小泉政権は外交政策において全体的にアメリカ重視・中国軽視の姿勢をとってきた．アメリカとは，イラク戦争に協力するなど日米同盟を強化する一方で，中国とは，小泉首相の靖国参拝問題などをめぐって関係は悪化した．
　一方，同じ与党の公明党は米中に対してどのような姿勢をとっていたのだろうか．分析するにあたって公明党が週1回配信しているメールマガジンに掲載されている『公明ニュース』の記事を用いた．『公明ニュース』は公明党の機関紙『公明新聞』の主要な記事を抜粋したものであるため，公明党が特に強調している記事が掲載されていると推定できる．分析に使用するメールマガジンの記事は小泉内閣成立後の2001年4月27日号〜2005年12月23日号までである．

　図1は『公明ニュース』掲載の全記事に占める米中に関する記事の割合を示したものである．中国に関する記事は，2001, 2003, 2004年は0.52%, 0.90%, 1.25%と低い値を示しているが，2002, 2005は4.50%, 3.92%と高い値を示している．記事の内容も，「日中友好の絆を万代に／日中国交回復30周年で公明党がアピール（2002年10月4日号）」，「日中の相互理解をさらに／関係改善へ対話，交流を／専門家招き意見交換　党『現代中国研究会』が会合（2005年2月18日号）」など日中の友好・交流を訴える記事が中心となっている．
　一方，アメリカに関する記事は，2001年に1.74%とやや高い値を示しているが，2002年以降は0.32%, 0.63%, 1.35%, 1.31%と低い値を示している．
　両者を比較すると，2001年はアメリカが多いが，2002年，2005年は圧倒的に中国が多く，2003年・2004年はほぼ同じという結果であった（表1）．2001年にアメリカに関する記事が多かったのは，同時多発テロが起こったことのほか，アメリカの京都議定書脱退や

図1　米中に関する記事

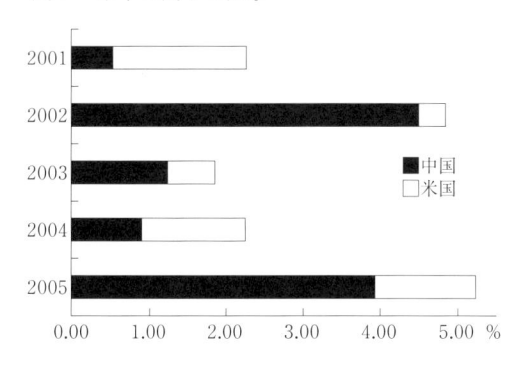

表1 諸外国の記事数

年	中国	韓国	北朝鮮	アジア	米国	イラク	その他	他記事
2001	3	0	2	12	10	0	3	546
2002	28	3	7	13	2	2	10	557
2003	2	1	2	2	1	11	0	141
2004	2	2	3	8	3	19	0	185
2005	12	2	2	8	4	4	7	267
総計	47	8	16	43	20	36	20	1,696

米兵の女性暴行事件に対する批判的な記事がいくつか存在したためと考えられる．なお，中国に関する批判記事は1件も存在しなかった．記事全体では中国に関する記事が47件，アメリカに関する記事が20件という結果であった．

以上のことから，小泉政権がアメリカ重視・中国軽視の外交をとっていた中，公明党はアメリカより中国重視の姿勢をとっていたと推測される．

〈コラム〉

公明党の自民党批判

田付信一

　公明党は自民党と連立政権を組んでいるが，政策・理念において自民党と異なるものも少なくない．憲法改正，教育基本法改正，靖国神社参拝などはその主たるものであるといわれている．こうした政策・理念の違いが自民党への批判という形でどの程度表れているのだろうか．分析にあたっては公明党が週1回配信しているメールマガジン2001年4月27日号～2005年12月23日号までに掲載されている『公明ニュース』の記事を用いた．

　まずは野党への批判記事と比較するため，政党に対する批判記事のうち，自民党への批判記事が占める割合を調べてみた．なお，見出し自体が明らかな批判となっているもののみを批判記事としてカウントした．各政党に対する批判記事の割合は図1のようになった．

　批判記事の内最も多かったのは民主党批判の49件で，野党全体に対する批判の13件と合わせて全体の50.82％と半分を占めた．批判の内容は，例えば「追加マニフェスト　民主の年金案は欠陥品/給付，負担の根拠が不明確/なぜか『公明プラン』と同じ数字に/神崎代表が批判」(2003年11月2日号) など政策に対する批判が20件と最も多く，審議拒否など国会運営に対する批判が14件，国会での発言に対する批判が11件と続いた．次いで多かったのは自民党批判の31件で，連立与党にも拘わらず26.19％と高い数字がでた．3番目に多かったのは共産党批判の25件で「編集メモ/目的のためなら手段選ばず　目立つ『赤旗』の悪質報道」(2001年5月25日号) など共産党組織自体に対する批判が中心であった．

　次に自民党批判記事の内容を見ていくことにする．図2は自民党批判記事の内訳

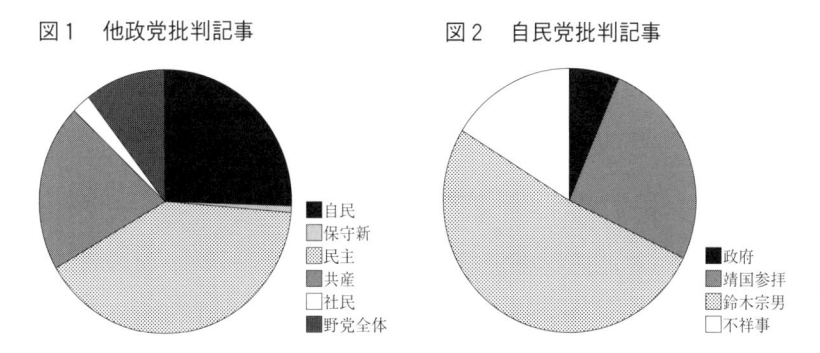

図1　他政党批判記事　　　図2　自民党批判記事

自民／保守新／民主／共産／社民／野党全体

政府／靖国参拝／鈴木宗男／不祥事

を表したものである．批判の内訳は，最も多いものが2002年3月に発覚した鈴木宗男議員の不祥事に対する批判で16件と最も多かった．ほかの不祥事とあわせて，不祥事に関する記事が63.64％と半分以上を占めていることが分かる．不祥事に関する記事は議員個人を批判するものだけでなく「まず自民が究明を／鈴木氏の疑惑で冬柴幹事長　党政倫審見て対応／野党は辞職勧告案提出」(2002年3月15日号)のように自民党そのものを批判したものもいくらかあった．次いで多いのは「アジア諸国の国民感情に配慮を　代議士会で冬柴幹事長／靖国問題　公明党の姿勢は一貫」(2005年5月27日号) など小泉首相の靖国参拝に対する批判で8件だった．首相・政府に対する靖国以外の批判は全部で2件と少ないことを考えると，靖国参拝に対する8件は比較的大きな値であるといえる．なお，憲法改正，教育基本法改正などに関する批判は1件も存在しなかった(表1，表2，表3)．

公明党は，自民党の不祥事に対しては厳しく批判を行うものの，政策に対してはほとんど批判を行っていないことが分かった．そのような中で小泉首相の靖国参拝は例外であり，ほかと比べて多く批判を行っていることが判明した．

表1　他政党批判記事

年	自民	保守新	民主	共産	社民	野党	総計
2001	4	0	3	3	0	1	11
2002	22	1	2	18	3	5	51
2003	1	0	11	2	0	4	18
2004	0	0	18	1	0	2	21
2005	4	0	15	1	0	1	21
総計	31	1	49	25	3	13	122

表2　自民党批判記事内訳

年	政府	靖国参拝	鈴木宗男	不祥事	総計
2001	1	3	0	0	4
2002	1	1	16	4	22
2003	0	0	0	1	1
2004	0	0	0	0	0
2005	0	4	0	0	4
総計	2	8	16	5	31

表3　民主党・野党全体批判記事内訳

年	政策	議会運営	発言	不祥事	その他	総計
2001	0	1	0	0	3	4
2002	1	5	1	0	0	7
2003	10	0	0	0	5	15
2004	7	5	1	3	4	20
2005	2	3	9	0	2	16
総計	20	14	11	3	14	62

〈コラム〉

公明党の国内政策

田付信一

　小泉政権では，多くの政策が議論され・実現した．郵政民営化，道路公団民営化，その他の特殊法人改革，三位一体改革，年金改革などである．これらの政策に対して与党である公明党はどの程度重要視していたのであろうか．公明党の各政策に対する姿勢について分析した．データとして公明党が週1回発送しているメールマガジン2001年4月27日号〜2006年12月23日号までに掲載されている『公明ニュース』の記事を用いた．

　図1は『公明ニュース』の全記事に占める郵政民営化，道路公団民営化，三位一体改革，特殊法人改革，年金改革に関する記事の割合を表したものである（表1）．

　図1より，まず年金改革に関する記事が圧倒的に多いことが分かる．「年金法案が審議入り/衆院本会議で趣旨説明と質疑/制度全般で抜本的改革　坂口厚労相早期成立の必要性訴え」（2004年4月2日号）など年金改革関連法が成立した2004年の13.51％だけでなく，2003年の15.09％，2005年の6.21％などいずれも各政策の中で高い割合となっている．

　次に，郵政民営化に関する記事は，「『郵政』で改革全体進む　自公で過半数へ最大限の支援/神崎代表が強調」（2005年8月19日）など郵政民営化関連法案が成立した2005年に7.19％と高い値が出ているが，その他の年ではほとんど記事は見られない．しかも，2005年の記事も衆議院解散総選挙の時期に集中している．そのほかの道路公団民営化，三位一体改革，特殊法人改革に関する記事はほとんどみられなかった．

図1　各政策の記事割合

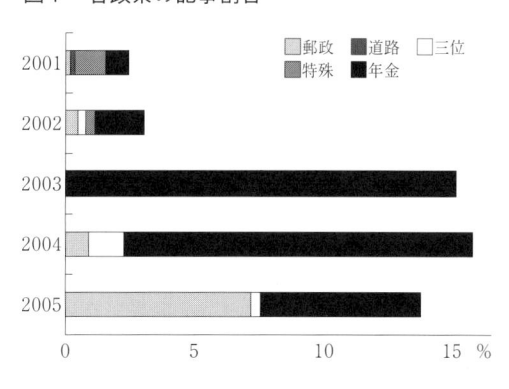

表1　『公明ニュース』の各政策に関する記事の数

年	郵政	道路	三位	特殊	年金	他の記事
2001	1	1	0	7	5	562
2002	3	0	2	2	12	554
2003	0	0	0	0	24	126
2004	2	0	3	0	30	170
2005	22	0	1	0	19	238
総計	28	1	6	9	90	1,650

公明党は，年金以外の改革については，選挙の争点となった郵政民営化を除き，さほど記事にしていないという結果が出た．このことから，公明党は社会保障政策に重点を置いているといえる．その理由として，公明党のメールマガジンが対象としている公明党の支持者に社会保障政策を重視する者が多いということが推測される．

第5部
政府としての小泉政権

小泉政権と小渕・森政権の予算からの比較

秋田　純

1節. はじめに

　本書のテーマである「小泉政権の特徴」を鮮明に示すために，この章では小泉政権（2001年4月26日～2006年9月26日）を他の政権と比較する．比較対象として，直近であり時代背景の差が小さい小渕政権（1998年7月30日～2000年4月5日）・森政権（2000年4月5日～2001年4月26日）の2つの政権を選択した．小渕政権と森政権では首相こそ異なるものの，任期が比較的短くまた大局的に見て方針に大差はないと考え，同時に比較相手として扱うこととした．

　では，比較する上での視点をどこにおくか．ここでは各首相の組閣後記者会見と予算額の変遷を見ていくことで，小泉政権にどのような特徴があると言えるのか検討する．

　一般に，予算において小渕・森政権は不景気の中で公共事業を拡大し，景気回復を目指したとみられている．他方，小泉政権は公共事業削減など中央政府の支出を縮小し，また三位一体の改革を掲げ中央政府から地方自治体への財源移譲を図ったとみられている．この捉え方によれば，小渕・森政権と小泉政権は連続して成立した政権でありながら，正反対の性格を持つということになる．これが事実であるとすれば，小泉政権がそれまでの政権の方針を大きく転換させたと言える．

　それでは果たしてこの捉え方は正しいと言えるのか，以下この対照軸がどの程度現実にあてはまるものなのか検討する．

2節. 組閣後記者会見から

　まず3首相の組閣後記者会見を比べてみる．組閣後記者会見には各政権の

表1　各首相の組閣後記者会見

小渕	「6兆円超の減税を必ず実行したい」,「10兆円超の補正予算」,「本問題（財政改革）につきましては，一時凍結をいたして，またやがて将来明るい未来が生じてくるということの中で，日本の財政も健全化していかなければならない.」(1998年7月31日)
森	「まず5,000億円の公共事業等予備費を早急に，かつ国民生活の向上に直結するような分野を中心に執行」「景気回復に軸足を置いた経済，財政運営」「公債発行額をできる限り圧縮」,「公共事業に対する国民の信頼回復を図る」(2000年7月5日)
小泉	「構造改革なくして景気回復なし」(2001年4月27日) 「日本経済を取り巻く不良債権の問題，これが経済再生の足かせになっておりますので，この不良債権処理，経済再生のための取組を政府・日銀一体となってしなければいかん.そして，平成16年度には不良債権問題を終結させたい」「行財政改革」「政府，関係金融機関，民間の金融機関，財政投融資制度，特殊法人改革，これを総合的・一体的に取り組まなければならない.」(2002年9月30日) 「3年間に消費税を上げる環境にはない」(2003年9月22日) 「抵抗，反対を恐れず，やるべき改革をやるというのが改革には痛みが伴う」(2003年11月19日)

基本方針が現れる．表1は，各首相の発言の一部を抜き出したものである．

これらを見比べると，3者とも行政改革を掲げ財政健全化への配慮を示している．しかし，小渕・森首相は景気対策のための支出やむなしと主張しているのに対し，小泉首相は就任当初から「痛みに耐える」ことを主張し，当座の景気回復よりも支出を切り詰めることを優先事項としている．つまり，内閣再編など政権の節目に際し，小泉政権の意思として，予算の上での小さな政府を目指していることが分かる．

3節．予算額からの検討

以下実際に首相の示した方針通りに予算規模を変化させることが出来ていたのかを検討していく．ここでは，上記の記者会見で示されている方針の違いを，具体的数値から検証するため，予算額の変遷に注目することにした．今回は予算額の中でも，政府の大小をみるにあたって差が出やすいと考えられる公共事業費・財政投融資・国債・地方交付税交付金の額の推移について調べた．

(1) 公共事業費について

公共事業費は政府の判断でその額を左右することが容易であり，その政府の志向が表れやすい．ここで図1をみてほしい．

1998～2000年度の小渕・森政権に比べ，2001年度以降の小泉政権では住宅

図1　公共事業費の推移（分野別）

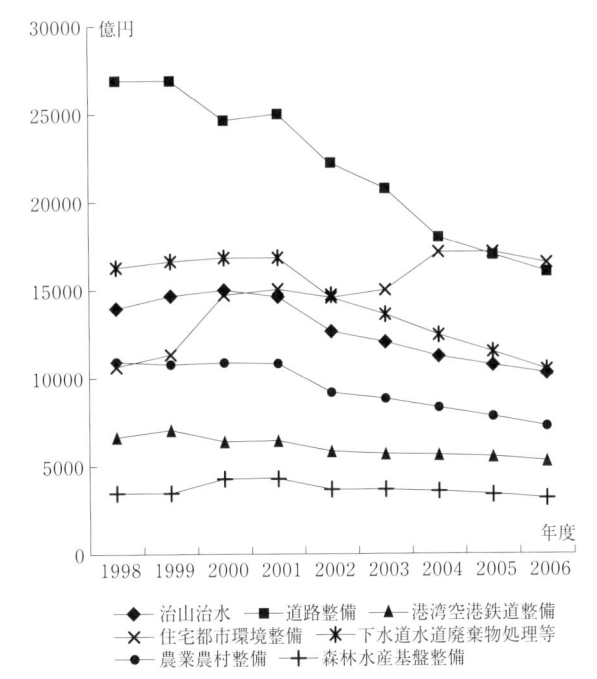

都市環境整備を除いた全ての項目において大幅に予算額が小さいことが分かる．特に道路整備においては予算額が60％程度まで減少している．とは言え，この公共事業費削減の計画は小泉政権になる前から1997年の「公共工事コスト縮減対策に関する行動指針」，1999年の「行政コスト削減に関する取り組み方針」，2000年の「公共事業コスト削減に関する新行動指針」と継続して行われてきたものである．そして1998年の時点から，公共事業費は継続して減少し続けている．この点

凡例：治山治水／道路整備／港湾空港鉄道整備／住宅都市環境整備／下水道水道廃棄物処理等／農業農村整備／森林水産基盤整備

データ・分類基準は上記「財務省ホームページ」の予算政府案による．
平成10～11年　http://www.mof.go.jp/seifuan11/ys003.PDF
平成11～12年　http://www.mof.go.jp/seifuan12/yosa04.PDF
平成12～13年　http://www.mof.go.jp/seifuan13/yosan004.pdf
平成13～14年　http://www.mof.go.jp/seifuan14/yosan004.pdf
平成14～15年　http://www.mof.go.jp/seifuan15/yosan004.pdf
平成15～16年　http://www.mof.go.jp/seifuan16/yosan004.pdf
平成16～17年　http://www.mof.go.jp/seifuan17/yosan004.pdf
平成17～18年　http://www.mof.go.jp/seifuan18/yosan004.pdf

から，公共事業削減への志向自体は小渕・森政権の時点から存在していたと考えられるが，その額面に着目して比較すれば，小泉政権時代の公共事業費は小渕・森政権時代の公共事業費に比べ明らかに少ないことも事実である．これは，小泉政権の特徴として予算縮小を目指した効果が現れていると言えるのではないだろうか．ちなみに，小泉政権は2003年度からさらに「公共事業コスト構造改革」を掲げ，コスト縮小の方針が継続された．

　ただし，不景気の最中であった小渕・森政権と前半を除き景気拡大の続いた小泉政権では背景状況が若干異なり，この額の差がそのまま政権の方針の

差を反映したものであるとするには若干疑問が残る．

(2) 財政投融資

次に，財政投融資の額についてみる．

政府の財政上の関与の方法としては，大別して2つの方法がある．1つ目が国費による道路建設・公共事業のように，一般会計や特別会計による予算措置など補助金等の予算措置や税の優遇措置による方法である．もう1つが財政投融資，つまり有利子奨学金による学生の修学活動の支援，低利融資による中小零細企業の創業支援のように，有償資金（返済を前提とした資金）の貸付けなど金融的手段を用いる方法である．

財政投融資は，社会的に必要な財・サービスの供給や，社会・経済情勢への機動的・弾力的な対応のために資金を供給する．これにより，政府は財政を通じて資源配分機能と景気調整機能の2つを担っており，この点から公共事業同様に政府の意向にそって，その額が変動するのではないかと考えられる．図2と図3をみてほしい．

小泉首相の就任した2001年以降，財投改革がスタートしており，フロー面で6割，ストック面で3割程度の減少がみられる．この財投改革は小泉首相が郵政民営化と同時進行で強いリーダーシップを発揮した改革である．フローとストックを合わせた財政投融資総額においても，2006年度時点で小渕・森政権時代の半分ほどまで縮小している．この点，公共事業費同様に，明らかな量的減少が見られる．

図2 財政投融資計画額の推移（フロー）

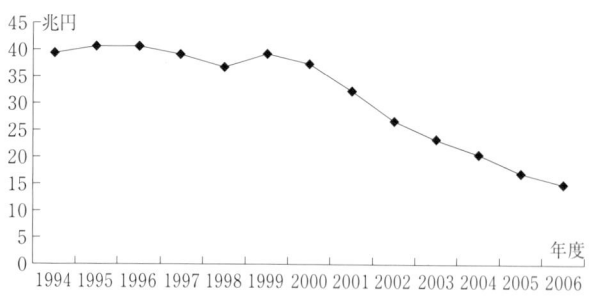

データは上記「財政投融資レポート2006」内の
http://www.mof.go.jp/zaito/zaito2006/Za2006-01-03.htmlによる．
当初計画ベース，2000年度以降は一般財政投融資ベース．

以上より，小泉政権においては財政投融資額においても切り詰めがなされており，その効果も数値上に確かに現れていると言える．

(3) 国債発行額，

地方交付税交付金額

国債発行額の減少は当然に支出の切り詰めを意味するが，他方で景気回復を優先するなら大規模な国債発行が必要となることも否定できない．また地方交付税交付金の減少は三位一体改革の一部として財源移譲が行われていることの結果とも読みとることが出来る．以上の理由から，国債発行額・地方交付税交付金額の推移をみることで小泉政権と小渕・森政権の差が表れていないか比較する．

また小泉政権は，当初「国債30兆円枠」を公約として掲げていたが，この公約は果たされたのだろうか．

まず2000年から2001年にかけて，急激な国債発行額・国債費（返還額）の減少が見られる．しかし，それ以後減少は続かず，逆に増加もみられる．改革はなかなか進んでいないことがうかがえる．この点では小泉政権に入り変化したと

図3　財政投融資額の推移（ストック）

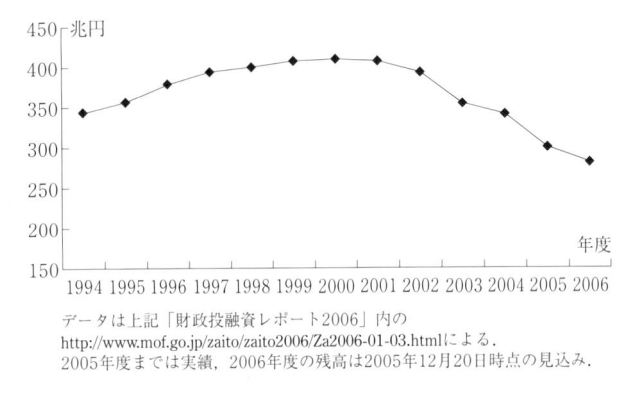

データは上記「財政投融資レポート2006」内の
http://www.mof.go.jp/zaito/zaito2006/Za2006-01-03.htmlによる．
2005年度までは実績，2006年度の残高は2005年12月20日時点の見込み．

図4　国債発行額・国債費・地方交付税交付金の推移

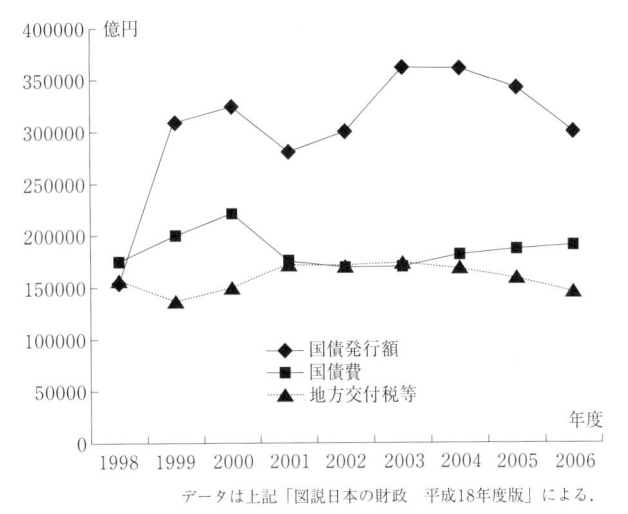

データは上記「図説日本の財政　平成18年度版」による．

図5　一般会計に対する国債発行額・地方交付税交付金の割合の推移

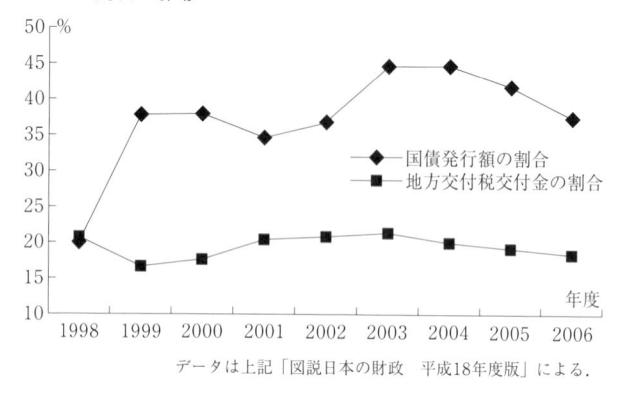

データは上記「図説日本の財政　平成18年度版」による．

言うことはできない．

国債30超円枠についてはどうだろうか．小泉政権発足1年目の予算案では公約を達成した．ただし，この予算は国債整理基金の保有する金融資産を活用した外形的なものに過ぎず，実質の財政赤字は膨らんでいたとも考えられる．政権運営2年目以降では，国債発行額は30兆円を突破し，公約は達成されなかった．また国会で公約違反を追及されると，「この程度の公約を守れなかったことはたいしたことではない」と答弁し，批判されたためその後発言を撤回し謝罪している．そして任期の最終年の2006年予算において，再び国債発行額を30兆円以下に抑えた．

また地方交付税交付金についても目立った減少は見られない．小泉政権が三位一体の改革には苦戦したこと，そして改革を断行できたとは言えないことが明らかである．

図5は，予算総額の拡大を考慮に入れた比較をするために，一般会計に対する国債費の割合を示したものである．金額同様，就任当初の2001年度に大きく国債発行額減少がみられるが，以後は改革が停滞・退行にとどまっていることがわかる．地方交付税交付金についても同じく，改革が進んでいるとは言いがたい．

4節．結論と含意

以上のように，小渕・森政権と小泉政権の間で予算の上で対照的な性格が表れているのか検討してきた．組閣後記者会見からは，政権運営前の方針の時点で小渕・森政権に対し，小泉政権の方が支出削減への志向が見られることが分かった．予算額の検討からは，公共事業費・財政投融資額においては

小泉政権発足後の確かな減少がみられた．その一方で国債額・地方交付税交付金額においては小泉政権に入り変化がみられたとは言えなかった．小泉政権の特徴として，予算の上で切り詰めを目指したことは確かな事実として認められるが，その達成度は分野によって差があると言える．

参考文献

桜井良治（2005）『コスト大国日本の財源――資金調達の財政学』勁草書房．
木下康司（2006）『図説　日本の財政』（平成18年度版）東洋経済新報社．
財政投融資レポート2006　http://www.mof.go.jp/zaito/zaito2006.html#contents
財務省ホームページ予算決算　http://www.mof.go.jp/jouhou/syukei/syukei.htm
データベース世界と日本　http://www.ioc.u-tokyo.ac.jp/~worldjpn/
NHK放送文化研究所　http://www.nhk.or.jp/bunken
首相官邸Webサイト　http://www.kantei.go.jp/
組閣後記者会見については以下のWebサイトを参照．
http://www.kantei.go.jp/jp/obutisouri/speech/index.html
http://www.kantei.go.jp/jp/morisouri/mori_speech/index.html
http://www.kantei.go.jp/jp/koizumispeech/index.html

小泉内閣の閣僚人事

岸川　修

1節．はじめに

　本章では，小泉政権の5年間における閣僚人事（内閣人事）を分析する．内閣の構成員である閣僚を如何に選ぶかによって，政権運営のあり方や内閣に対する国民の支持の多くが決まるのであるから，ある政権を研究する上でその閣僚人事のあり方を研究することは必然的に重要と考えられる．

　本書で研究対象となる小泉政権の首班たる小泉は，自民党総裁選立候補の当初から「自民党をぶっ壊す」などの強烈なメッセージを発し，森政権の下で支持率が低下した自民党政権を大きく変えることを謳い続けた．これを実現するためには，閣僚人事を従来の自民党と大きく異ならせることが必要であろうし，そうすることで国民に対して自民党政権の変革を印象付けなければならない．そのため，本章では直近の小渕・森内閣と比較しながら小泉政権の閣僚人事を分析し[1]，日本の政治がどう変わったかを閣僚人事の面から捉えてみたい．

　さて，どのような視点に立って比較するかであるが，小泉自身の発言から[2]，小泉内閣は女性や民間人の積極的な登用，若手の閣僚の登用，派閥にとらわれない人事などが行われたと考えられる[3]．そこで，本章では「①全閣僚に占める女性・民間人の割合，②各閣僚の当選回数・年齢，③各閣僚の職歴，④各閣僚の出身派閥」の4点から小泉政権の閣僚人事の研究を行った．小泉の人事は従来の自民党内閣と異なり，あくまで閣僚個人の能力に焦点を合わせた人事をしているのではないか，即ち性別，国会議員としての経歴，派閥等の，従来の自民党内閣が重視していたであろう側面をあまり重視していないのではないかと考えられるためである．

　それでは，以下本論で小泉政権の人事の特徴を炙り出していきたい[4]．

2節．女性・民間人の割合

1節で述べたとおり，小泉は組閣において女性や民間人の登用に積極的であった．しかし，実際にどの程度登用されてきたのか正確に知る人は少ないのではないだろうか．そこで，小泉政権における各内閣について女性・民間人の占める割合を調べ，それを小渕・森政権と比較対照し，「小泉内閣には女性と民間人が多い」という仮説の真偽を確かめる．

小渕・森内閣及び小泉内閣の民間・女性閣僚の割合を分析すると，次のとおりになる．

図の横軸の読み方は以下のとおりである．例えば，「小泉改2」とは，「第1次小泉内閣　第2次改造内閣」を意味する．すなわち，「X○○改Y」で，「第X次○○内閣　第Y次改造内閣」とする．X及びYの位置に数字が無いものは「第1次」とする．また，「小泉−2」は，第1次小泉内閣では途中で閣僚に交代があったため女性人数比と民間人人数比が変わってしまったので，それらが変わった後の内閣を「−2」と表した．尚，この表記は本章で一貫して採用する．

図1から，小渕・森政権においては女性の割合も民間人の割合も大きな変化は無く，5％から10％強で推移しているものの，小泉内閣になった途端，両者とも急激に値が上昇した（とりわけ，女性閣僚の割合の上昇が顕著である）ことがまず読み取れる．ところが，第1次小泉内閣第2次改造が行われた2003年には両者とも値が落ち込み，2004年の第2次小泉改造内閣では民間

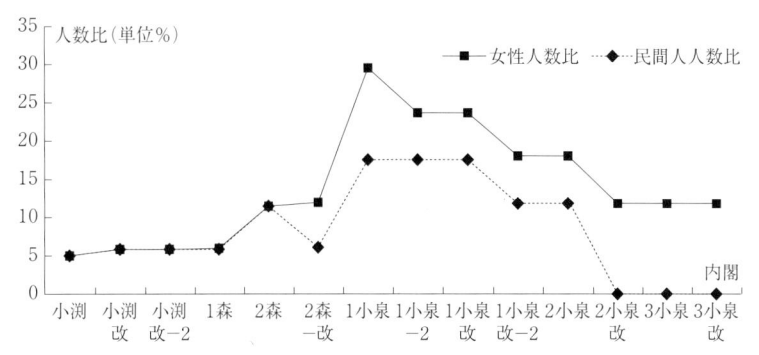

図1　小渕・森・小泉内閣における女性・民間人の割合の変化

人割合が0%になっている．もっとも，従来は民間人であった竹中が参議院議員に転身したこともあるので，実質的には民間人が0%とは言い切れないであろう．他方の女性割合も10%強にまで下落したものの，小渕・森内閣の最高値と等しい値を示しており，以前の内閣の基準では依然として高い値を示している．

　小泉内閣は発足当初，前内閣との対比を鮮明に表すために，積極的に女性や民間人を登用した．その典型例が竹中平蔵及び田中眞紀子の起用であろう．田中は2002年1月に突然更迭されたが[5]，竹中は小泉内閣の5年半に亘り閣僚であり続けた[6]，まさに小泉の側近とも言える人物である．このように，かつての派閥中心の閣僚人事では難しかった民間人の登用を積極的に行い，また女性閣僚を増やすことで，有権者にとって親しみやすい内閣を作ることが目的だったと考えられる．ところが，2003年からその割合は減少した．それでも小泉は2004年9月27日の組閣後記者会見において「民間人であろうと女性であろうと，適材適所でなければ意味が無い．今回民間人が減ったからといって，小泉内閣の性質・方針が変わったわけではない」と述べ，更に「民間人が減ったといっても，小泉内閣の性質，方針が変わったわけではありません」と説明した．こうした減少が起こった根本的な理由は現在のところ解明できないが，小泉は上記の会見で民間人が入閣に消極的になってきた事実を明かしており[7]，これは理由の1つとして充分に考えられる．

3節．全閣僚の当選回数・年齢

　小泉内閣の特徴として次に想起されることが，経歴に囚われない人事であろう．かつての内閣では年功序列が重視され，例外[8]を除き若手が入閣する機会が乏しかった．政治家は40代でも若手と思われているが，40代で入閣した閣僚は当選回数が多いのが通例であった[9]．

　ところが，小泉政権では，かつての「例外」が少なくなり，40代でも閣僚に登用されるケースが増えてきた[10]．そこで，本節では「小泉政権には若手が多い」という仮説を立て，その真偽を明らかにする．

(1) 分析方法

　一般に，「若さ」というと，年齢を尺度とするのが適当であると思われる．しかし，自民党内には当選回数で党内・内閣の役職を割り当てる「シニオリ

ティ・ルール」と言われる慣行が存在するため，自民党では当選回数もまた若さの尺度なのである．分析においては入閣時の年齢と当選回数の双方から，内閣全体の「若さ」を測ることにする．年齢は新聞等で報道されたとおりに用いたが，当選回数については若干手を加えた[11]．

(2) 分析

(i) 当選回数・世代構成の推移

まず，当選回数を分析した図2[12]について考察する．図を見るに，2001年の発足当初は当選4回以下の比較的若い[13]閣僚が多く，当選7回以上のベテラン議員も多かった．しかし，終盤になるにつれてそのような閣僚が減って当選5～6回の議員が中心になり，最後の内閣である第3次改造内閣では当選7回以上が半分を占めた．民間出身の閣僚の人数減少も考慮に入れると，小泉内閣は発足当初に比べて当選回数重視の傾向になったという印象を受ける．しかし，それでも小泉内閣が当選回数重視の保守的な組閣を行っている印象を有権者に与えなかったのは，後述するように内閣が全体的に若年化したからだと言えよう．

次に，小渕・森政権と比較してみると，小渕・森政権時代は当選4回以下の閣僚の人数が3人で一貫して推移しており，大部分の閣僚は当選5回以上である．その3人も，野田聖子を除いては，有馬朗人・堺屋太一・川口順子のように社会的な功績を高く評価されて入閣した閣僚が多く，小泉内閣のように年齢も若く当選回数も少ない議員を入閣させるような人事は殆ど行って

図2　当選回数の推移

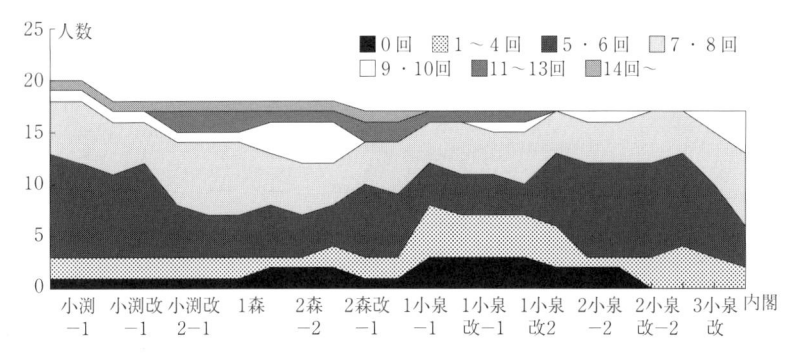

いない．また，森政権は宮沢喜一・河野洋平・橋本龍太郎のような，当選回数の多い大物ベテラン議員たちを積極的に入閣させ[14]，当選回数7回以上の閣僚が全体の半数を占めていた．この点では初期の小泉政権と非常に対照的だと言える．

他方，年齢という観点から分析した図3を考察する．ここでは，小泉政権後は内閣が若くなったことが明らかであり，とりわけ，森政権の時代は内閣の多くを占めていた60代の人数が小泉政権になって減少し，第3次小泉政権（改造内閣も含む）では，50代以下と60代以上の人数がほぼ拮抗している．小泉政権発足当初は60代以上が閣僚の大半を占めていたが，組閣をするにつれて徐々に50代以下の比較的若い閣僚が多くを占め，かつての自民党政権とは異なる傾向を強めていった．これは，2節で分析した，女性・民間人の割合と反対の傾向だと言えよう．

だが，小泉内閣もかつての自民党政権と全く異なるわけではない．図3から明らかなように，小渕内閣・小渕第1次改造内閣では，50代以下の閣僚が全体の3割から4割を占め，その点では第2次小泉改造内閣以前の小泉内閣の状態に近かった．だが，小泉内閣と小渕内閣が異なるのは，70代以上の閣僚の数である．小泉政権では70代以上の閣僚が最大で3人しかいない上に3人だった期間は8カ月弱しかないのに対し，第1次改造までの小渕政権では多いときで5人，少ないときで3人も70代以上の閣僚がいたのである．

したがって，小泉政権は5年5カ月の間常に一貫した人事を行ったわけではないが，年齢が高く当選回数の多いベテラン議員の入閣を少なく抑えた点では小渕・森内閣と対照的であり，全体的に内閣の若返りを行ったと評価できる．

図3　世代構成の推移

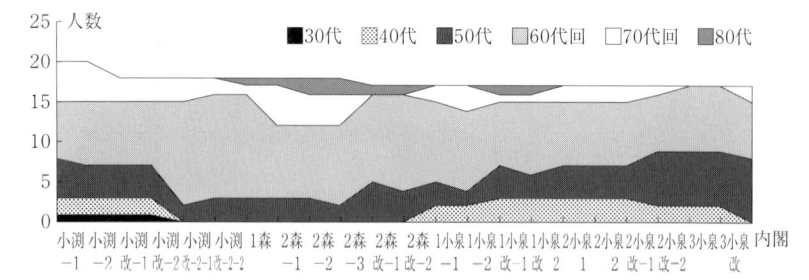

(ii) 当選回数・年齢の平均・標準偏差

(i) の分析により，小泉政権は内閣の若返りに成功したと結論付けられた．しかし，図2・3の分析では，どの程度若返ったのかを具体的・定量的に知ることは出来ない．そこで，各内閣の閣僚の年齢・当選回数の平均及び標準偏差を求めることで，個々の内閣の全体的な若さを客観的に捉えてみたい．

以上に示した図4・5について，(i) と関連させながら論じていきたい．

* 当選回数について

まず，図4に関して考察する．小泉政権期の閣僚の当選回数の平均を見ると，当選回数の平均値は，第2次改造内閣まではやや上昇傾向にあるものの概ね横ばいだが，第3次，第3次改造のときはそれぞれ急激に上昇している．

図4　当選回数・年齢の平均の推移

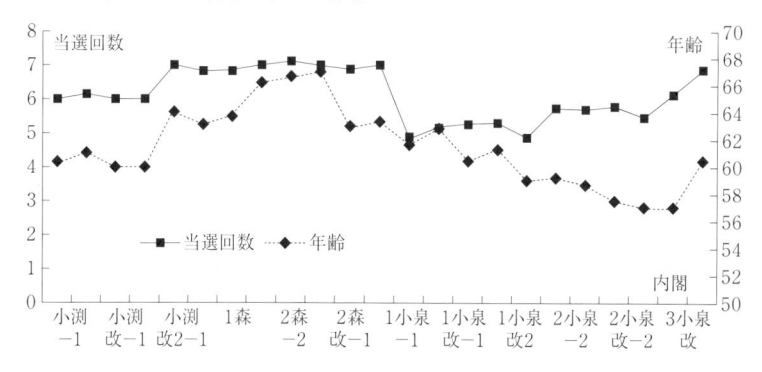

図5　当選回数・年齢の標準偏差の推移

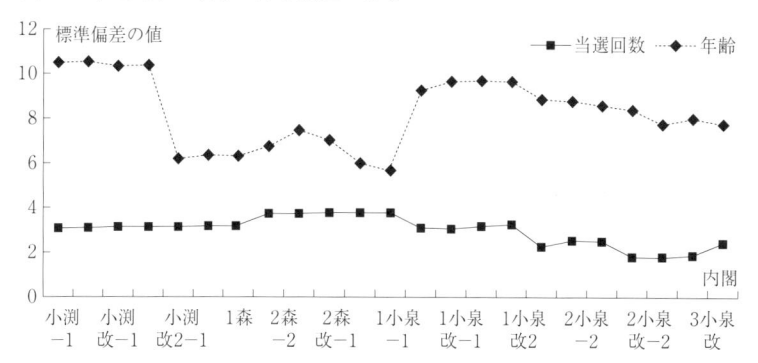

(i) では，初期の小泉政権は当選回数の少ない閣僚も多い閣僚も混在して当選回数5～6回の中堅閣僚が少なかったのに対して，終盤に近付いてそうした中堅閣僚が多数を占めるようになり，最後はベテランが半数以上を占めるようになったので，平均の変化は途中まで小さく終盤に大きく上昇するだろうと考えられ，結果は実際にそのようになった．やはり，小泉内閣は初期から中期にかけては全体的に議員としての経験が少ない閣僚が多く，終盤はそれと対照的に経験重視になっていったと言える．この点は，小泉内閣の人事がキャリアパスの点で一貫していなかったことを如実に示している．

次に，小渕・森内閣との比較だが，小泉内閣は全体として小渕・森内閣に比して当選回数の平均値が小さい．だが，これはあくまで「全体として」の傾向にすぎず，細部を観察すると必ずしもそうは言えない箇所が存在する．それは，前段落で指摘した，第3次内閣（改造内閣も含む）であろう．第3次内閣の時点で既に平均当選回数は小渕内閣のそれを若干上回っており，改造内閣になると森内閣[15]とほぼ等しくなっている．これは，小泉内閣の人事がキャリアパスの点で小渕・森内閣と対照的とは必ずしも言い切れない点を示す．

他方，標準偏差を扱った図5について述べる．まず，小泉内閣の期間については，当選回数の平均は上昇傾向にあったが，全体としては下降傾向にあった．これは，先に指摘したように，初期の内閣は民間人，中堅，ベテランと様々な経歴の閣僚が混在していたのに対して，後半は中堅の閣僚が中核を占めるようになったからであろう．ただ，それでも最後の第3次改造内閣で若干の伸びが見られるのは，当選回数5・6回，7・8回，9・10回の各階級がだいたい同程度に分布しているためであろう．

また，小渕・森内閣と比較すると，標準偏差では平均と同様に，小渕・森内閣と小泉内閣との間に対照性が見出される（平均ほど強くは認められない）．全体的な傾向として，民間出身の閣僚から当選10回以上のベテランまで幅広い人材を揃えた森内閣の標準偏差の値は小泉内閣のそれと比べて大きいが，小渕内閣は初期の小泉内閣（第1期改造内閣まで）とほぼ等しい．これは，初期の小泉内閣が全体的に当選回数の少ない議員や民間人を多く集めながら，塩川や森山や扇のようなベテランをも登用したので，野田や宮沢が入閣した小渕内閣と同様に当選回数に一定の幅が形成されたからだろう．

以上をまとめると，小泉内閣はたしかに当選回数の少ない議員（民間出身

含む）が以前の内閣よりも増えたことは間違いないが，5年5カ月の在任期間を通してそれが貫徹されたとは言えない．平均・標準偏差ともに小渕・森内閣（とりわけ小渕内閣）との共通点を見出せる部分がある点で，小泉内閣の人事もかつての自民党内閣の慣行からは完全に脱却できていないことを示すものと言えよう．

* 年齢について

自民党の国会議員にとっては当選回数も重要な若さのファクターだが，年齢もまた重要であろう．従来の総理大臣にはないほど国民に対するパフォーマンスや見た目を気にした小泉総理は，年齢の点でかつての自民党政権とは異なる特色を打ち出しているのではないか，という仮説を立ててこれを検証してみたい．

まずは平均であるが，小泉内閣の閣僚の平均年齢の最大値は61.76歳，最小値は56.94歳であることは，小渕・森内閣が最低でも60歳を記録していたことを考えると驚異的に若いと言える．当選回数の平均が全体的に上昇傾向にあったのに対して年齢の平均が全体的に下降傾向にあるのはおそらく，民間出身議員が減って当選回数の平均が増加しながら，年齢の若い閣僚の登用に努めたからだと考えられる．実際に小泉は2003年9月22日の第1次小泉第2次改造内閣の組閣後記者会見において，内閣の若さを強調した．この内閣では平均年齢が初めて50歳代に達したが，その一方で70歳代の閣僚も起用されており，まだ「若い内閣」と言い切るには難しい．実際，小泉内閣はこの後も若くなり，第2次内閣で平均年齢は最低の56.94歳を記録する．このように小泉内閣は若年化を進めて，仮説どおり国民に対して「若い内閣」をアピールしたと考えられる．

しかし，小渕・森内閣と完全に異なるとは必ずしも言えない．小渕内閣の平均年齢は60.7 ± 0.5歳で横ばいに推移しており，この値は第1次（第1次改造まで）小泉内閣や第3次小泉改造内閣の値と等しいかそれよりも小さいくらいである．また，森政権は第2次内閣の平均年齢は66歳以上だったものの，小渕内閣をそのまま継承した第1次森内閣は63歳弱，第2次森改造内閣の平均年齢は63歳強であり，第1次小泉内閣と大きな差は見当たらない．したがって，小泉内閣が森内閣と平均年齢の点において際立って対照的であり，それを小泉内閣の代表的な特徴として捉えるのは早計である．

他方の標準偏差であるが，小泉内閣の年齢の標準偏差は森内閣時代よりも

高い数値で横ばい又は減少の傾向が続いており、平均と対照的である。小泉内閣は若い内閣だとは言え多様な年齢層の閣僚から構成されたのに対し、森内閣は閣僚人事がある一定の世代で固定化してしまったことを示している。他方、小渕政権は全体として標準偏差が大きく推移しているが、これは、最年少の野田聖子郵政大臣と最高齢の宮沢喜一大蔵大臣との年齢差が大きいことはもちろん、40代・70代の閣僚が多いことで全体的に高い数値が維持されたためであろう[16]。したがって、小泉政権は直近の2代の政権の中間のような分布を示しており、小渕・森政権と対照的とまでは言えず、それ自体としての独自性を示しているとは言い難い。

以上を総括するに、小泉内閣は従来の内閣よりも若い存在であったことは確かであるが、在任期間を通して常に小渕・森内閣と対照的だったわけではない。とりわけ初期においては標準偏差の値が大きいことからも、多様な世代から構成されており若いと断定するのは早計であろう。但し、それでも森内閣とは対照的な面が強く、小泉内閣の特徴を古いタイプの自民党内閣である森内閣と比較する上で解りやすい指標となるであろう。

(3) まとめ

本節を大きくまとめると、次のようになる。小泉政権は年齢の点で若い内閣を形成していたが、当選回数の点では年齢ほど大きなインパクトは認められない。これは、図4において、当選回数を示す線と年齢を示す線の位置的な距離が小渕・森内閣のときよりも大きいことから理解できよう。つまり、有権者の目から見たら若い内閣と認識される面が多分にあるが、国会議員の目から見ると必ずしもそうではないと思われる。また、図5から、当選回数の標準偏差は小さいが年齢の標準偏差はそれほど小さくない。つまり、当選回数という尺度で内閣内の足並みを揃えつつ、国民に対して若いイメージをアピールするために平均年齢の低下に努力したと推測される。

筆者の見解では、「小泉政権には若手が多い」という仮説は正しいが、これを一貫した特徴として捉えるのは早計であり、個々の内閣について詳しい分析・考察が求められると言えよう。

4節. 閣僚の職歴

続いて、4節では本章における4つ目のテーマである「職歴」について分

析を行いたい．人事を決める要素として，3節に挙げた年齢・当選回数はたしかに重要であろう．しかし，過去に経験した役職がそれ相応でなければ入閣が期待できないことも当然に予測されるので，小泉内閣の人事は職歴とどのような関係にあるのかについて，小渕・森内閣時代と比較してみたい．

かつての自民党の慣行を否定して自己流に政権運営を行う小泉の傾向からして，人事においてさほど職歴は考慮していないという仮説が立てられる[17]．前述のとおり，かつての自民党政権はシニオリティ・ルールを守って内閣人事に対する自民党全体の合意を形成していたのに対し，小泉政権はシニオリティ・ルールを部分否定して（全否定したわけではないことは3節で言及したとおりである）自民党全体の合意をさほど重視しなかったことを考えると，上記の仮説が当てはまるのではないかと思われるのである．なぜなら，シニオリティ・ルールとは当選回数に応じて役職の経験が定型化されるという自民党内の慣行であり，入閣に至るまでの当選回数が多様になった小泉政権では，入閣前の役職もあまり定型化されていないのではないかと考えられるためである．

本節では，国会議員が就任する役職のうち，重要であるものについて「キャリア点数」なるものを設定し，当該役職を1回経験するごとに点数を加算する方法で，当該議員の大臣就任前10年間に亘るキャリア点数の合計を算出し，職歴の軽重を計量分析した．分析の方法は注記を参照されたい[18]．

これにより，個々の役職のキャリア点数，各大臣経験者の通算キャリア点数を求め，小渕ないし小泉内閣の，閣僚のキャリア点数の平均・標準偏差を求めたのが図6である．図6から，小泉内閣とキャリア点数の関係を考察す

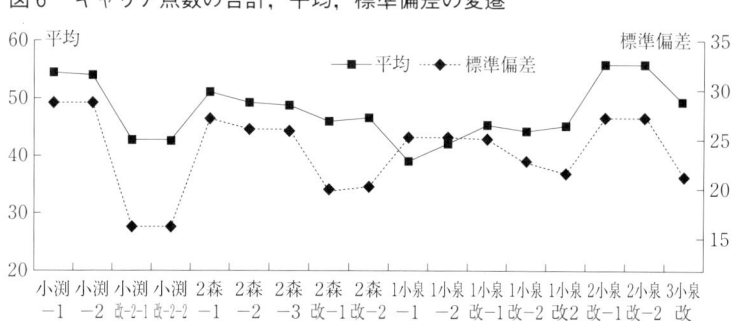

図6　キャリア点数の合計，平均，標準偏差の変遷

る．既に述べたように，小泉は組閣において職歴をあまり重視しないという仮説に立てば，キャリア点数の平均は小渕・森内閣と比べて低いことが予想される．しかし，図6を見るに，たしかに小泉内閣の初期においてはキャリア点数の平均は低かったけれども，第2次内閣の改造内閣の辺りになると，調査対象期間の中でもキャリア点数の平均がほぼ最大になっており，小泉政権の全期間を通じてみると小渕・森内閣と比べてキャリア点数が低かったとは言えないことが解る．むしろ，本章で「重量級内閣」と指摘した森内閣のキャリア点数の平均よりも上回っているときがあることは特筆すべきであろう．

　この原因について考えてみると，第1次小泉内閣発足当時は民間出身の閣僚が3人もいたり，キャリア点数が15点しかない田中眞紀子が優遇されたりしたため内閣全体のキャリア点数も低めであったが，内閣が改造や組閣を重ねるにつれて民間人が減少したり，竹中平蔵のように元々はキャリア点数が0点だった閣僚が点数を上げていったりしたためであろうと考えられる．しかし，それを考慮したとしても，重量級の森内閣に勝った理由は何であろうか．

　これは，自民党内の昇進のありかた及びキャリア点数の計算対象期間を10年としたことが関係していると考えられる．筆者がこれまでに重量級の原因として指摘したのは，宮沢喜一・河野洋平・橋本龍太郎の3氏であるが，そのキャリア点数は意外と高くはない．自民党では総理大臣及び総裁に一旦就任するとその後はあまり要職に就かない傾向が見られるため，必然的にキャリア点数が下げ止まりになったのであろう．とりわけ宮沢が総理大臣及び自民党総裁に就任したのは1991年であり，調査対象期間の中でも初めのほうに位置しているため要職に就かない期間が長く，キャリア点数も必然的に低くなった．更に，キャリア点数を10年で区切って調査したために，総理大臣就任前に歴任した数々の要職がキャリア点数に反映しなかったことも大きな要因である．

　したがって，キャリア点数の計算対象期間を10年間に絞れば，小泉内閣の閣僚の平均キャリア点数は森内閣と負けず劣らずであるとしても，10年より前の部分まで考慮に入れて実質的なキャリア点数を想定すれば森内閣の方が勝ると考えられるので，小泉内閣の実質的なキャリア点数は上記データよりも低いと考えるのが妥当であろう．

他方，標準偏差の観点から考えると，小泉内閣の標準偏差の変動域は全期間を通じて森内閣のそれとほぼ等しく，小渕内閣のそれと比べて小さいので，キャリア点数の分布という点では従来の内閣とさして変わらないと言える．しかし，点数の平均の点では従来の内閣とは異なる独自性を示せたので，全体としては職歴をあまり重視しないという仮説が証明できたのではないだろうか．

5節．派閥と人事

　小泉内閣の大きな特徴としてよく言われるのが，「派閥にとらわれない人事」である．自民党は結党以来の長い歴史の中で，派閥の勢力比（人数比）に応じて閣僚ポストを配置するという慣行が形成された．しかし，小泉は第1回小泉内閣の組閣翌日の記者会見で述べたように[19]，派閥に拘束された人事を否定し，あくまで与党全体という大局的な視点から人事を組んだとされている．実際，御厨が指摘するように[20]，小泉は橋本派を政治の表舞台から排除することで自民党政治の慣行を破壊することに成功した．従来，自民党が目指した「発展と分配」[21]という政治スタイルは，当時の橋本派の源流にあった田中派の領袖だった田中角栄が象徴的な役割を担っていたとされ，橋本派の排除は「発展と平等」を否定する小泉にとって最大の目標だったのだ．

　しかしその一方では，自身がかつて属していた森派は厚遇されているのではないかという意見もあり[22]，派閥を考慮しない人事をしているとは言い難い面が見受けられそうであるが，これについては本書所収の白糸論文を参照されたい．

　そこで，本節では，本章で一貫して行っている，小渕・森内閣との比較の視点から，小泉内閣における派閥と人事の関係を洗い出してみたい．そこで，「組閣後記者会見」からそれぞれの総理大臣の人事観を見出して仮説を立ててみた．

　この記者会見を分析すると，次のような仮説が立てられる．小泉内閣流の「派閥にとらわれない人事」の先駆けは小渕内閣だった[23]が，それでもある程度派閥の勢力比を考慮に入れていた．これに対して森内閣は派閥の論理に忠実な人事であった．すると，小泉内閣について言われる「派閥にとらわれない人事」は，小渕・森内閣とは対照的なのではないだろうか．この仮説が実際のデータには現れているのかを調べるために，川人の分析方法[24]に従って

図7 国会と内閣の派閥構成比の乖離の合計

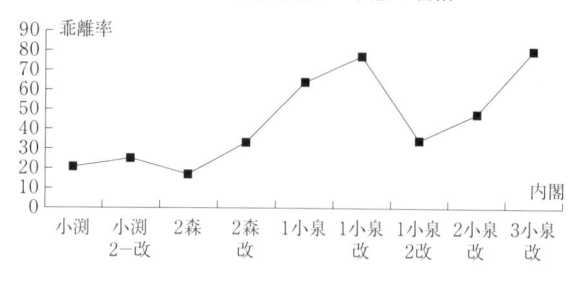

(乖離率: 小渕 約20, 小渕2-改 約25, 2森 約15, 2森改 約30, 1小泉 約65, 1小泉改 約75, 1小泉2改 約35, 2小泉改 約45, 3小泉改 約78)

作成したのが以下の図7である[25].

図7から,第1次小泉第2次改造内閣を除けば,小泉内閣は小渕・森内閣と比較して国会と内閣との乖離が大きい傾向にあり,仮説どおりの結果が導かれたと言える.これほどまでに小泉内閣の乖離率が大きくなった原因としては,小泉が派閥の人数構成比を無視した人事を行った以上に,森派の優遇と無派閥議員の増加が考えられる.

前者については小泉の発言は見られないものの,注22の指摘や資料篇に載せた表を見ても明らかなように,小泉政権になってから森派からの起用が異様に目立つようになったのである.これは,おそらく自らの出身派閥から多くの閣僚を入れることで,内閣の意思統一を出来るだけ容易に図るためだと考えられる.この点において,小泉の閣僚人事は,派閥を完全に無視したものとは到底言い難いのではなかろうか.

他方,後者については,2005年の衆院選(所謂郵政選挙)で圧勝した自民党が抱え込んだ多くの初当選議員が,無派閥を選んだ[26]ことを指す.これによって自民党全体で無派閥議員の割合が増え,派閥に属している閣僚が多い内閣との差が顕著になり,第3次小泉改造内閣では従来の内閣では考えられないほどの高い乖離率[27]が生じた.この事実は前者と異なり,小泉が組閣において派閥を重視したかどうかとは関係ないので,乖離率が増加したからといって小泉が派閥を重視しなくなったとは言えない.

以上より,小泉はたしかに従来の自民党内閣とは異なり,派閥順送りの内閣人事を行わなくなったが,森派を厚遇していた点から,派閥を基礎とした人事とは断絶しなかった.すなわち,「派閥に囚われない人事」をしていたとは言えない.

6節.結論と含意

最後に,小泉内閣の閣僚人事の特徴を総括する.

全体的な特徴としては,たしかに小泉内閣は小渕・森内閣と比較して対照

的な特徴を持ち合わせている．しかし，1節で提示した4つの論点を個々に見ていくと，必ずしもそうは言えない面が浮き彫りになった．閣僚人事と派閥との関係（5節）においては，小渕・森内閣と小泉内閣との対照性が現れたけれども，2節ないし4節では，政権が存続した5年間で一貫した対照性を見出せなかった．細かく見ると，政権発足直後は小渕・森内閣との対照性が際立っていたものの，政権後半になるとあまり際立たなくなった傾向がある（但し，平均年齢は政権後半でも若くなっていった．）．

この理由は根本的には解らないが，従来の自民党政権の体質からの脱却を訴えて総理大臣に就任した小泉は，内閣発足直後に森内閣との差をつけることで自民党の変革を示すことに成功したが，後半になるとそうした変革を示す必要性は薄れたので，政権発足直後ほどの差をつける人事でなくても支障は無かった（平均年齢だけは差が顕著になった．）ことは言える．すなわち，小泉政権の内閣人事は従来の自民党政権とは完全に異なるとは言い切れないものの，長きに亘って固定化された自民党政治の慣行を，早くも政権発足当初から打ち破った点は間違いない．この意味において，歴代自民党政権の内閣人事の中において，小泉政権は特筆すべき存在であることが改めて認識される．

1　この2内閣を比較の対象として採用したのは，双方とも，小泉が「ぶっ壊す」と宣言した「古い自民党体質の内閣」と言われており，小泉政権との相違は多くの読者が漠然とイメージできるのではないかと思われ，更にここ10年以内の政権であるため読者の記憶が比較的鮮明でデータもある程度残っていると考えられるためである．尚，小渕・森内閣が古い自民党体質に漬かっていた証左として，次のようなことが挙げられる．
　　1996年の自民党総裁選で小渕は小渕派の領袖であったにも拘わらず，自身と同期で領袖ではなかった橋本が出馬するのに憤激したという（竹中　2006：42-3）．しかしその一方で，小渕は総理大臣就任後の内閣人事で，従来の慣行では考えられないほど派閥を軽視した人事を行った（竹中　2006：109-10）．これについて詳細は，5節で述べる．他方，森内閣は派閥の論理で人事を固めた（竹中　2006：136-8）．これについても詳細は5節に譲る．
2　第1次小泉内閣の組閣翌日（2001年4月27日）に行われた記者会見の席で，小泉は「私が総裁選挙中に発言したとおり，派閥に囚われず，民間人・若手・女性，適材適所な人材を心掛ける」と言明した．この発言は，本章における研究の動機・指針・仮説を与えるものであった．

3　飯島　2006：24.
4　ここで，本章を読む上での注意を幾つか述べる．
　　第1に，本章においては適宜総理大臣の組閣後記者会見を引用する．これは，組閣直後であれば自ずと内閣人事についての質問・発言が多く，資料的価値が高いと判断したからである．
記者会見の出典は以下のとおりである．
●小渕総理大臣　組閣後記者会見
出典：首相官邸ホームページ「内閣お役立ち情報」＞「歴代内閣ホームページ情報」＞「小渕恵三内閣総理大臣」＞「総理大臣演説等」：http://www.kantei.go.jp/jp/obutisouri/speech/index.html
●森総理大臣　組閣後記者会見
出典：首相官邸ホームページ「内閣お役立ち情報」＞「歴代内閣ホームページ情報」＞「森喜朗内閣総理大臣」＞「総理大臣演説等」：http://www.kantei.go.jp/jp/morisouri/mori_speech/index.html
●小泉総理大臣　組閣後記者会見
出典：首相官邸ホームページ「内閣お役立ち情報」＞「歴代内閣ホームページ情報」＞「小泉純一郎内閣総理大臣」＞「総理大臣演説等」：http://www.kantei.go.jp/jp/koizumispeech/index.html
5　田中眞紀子の活躍が小泉内閣の発足に大きく寄与したことはあまりにも有名である．当選3回ながら外務大臣という非常に重要なポストを割り当てたことからも，小泉による田中への厚遇が尋常ではなかったことが窺える．本章では田中個人に関する詳しい言及を避けるが，両者の関係はテレビのワイドショー番組等で大きく取り上げられたことである以上，今後の研究テーマとしては興味深いであろう．
6　御厨（2006：154）にあるように，小泉の政治的側近は姉の小泉信子，秘書官の飯島勲，竹中の3人のみと見られている．実際，小泉内閣の5年間で一貫して入閣したのは竹中のみであることから考えて，小泉による竹中への信頼は非常に厚いと見て間違いない．2003年9月22日及び2005年10月31日の組閣後記者会見で竹中への信頼を力説している．2002年9月30日の会見では，柳沢金融担当大臣を解任して竹中を経済・財政担当大臣と金融担当大臣の兼任させたことについて，柳沢の危機意識の甘さを記者に問われた際に，柳沢はよくやったが竹中への一本化が経済政策としてより望ましいと答えた．実際には柳沢と竹中の路線対立があり，竹中を支持する小泉が竹中と対立する柳沢を更迭したという見方が有力である．
7　2004年9月27日の組閣後記者会見において「民間人からすれば，大臣になるといかに制約が強いか，これにやはり打診しても躊躇する人が多いですね．まず，資産を公開しなければならない，家族が嫌がる，国会答弁，これを見

ているだけでとてもあれにはたまらんと，そういう方もかなり多いわけであります．そういうことから，なかなか民間人が政界に入ってきて，この批判に耐えてやっていくというのは大変難しい面があると思いますので，能力のある方も政界に入って，あえて自らの力を発揮してやろうというのは，なかなか少なくなってきたというのも事実でございます．」と述べた．

8 　当選2回，37歳の野田の入閣は，小泉政権の時代から見ても例外に属するであろう．小泉政権では30代の閣僚は1人も存在しない．

9 　例えば，小渕内閣の農水大臣である中川昭一は，45歳でありながら当選5回も記録している．衆議院議員の実質的な任期が3年前後であることを考えると，15年近くも議員を務めていることになる．ほかの例としては，第1次大平内閣（1978年12月発足）における橋本龍太郎厚生大臣（41歳，当選5回），第2次中曽根内閣（1885年12月発足）における小沢一郎自治大臣（43歳，当選6回），竹下内閣改造内閣（1988年12月発足）における小泉純一郎厚生大臣（46歳，当選6回）などが挙げられる．

10 　2003年9月22日の組閣後記者会見では「新たな時代の転換期に対応できるための顔ぶれもそろえなければいけないなと．熟練した年輩の方々の経験も大事ですが，同時に新しい時代のための人材も育成していかなければならない，若がえりも図らなければならない．そして，将来は若い人のためにある，経験ある方々の支え，若い方々のやる気を反映して，今までの改革路線を進めていこうということで，内閣改造，党役員の人事に取り組んだわけであります．」と述べており，若い内閣を作ることに腐心したことが見て取れる．

11 　内閣を構成する閣僚の出身（所属）は，衆議院議員・参議院議員・民間の3種類に分類できる．民間人は当選0回とすれば足りるのだが，衆議院と参議院では任期に大きな開きがあるため，当選回数をそのまま扱うのは不適切である．参議院を1期6年務める間に，衆議院は2期乃至3期務めることが通例であるから，参議院議員の1期6年は衆議院議員にとって2期に相当すると考え，参議院議員の当選回数を衆議院議員のそれに換算して当選回数を2倍することとした．

12 　本文で述べたとおり，自民党内における役職の決定基準は主に当選回数であるため，先ず当選回数の分析を行った．尚，当選回数毎に細かく調べると図が細分化されすぎて解りにくくなるため，いくつかの当選回数をまとめて表示した．

13 　シニオリティ・ルールによると，入閣の資格を得るのは当選5回以降だとされているため，当選4回以下で入閣した閣僚は若いと言える．そのため，表3及び図3では，当選1～4回を一括りにまとめた．

14 　竹中（2006：139）参照．

15 　宮沢喜一や橋本龍太郎など，「元総理大臣」の入閣は非常に印象的であった．

だが，この森内閣も民間人閣僚が2人（堺屋太一・川口順子）いることを忘れてはならない．それでもなお平均値が高いのは，宮沢・橋本・河野らの当選回数があまりに多いため，当選回数の分布の広がりが大きい（標準偏差が大きい：図5参照），すなわちローレンツの意味で比較的劣位に立っているからであろう．

16 「小渕－1」について野田と宮沢を捨象した18人の閣僚について標準偏差を求めると8.565であり，「2小泉－2」と同程度の値を示す．よって，両者を除けば年齢の標準偏差は小さくなるが小泉内閣並の大きさは維持されるので，やはり小渕内閣は全体として様々な世代から閣僚が構成されていると解される．

17 2001年4月27日の記者会見では「私が当初から申し上げていた適材を適所に起用する，そういう面において，多くの国民から合格点はいただけるのではないかなと思っております．」と述べ，職歴にこだわらないことを示唆している．

18 分析方法であるが，まず何をもって「職歴」とするのかが問題である．国会及び政党（非自民党員の閣僚や，自民党員でも以前他の政党に在籍していたことのある閣僚については「自民党」と言及するのは相応しくないので，「政党」と述べるにとどめた．）の内部には様々な役職が存在し，また国会議員ともなれば国会及び政党の外でも様々な法人の役員になっていることが通例である．そこで，本節ではどの程度を分析の対象とするかが問題である．

　ここでは国会及び所属政党における「責任者」と言うに相応しい，有力な役職を調査・分析対象とする．具体的には，以下の①ないし⑩の役職である．
①総理大臣（総理大臣を務めた場合，自民党総裁も同時に務めるが，キャリア点数はそれぞれ個別に数えた．河野洋平が総裁を務めたときは「総裁即総理大臣」ではなかったので，個別に数えないと「総裁即総理大臣」のときとの差別化ができないためである．）
②大臣（②ないし⑤の役職には，自民党以外の政党に所属する議員も就任しているが，そうした議員も平均当選回数の調査対象とした．かつては自民党と日本社会党が，昨今は自民党と民主党が主要政党であることを考えると，自民党以外の政党を分析から外すと，当選回数の実態が見えにくくなると判断したのである．また，複数の大臣を兼任した場合であっても，キャリア点数を数えるのは1回のみとした．）
③政務次官・副大臣（2001年の行政改革で政務次官が副大臣と大臣政務官に改組されたため，政務次官のキャリア点数は副大臣・大臣政務官のそれの平均とした．）
④衆議院・参議院　常任委員会・特別委員会委員長，参議院調査会会長
⑤衆議院・参議院　常任委員会・特別委員会理事，参議院調査会幹事

⑥総裁・三役とその代理クラス及び国会対策委員長
⑦自民党内役職副幹事長クラス（副幹事長・副総務会長・副政務調査会長・国会対副委員長・局長クラス（総務・人事・経理・調査（情報調査）・国際の5役職並びに財務委員長））
⑧自民党参議院における主要な役職（参議院議員会長・参議院幹事長・政策審議会長・参議院国会対策委員長）
⑨政務調査会部会長（参議院も含む）
⑩政務調査会調査会長（参議院も含む）
以上の役職について，キャリア点数を求めた．

　また，分析対象だが，下記の石高（2000）で調査されていた役職だけでは不十分と判断し，本文に記載したように調査対象を拡大した．石高（2000）の用意した分析対象では，衆議院特別委員会や参議院常任・特別委員会，調査会などが含まれていないためキャリアパスの実態を把握するにはあまりに不十分であると判断したからである．そして，これらの役職以外にも，以下の役職について職歴を調査した．
自民党内の役職：両院議員総会長，衆議院議員総会長，同副，財務委員長，国民運動本部長，対策・担当・推進・関係団体委員長，本部長，同副，特別委員会委員長，参議院特別委員会委員長
自民党以外の政党：自民党の役職に準ずるものを抽出した．

　以上の役職も調査すると煩雑になって本質が捉えにくくなると判断したため調査を省いたが，今後詳細な調査・分析を望む読者の方々は，本書付録のCD-ROMを参照されたい．尚，自民党以外の閣僚については，政党役職が全て0点の扱いになるため，キャリア点数が著しく低い点数になるおそれが多分にある．そのため，この調査においてはキャリアパスの実態を正確に点数化していない，すなわち「大よそ」の点数の元で分析されていることを了承されたい．

　次に，キャリア点数の求め方についてだが，当初，キャリア点数計算方法は，石高（2000）の方法を踏襲する方針であった．しかし，結局は次のような方法を採用した．その方法とは，第3次小泉改造内閣における，調査対象役職の平均当選回数を算出し，その値を1988年から2005年までの比較の尺度として用いるというものである．この方法では，2005年という一時的なデータで18年分ものデータの尺度とするため客観的な指標による比較ができず，すぐれて相対的な比較にならざるを得ないという問題がある．しかし，本節における小渕・森内閣と小泉内閣との比較は，たとえ相対的なものであったとしてもその目的は充分に果たされていると言える．そのため，このようなやや強引とも思える方法を採用した．尚，この分析手法におけるデータは，『国会便覧』117版（2005年10月臨時版）から調査対象役職に就いた議員の名

を，2005年9月12日の朝日新聞夕刊11面から当選回数をそれぞれ抽出した．参議院議員の当選回数は3節で扱ったのと同様に2倍にして計算した．国会便覧117版では，一部の委員会（調査会）の委員長（会長）・理事（幹事）が記載されていなかったので，その分は『国会会議録』から，163回国会を調査して補填した．とりわけ参議院の委員会は頻繁に委員の交代が起こり，どの時点を以て分析の対象とするか苦慮したが，『国会便覧』記載の委員長・理事に最も近い体制を分析対象とした．尚，参議院懲罰委員会は163回国会で一度も会議が開かれなかったので追加調査ができなかったことを付言しておく．

他方の自民党役職でも一部の部会長・調査会長の名前が載っていなかったが，部会長は13のポストのうち12，調査会長は42のポストのうち32で名前が見られたので，どちらもほぼ8割の捕捉率であるし，以下に述べるように党役職の補完は難しいため，補填をせずこのままこのまま分析を行った．

最後に，調査媒体・期間を説明する．調査媒体には，国会・内閣・政党共通に『国会便覧』，日本政経新聞社刊，78－117版を利用した．但し，国会の役職は会期別に掲載されているものの，半年に1度という同便覧の発行頻度の関係上掲載されていない，又は掲載が不十分な会期が散見された．そのような会期については，『国会会議録』（http://kokkai.ndl.go.jp/）というウェブサイトから検索した．

他方の調査期間であるが，『国会便覧』『国会会議録』共に，全ての役職を網羅していないため，入閣前過去10年間とした．『国会便覧』は半年に1回という発行頻度の少なさゆえに，短期間で終わった国会会期や短命の政権における人事を掲載しきれていないことがある．そうでなくても，人事の交代の時期と発行の時期が重なってしまい全ての人事を掲載しきれないということもあり得る．国会役職については『国会会議録』である程度は補完出来たが，党役職についてはこれといった調査手段が他に見当たらず，また調査に限界があることも事実なので，『国会便覧』に掲載してある限りの調査に留めた．他方の『国会会議録』はあくまで会議録にすぎないのであり，会議が組織されていても実際には開かれなかった委員会や調査会については委員長・会長並びに理事・幹事の調査が不可能なのである．これについてもこうした調査能力の限界により，『国会会議録』に掲載されている調査に留めた．そのため，分析において在職期間を考慮してしまうと，実際には就任しているのに調査結果に出ていないためにキャリア点数が加算されないという事態が生じてしまうので，分析に際しては在職期間を考慮しなかった．例えば，期間を考慮した場合，ある大臣経験者が150期から155期国会にかけて常任委員会の理事を務めたが，150期と155期は調査結果に現れなかったら151期から154期しかキャリア点数に反映されず，実際のキャリア点数と乖離が生じてしまう．これに対して，期間を考慮しない方法では150期～155期でも151期～154期でも，

連続して務めた以上は役職を経験したことになるので，調査の瑕疵が分析に反映されなくて済むのである．但し，大臣・副大臣・大臣政務官・政務次官についても，基本的には上記の方針を貫いたが，横滑りで役職が変わった場合と複数の役職を兼任するに至ったときはキャリア点数を数え直した．

19　小泉は2001年4月27日の記者会見で「派閥にとらわれず，民間人・若手・女性，適材適所な人事を心掛ける」と述べた．この発言は，総裁選期間中から一貫したものであった．

20　御厨　2006：33-35．

21　蒲島　2004：369．並びに，朝日新聞2001年4月30日．

22　御厨　2006：71．及び本書における白糸論文を参照．

23　竹中　2006：109-10．

24　川人（1996：114-5）参照．川人は，内閣を構成する閣僚の派閥勢力比が国会議員のそれとどの程度乖離しているのかを調べるために，各派閥が自民党所属の衆議院議員の中で占める割合と，自民党・衆議院所属の閣僚の中で占める割合との差の絶対値を算出し，全ての派閥における差の絶対値の合計を算出することで，当該内閣の人事が派閥に従っているか否かを検証している．例えば，或る内閣の時点で，各派閥の衆議院で占める割合がA派：40%，B派：30%，C派：20%，D派：10%，内閣で占める割合がA派：30%，B派：25%，C派：30%，D派：15%だとしたら，差の絶対値の合計は

　　　|40-30| + |30-25| + |20-30| + |10-15|
　　　=10+ 5 +10+ 5
　　　=30

となる．こうした分析を全ての内閣について行うことで，内閣人事と派閥との関係が見て取れる．

　　　尚，衆議院自民党における派閥構成比は，『国会便覧』100版，102版，104版，106版，109版，111版，114版，117版から採り，内閣におけるそれは参考資料から採った．

25　図7では小渕内閣第1次改造内閣・第1次森内閣・第2次小泉内閣・第3次小泉内閣を省略したが，これは4節での職歴調査と同様，内閣の構成員たる閣僚の顔ぶれが前内閣と殆ど相違無いため，わざわざ分析する意味は無いと判断したからである．

26　2005年の総選挙後，最大派閥は無派閥になった（衆議院では92人）．小渕・森内閣の時代は無派閥はせいぜい10人ないし20人であったことを考えると，無派閥が他の派閥勢力とも引けを取らないほどの勢力となり，国会と内閣の派閥構成比の乖離に深く影響したことが容易に推測できる．

27　しかし，川人（1996：115，図2）を参照すれば判ることだが，自民党内でシニオリティ・ルールが確立していなかった佐藤内閣の頃までは，乖離率が

70%に達する内閣もあった（石橋内閣・佐藤再選内閣）ので，第3次小泉内閣が考えられないほどの高い乖離率であるとは，自民党の歴史を考えると必ずしも言い切れない．

参考文献

石高晴奈（2000）「自民党の役員人事と政策決定――自民党長期政権崩壊後の変化について――」東京大学法学部第2期蒲島郁夫ゼミ編『現代日本の政治家像　第1巻』木鐸社．

飯島勲（2006）『小泉官邸秘録』日本経済新聞社．

蒲島郁夫（2004）『日本政治の軌跡――自民党システムの形成と変容』岩波書店．

川人貞史（1996）「シニオリティ・ルールと派閥」『レヴァイアサン』臨時増刊号：111-45．

竹中治堅（2006）『首相支配――日本政治の変貌』中公新書．

⟨コラム⟩

内閣の若返りは国会の若返りではないのか

岸川　修

　前章3節では，小泉内閣特有の現象とは必ずしも言い切れないものの，小泉内閣が小渕・森内閣に比べて若い側面を持っていることを論じた．しかし，これは小泉だからなしえた業なのだろうか．近年，所謂ベテラン議員の引退[1]を耳にすることが多く，逆に2005年衆院選では初当選議員が多かった[2]ように，国会全体が若年化しているのではないかと思え，小泉内閣が若かったのは国会の若年化の1つの現われではないかと考えられる．

　そこで本コラムでは，1998年から2005年までの衆院選及び参院選の直後における衆参両院に属する自民党議員の当選回数の平均・標準偏差と，選挙後に初めて実質的に[3]組まれた内閣の当選回数の平均・標準偏差を図に表し[4]，国会の若返りが内閣の若返りと同時期に発生したのかを調べた．その結果が図1である．

　たしかに，先に指摘したように，近年はベテラン議員の引退が目立つので，衆議院自民党の当選回数の平均・標準偏差が共に減少し，それが内閣のそれと同じように起こったのではないかと考えられる．実際，図1では衆議院自民党の当選回数の平均は殆ど変化していないものの，標準偏差が減少しており衆議院自民党の若年化を示している．そして，小渕・森内閣時代における衆議院自民党全体の標準偏差と小泉内閣時代のそれの対照性は，内閣の平均・標準偏差の対照性と似たような関係にある（内閣の平均だけは05年衆院選のみ大きく増加しているが，それ以外では概ね上記の関係が認められる．）．

　しかし，内閣の当選回数は平均・標準偏差ともに衆議院自民党の標準偏差よりも大きく減少しているので，衆議院自民党全体の若年化が内閣人事に与えた影響

図1　当選回数に見る，衆議院自民党と内閣の若さの関係

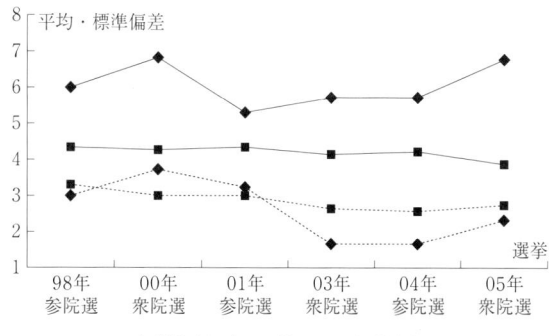

は小さいと考えられる．したがって，小泉内閣が若かったのは国会の若年化の1つの現れではないかという仮説は，完全に正しくないとは言えないまでも，積極的に正しいと認められるものではない．

---

1 例えば，近年引退したベテラン議員には次の人がいる．何れも，朝日新聞社が衆院選，参院選の直後に載せる議員名簿の記事の中で，前の選挙では名前が載っていたものの次の選挙で載らなくなった人を抽出した．尚，当選回数は衆議院のみである．

小渕恵三　　　　2000年，議員在職中に逝去（当選12回）
原健三郎　　　　2000年，衆院選に際して引退（当選20回）
桜内義雄　　　　同上（当選18回）
竹下登　　　　　同上（当選14回）
中曽根康弘　　　2003年，衆院選に際して引退（当選20回）
奥野誠亮　　　　同上（当選13回）
宮沢喜一　　　　同上（当選12回）
塩川正十郎　　　同上（当選11回）
三塚博　　　　　同上（当選10回）
相沢英之　　　　2003年，衆院選に落選（当選9回）
山中貞則　　　　2004年，議員在職中に逝去（当選17回）
池田行彦　　　　同上（当選10回）
橋本龍太郎　　　2005年，衆院選に際して引退（当選14回）
武藤嘉文　　　　同上（当選13回）
小里貞利　　　　同上（当選9回）

　　尚，2005年現在衆議院での最多当選回数は，自民党の海部俊樹の16回であり，次は自民党の河野洋平の14回，続く13回には自民党の森喜朗，民主党の小沢一郎・渡部恒三・羽田孜，国民新党の綿貫民輔がおり，かつて原や中曽根が在職していた頃と比してベテラン議員が減少したことが容易に予想される．

2 他方，2005年9月12日の朝日新聞夕刊11面によると，自民党所属の衆議院議員（全296人）のうち，当選3回は41人，当選2回は33人，当選1回は83人いる．若さが売りの民主党（衆議院13人）では，当選3回が18人，当選2回が35人，当選1回が13人であり，当選1回から3回までの人数割合は自民党が（157/296）*100＝53.0%，民主党が（66/111）*100＝58.4%である．2大政党のどちらも若い，即ち当選回数の少ない議員が多くなってきたことを如実に示している．詳しくは本文の記述を参照されたい．

3 ここでいう「実質的に」とは，選挙後初めて組まれた内閣の閣僚が全員先代の留任であるような場合には，その選挙の結果を受けて成立した内閣とは言えないため，その次の改造内閣をもって選挙後初めて組まれた内閣と扱ったのである．例えば2005年衆院選後初めて組まれた第3次小泉内閣は，第2次小泉内閣改造内閣の閣僚

が全員留任した形で成立したため，選挙の結果が反映されたとは言えないのである．

4　ここで衆議院自民党に限ったのは，国会全体を母集団に入れると野党議員のデータが入ってしまい，自民党の議員が中心となって構成されている歴代内閣との比較において正確性が担保されないと考えたためである．

　また，参議院については3節における分析と同様，当選回数を2倍にした．尚，本コラムで分析の材料として用いた，衆院選及び参院選翌日の議員名簿（朝日新聞社掲載）には，衆参両院の経験がある議員は，現に所属している議院の当選回数しか掲載されないため，正確性に欠ける部分があることをご了承願いたい．出典の新聞は以下のとおりである．

1998年 7月14日　　朝日新聞　　朝刊 8面
2000年 6月26日　　朝日新聞　　夕刊11面
2001年 7月31日　　朝日新聞　　朝刊 6面
2003年11月10日　　朝日新聞　　夕刊11面
2004年 7月13日　　朝日新聞　　朝刊 7面
2005年 9月12日　　朝日新聞　　夕刊11面

第6部
巻末資料

〈資料1〉

清水俊介記者講演録

2005年11月29日（火）
於法学部3号館203号室

　はじめまして．私は東京新聞政治部記者の清水と申します．まさか自分がこんな場所で，東大の学生さんたちに話をすることになるとは，全く夢にも思っていませんでした．こういうアカデミックな世界には僕は進まずに新聞記者という職業を選んだんですが，新聞記者というのはあったことを割と噛み砕いてわかりやすい言葉で伝えていくという仕事であって，分析とか解説とかというよりもまず事実を報道する世界だと思います．もちろん分析や解説もありますが，まずは報道，事実を報道していくということで，こういう研究をしていらっしゃる方の前で話すというのは甚だ恥ずかしいんですが，ちょうど小泉首相番を，2004年の8月から2005年の9月まで，ちょうど郵政解散選挙が終わってあの巨大な与党が出現するまで，本当に首相に密着して過ごしてきたので，その経験を話すことが多少なりとも役に立つのであればと思って来ました．お招きいただきありがとうございました．

　まず僕の自己紹介をしますと，僕は1995年に入学して，1997年の秋に蒲島ゼミに入りました．ちょうど97年の春に先生が筑波（大学）から東大に移られて，第1期のゼミでした．当時もちょっと変わった先生が来たということで，ゼミは20人くらいの定員に多分，倍かそれ以上の申し込みがあったと思います．今でも最初のゼミの日に先生が話されたことはよく覚えていて，こういうゼミの集まりもある程度社会を反映したというか，世の中は多様性で成り立っているから，成績のいい人，真ん中くらいの人，あんまり良くない人から満遍なくゼミを構成しましたっていう趣旨の話を，別に成績で選んだわけではないという話でした．そのおかげで僕はゼミに入れたと思っていて，いまでも先生には本当に感謝していて頭が上がりません．僕らがやっていたのは新党全記録ということでしたが，8年経って思うのは，あのころやった作業は非常によかったなということです．僕は新党さきがけを担当したんですが，資料を手に入れるのは当時は非常に簡単だったんですね．新党さきがけの党本部に行って，くださいって言えばバックナンバーとかなんかもごそっと，機関誌だとかなんとかってくれました．やっぱり8年経つと当然そういうものは手に入りにくくなるということで，いま小泉政権を毎日見ている新聞社の政治部でもオープンになっている資料はどんどん手に入るんですが，新聞社ではある程度年が経つと捨ててしまいます．学生のときにしかできないかもしれませんので，集められ

るものは集めて，どんどん記録にして，いい研究をされることを願っています．

　レジュメを一応つくってきました．政治部というのは，月曜日は議員が地方に帰っていてたいてい火曜日くらいに（東京に）戻るので，月曜日は比較的暇なんですけれども，昨日は西村真悟が逮捕[1]されて，日中に今日の話を練ろうと思っていたら全くできませんでした．昨夜あわてて作ってきて，情報だけはたくさん盛り込もうと思ったのですが，全然体系的でもなんでもなく，羅列したようになってしまうかもしれませんが，お許しください．

　ゼミ長の中嶋さんから，有権者の中での小泉首相という視点と，小泉首相の個人的資質という視点をいれてほしいという希望を聞きましたので，一応その項目を2番目と3番目に大きくいれて，小泉首相がどういうふうにメディアに接しているのか，メディア戦略というかメディアとの接し方，それから間近で見た総理大臣の人となりを話したいと思います．確かに先程言ったように，報道するジャーナリズムの世界に生きている立場の者がやっている仕事と，アカデミアでやっている作業は若干違うんでしょう．だから，僕がここで話すのも多少なりとも役に立つのかな，と思います．皆さんが料理してください．

　最初に，首相番の仕事とは，という話です．これは中嶋さんからお願いされたわけではないんですが，ちょっと説明しておいた方がわかりやすいかなと思って入れました．首相番，僕は今29歳なんですけれども，各社政治部では政治部に来た記者が首相番をやります．政治部なんかで偉くなった，キャリアを積んだ人が，総理大臣に直接インタビューをしたり，質問したり，考えを聞いたりするんじゃないかと一般的には思われるかもしれませんが，新聞・テレビの世界では，政治部で一番若い人が首相番をやります．なぜかというのはよくわかりませんが．僕も首相番になるにあたって部長から，ぞうきんがけみたいな作業だけどまあがんばってくれ，と言われました．首相番は丁稚だとかぞうきんがけだとか言われたりする，とにかく体力勝負の仕事なんですね．意外に思われるかもしれませんが．なぜなら，やる仕事というのは，首相が朝起きて家を出て，今の家は公邸ですけれども，公邸を出て首相官邸に入ってから，その日の執務を終えて夜どこかで議員と飲んだり，学者と飲んだり，役人と飲んだりして家に帰るまで，だいたい常に首相が何をしているかというのを見ておくのが仕事です．原稿を書くとかではなくて，とにかく首相が何をしているか，誰と会っているかというのを把握するのが仕事です．把握した上で上司に報告する，というのが仕事です．新聞の政治部，テレビもそうかもしれませんが，政治部の記事というのは，キャップ，サブキャップという，記者クラブで一番責任ある立場の人が，主に原稿を書きます．一人で取材して，社会部記者みたいに一人で書くというよりは，各部員から上がってくる情報を見て，メモみたいな形式で上がってくる情報を見て，こっちの人はこう言っている，こっちの人はこうい

うふうに言っているという複合的な情報をあわせて，キャップがアンカーとして記事を書くというのが多いです．ですので，首相番はほとんど原稿を書きません．首相の行動を見ている．今総理は誰に会っているんだ，という電話がキャップからかかってきたときに，誰に会っています，とか，いま総理執務室には誰が入っています，というようなことを常に報告できるようにしておかなくてはいけないということです．

なぜそんなことをするのかというと，首相の行動，首相が誰に会っているかということは，国の方針に直結する，まさにニュースなんですね．たとえば，今だと政府金融機関の改革だとか，三位一体の改革だとかがあります．そういう，役所と官邸でものごとをすりあわせたり，役所でできた案を官邸に持ってきたりするときは局長だとか次官だとかが総理に報告するんですけれども，総理大臣に役人が会って報告するというのは，もう方針が決まったという段階，最終局面だったりする．だから，ああいまこの政策，この法案をまとめたんだな，とかいうことがわかるんですね．そこで首相番は何をするかというと，例えば厚生労働省の次官とか厚生労働省の局長とかが総理大臣に会いにきたとしたら，僕らが直接取材するんじゃなくて，今次官が総理に会っています，今局長が総理に会っています，というようなことを厚生労働省の担当記者に報告し，総理に会って戻ってきた次官とか局長に，総理に今日はどういう報告をしてきたんですか，という質問を厚生労働省の担当記者がすることによって物事が動いていることを知る，そこから記事ができていくということになります．

それから首相番の仕事として，首相動静をつくるというのがあります．新聞の2面3面の左に小さく載っているものですが，あれは発表されたニュースではないんですね．発表されたものじゃなくて，首相番が作っているものなんですけれども，基本的には記者一人では絶対に作れなくて，首相番何人かでつくります．東京新聞の場合には首相番は一人しかいないので，共同通信，時事通信が送ってくる首相動静を使っています．多くの地方紙もそうですし，全国紙も共同時事が送ってくる首相動静にあわせて作っているので，実質的に首相動静を完璧に見ているのは共同通信，時事通信だけということになります．各班に1つ，資料として5枚くらいの紙を配りました．それに昨日の総理大臣のインタビューなどを参考資料程度に挙げたんですけれども，最後に総理日程，官房長官日程という紙があったかと思います．オフィシャルに発表される日程というのはこれだけです．明日の新聞の首相動静を見て，これと比べてみるとおもしろいと思います．総理は，今日は9時25分に公邸を出て，9時半に自民党本部に行って，党役員会に出て，10時に官邸に戻ってきて，閣議をやって，11時半にモロッコ国王と会って昼飯を食って，2時半から諮問会議があるんですけれども，この間にいろんな人に会っているんですね．官邸に来たいろんな人に総理に会うということを聞いたら，それを動静として記録していくとい

うことになります．あまりゼミの研究には関係ないので，動静の作り方なんかとかは，後で飲んだときにでも．あるいはまた今後，個人的に聞きたかったらメールアドレス等は後で教えます．

　2002年に新しい官邸ができました．それまでに70年くらい使われていたあの旧官邸，いまは改造されて総理大臣の公邸になっていますけれども，と比べて取材のやりやすさが圧倒的に変わりました．旧官邸のときには総理大臣の執務室のドアの前まで番記者が行くことができたんですね．総理大臣の執務室にはトイレはないから，総理大臣が執務室を出てトイレに行くのまでわかったんですけれど，今は総理大臣の執務室がある官邸の5階には記者は入れないことになっていますので，官邸の玄関は3階にあるんですけれども，3階のエレベーターに乗っていくところまでしか見ることはできません．そのかわりに執務室前にモニターカメラがあって，総理大臣が入る入らない，あるいはその総理執務室に客が出たり入ったりするのを確認できるようになっています．さきほど記者一人では絶対に動静がつくれないと言ったのは，モニターカメラを常に見ている番記者が必要なのと同時に，官邸の玄関で，3階のエレベーターに乗る人を見ている記者も必要ということです．連携プレイでないと，誰かが官邸に入ってきても総理大臣に会うのか，入ってきたけど官房長官に会う人もいますから，その辺をきっちりチェックするのはひとりでは絶対にできません．昔の政治部記者なんかは首相番のおもしろみがなくなったと言います．昔の記者は総理大臣の執務室の入り口の前まで行けたということですが，国の最高権力者の部屋の前まで各社の記者がいて，総理大臣が何をしているのか想像を巡らしているというのも，そんなことをやっている国が日本だけだったかどうかは知りませんが，世界ではあまり例がないようです．先程の衆院選で大活躍した世耕弘成さんなんかは，NTTの広報をやっていた方ですけれども，政治の世界に入ってきて国の最高責任者が丸腰であることに驚いたと言っていました．要するに執務室の前まで記者が張り付いているという状態が異常で，執務室を出てきた総理を囲んで歩きながら話を聞いて，そこからニュースがつくられていくということに驚いたということですね．そういう具合に，旧官邸のときには我々にしてみれば取材はしやすかったのですが，総理大臣側にしてみれば迷惑な話だったんでしょう．それが新しい官邸ではできなくなって，取材のしやすさは下がりました．逆に，総理大臣側にとって都合の良いというか，いろいろ情報の管理というか，密会もしやすくなったんですね．密会がしやすいというのはどういうことかというと，総理大臣の執務室の前に，モニターがあってその出入りはチェックできると言いましたが，官邸には執務室前の廊下以外にも，ドア入った中に内廊下というのがあって，（部屋のドアを指し示して）あれが執務室の入り口だとしたら，この部屋の中にも廊下があって，その廊下は官房長官の部屋と繋がっているので，官房長官に会いにいくと言って官房長官の部屋に入って，官房長官の部屋から内廊下を通って総理大臣に会いにいくこ

ともできます。だから，いま新聞なんかに出ている動静は完璧な動静ではありません。漏れもあります。官房長官と総理が会っているのも，随分（見）落としています。昔は記者の前を通らなければ会えなかったので，官房長官と総理大臣が会ったというのは簡単にわかりました。

　5番目の項目ですけれども，今は首相番の仕事にぶらさがりインタビューというのがあります。それが，首相番が総理大臣に声をかけられる，質問や言葉のやりとりができる唯一の場所です。これは後でも言いますが，小泉政権になってから始まったものです。それまではこういうインタビューはきちんとセットされていなかったので，首相番は総理大臣が執務室から出てきて車に乗るまでの官邸の階段とか廊下とかを歩きながら質問して，総理大臣がそれに答えていました。ただ，小泉首相が歩きながらでは嫌だということになって，ぶらさがりインタビューが始まりました。昼と夜，原則2回あります。お渡しした資料にも，11月28日夜，小泉首相やりとりというのが2枚，3枚目は昼の小泉首相やりとり，4枚目はこの前の九州場所の時のもので，おまけとして付けておきました。あとで見ておいてください，
　ぶら下がりインタビューでは，昼は新聞記者が質問します。夜はテレビの記者が質問します。夜はテレビカメラがあります。昼はテレビカメラなしで，やり取りだけです。なぜ昼と夜の2回やるかというと，これは内閣記者会側が首相サイドと協議して決めたと思うんですが，新聞は夕刊を作ります。夕刊の締め切りは昼の1時20分くらいなのですが，夕刊に総理大臣の声を載せたいことが結構あるので，昼にやります。テレビは昼ニュースというよりは民放各社の夜ニュースが9時台からあるので，夜はテレビカメラありでというのが原則となっています。
　お配りしたのは昨日のやり取りなんですが，事前にこの項目とこの項目とこの項目とこの項目を質問しようというのを，各社の首相番記者ですり合わせをします。昨日は1問目は西村逮捕の感想を総理に聞いています。質問したい内容は各社，同一の場合が多いので，最大公約数的な内容になります。僕の場合（東京新聞）はキャップからこれを聞けという命令はなく，お前が聞きたいことがあれば聞けばいいという感じでしたが，首相番が質問するというよりは，キャップ，サブキャップなどの上の記者に夜のぶらさがりインタビューでこれを聞けと言われて聞く社もあります。事前に質問は総理サイドに知れることになっていますが，通告なしで突っ込みの質問をすることも可能ですし，特に文句は言われません。ぶらさがりインタビューというのは，小泉政権の，小泉首相のメディア対応の中でも最も重要なものだと思うので，また後のところでももう少し掘り下げて話します。
　首相番記者がもうひとつやるのが，これがまた重要なんですけれども，首相周辺への夜回り取材，朝回り取材です。首相には，皆さんご存知だと思いますが，政務秘書官と，4人の事務秘書官がおります。各社，それぞれバラバラですけど，各社

ともたいてい首相番,若手の記者は,4人の事務秘書官も担当します.事務秘書官というのは,はっきり言えば,総理と常に一緒にいる人なんですが,外に出て行くときも,何するときも,小泉さんは今の事務秘書官を非常に大事にしているというか,なくてはならない存在と思っていて,政治家以外ではいま総理の心中なんかを最も知っているのは事務秘書官なんですね.その事務秘書官には日中はなかなか,執務室に入ってしまっていて会えないので,夜や朝,その人が家に帰ってくるときや家を出るときにつかまえます.つかまえるというか,家の前で待っていて,質問します.総理大臣は夕方のインタビューでこういうことを言っていたけど,あれはどういう意味だとか,そういう背景や首相の心中に迫ることが目的です.秘書官は個人的見解を交えつつ,首相の考えていることをブリーフィングしてくれるというか,記者が誤解しないように説明してくれることも多いですが,基本的には口が堅いので,これからどうするか,というようなニュースになるようなことはなかなか教えてくれません.あのときあーだったなんていう,過去の話はよくしてくれます.もうひとつ,秘書官と言えば政務で小泉首相に30年以上ついている飯島(勲)秘書官がいますが,こちらの方が今の政治部の取材対象としては群を抜いて重要な人で,それこそ小泉政権の情報管理を一手に担っているような人です.この人は各社でキャップクラスのレベルの高い記者が担当します.別格です.

　新聞記事を見てもらうとわかりますが,「首相周辺」という言葉がありますね.記事の中で首相周辺と言ったら,基本的には秘書官という意味です.飯島秘書官であれ,警察や外務出身の事務秘書官であれ,オフレコということで聞いてますので首相周辺というのは秘書官です.オフレコというのは情報の出元の名前を明かさないんだけれども発言の内容は使ってもいいよという意味です.こういう首相の発言だとか首相周辺への夜回りなどを通して,首相の心中,なにを考えているのかに迫るのが,首相番の仕事です.断片の情報を集めて,その状況を考え,予測し推測し,情報を上に伝える.だから原稿はほとんど書きません.そういう仕事です.

　では次の項目,有権者の中の小泉首相とメディア戦略というところにいきます.まずぶらさがりの歴史ということで,先程も出ましたが,もう一回話そうと思います.みなさんもそうだと思いますけれど,普段小泉首相の顔を目にするのは圧倒的にテレビだと思います.小泉首相が動いてしゃべっているのを見るのはテレビだと思います.さらに,閣議の冒頭の閣僚が並んで映っている映像だとか,諮問会議が始まる前の挨拶だとか,あるいは首相官邸に入って「おっ」と右手を上げている,といった動いてる映像は多いと思いますが,しゃべっている映像はほとんどが首相官邸でのぶらさがりだと思います.これまで,テレビカメラの前で話すことを制度化した政権というのはなかったといわれています.森前首相は番記者との関係が悪く,というよりも歩きながら話したことでいろいろ悪く書かれたことを根に持っていたのか,当時の新聞の首相とのやりとりを見ていると質問してもほとんど無視の

状況が続いていたようです。歩きながらのやり取りは、実際にやってみると本当に誤解を招きやすいんですね。(喋る)人が歩いていて、その側についてる2人くらいは聞こえるかも知れませんが、後ろの人には全く聞こえないし、側にいる人だってよく聞こえない。歩きながらですから、それはどういう意味ですかと深く聞こうと思っても部屋に入っちゃったりとか、そういう風に歩きながらの取材というのは非常に危ないところがあるんですね。一例を挙げると、僕の経験したことではなく随分前の話ですが、カンボジアのPKOに行っていた日本人の方が、警察の方だったと思いますが、亡くなったことがありました。その時ちょうど宮沢首相はゴールデンウィークで休みを取っていて、軽井沢のホテルで静養していたんですけど、PKOに参加している日本人が死亡したということで、あわてて静養先から官邸に戻ってきました。記者も駆けつけていて、執務室に入っていく途中の階段で宮沢首相は「まあ仕方ないね」という言い方をしたんですね。宮沢首相としては、休み返上で静養先から東京に戻ってきたことが「仕方ないね」だったんだけれども、死んでしまったことが「仕方ないね」だと(記者が)解釈して、それが見出しになったということもあったみたいで、歩きながら話を聞くのはそういう誤解を招きやすいんですね。ですので、今の小泉総理は歩きながらのやりとりは絶対にしない、ということで、内閣記者会と協議して1日2回ぶら下がりをするようになりました。ぶら下がりインタビューですね。

昼は12時過ぎくらいで、夜は官邸の外に出る前です。先程も言いましたが、昼はカメラなし、夜はカメラありです。これを始めたのは小泉政権なんですけれども、今までの、ぶら下がりインタビューがなくて、歩きながら質問していたというような時代に逆戻りすることは、ないと思います、個人的には。多分ないと思います。というのは、それの方が双方にとっていい、利益になる制度だということです。ですので、次に総理大臣になった人が、仮にぶら下がりをやらない、インタビューをやらない、1日2回のインタビューをやらないと言い出しても、内閣記者会は多分それを受け入れないと思います。言い忘れましたが、1日2回ちゃんと立ち止まってインタビューに応じる代わりに、歩いているときに声をかけることは、基本的にしてはいけません。そういうルールになっています。

次の項目、テレビ重視ということです。ぶら下がりインタビューは昼でも夜でも、聞きたいことを自由に聞いていいんですけれども、カメラがある時とない時とでは、小泉首相の対応は露骨に違います。それは人間誰しもそうなのかもしれませんし、前からそうなのかもしれませんけれども、最近特に露骨に対応が違うんですね。夜はしっかり丁寧に答えている感じがしますが、昼は極めてそっけないアンサーで、記事にもならないという感じです。様子もそうで、昼はポケットに手を突っ込んだままということもあります。あまり集中していない様子のこともあるし、答えもショートアンサーです。昼のインタビューはそういうわけで、総理大臣もめんどくさ

いと思い始めてるのか，夜も同じようにインタビューがあるから，総理大臣自身は1日1回でいいと考えている節があるような気がします．これも，（私が）勝手にそう思っているのかも知れませんが，衆院選で大勝ちした後は極端に昼のインタビューが減りました．なぜかはよくわかりませんが，めんどくさがってるということではないでしょうか．ちょうどいい例で昨日のインタヴューを参考資料として持ってきたんですけど，やはり新聞記事にインタビューの内容が出るよりも，テレビで表情つきでやりとりが国民の前に示される方が，小泉首相はいいと思っている．だから，テレビの前では極めて丁寧に答えている感じがして，新聞記者としてはちょっとおもしろくないところもあります．

リスク管理ということなんですけれども，無理を言って，なのかどうかはわかりませんが，4年前の経緯は僕もよく知りませんが，小泉首相サイドと内閣記者会とのやり取りの中で制度化された1日2回のインタビューには，条件がついてるというわけではないんでしょうけれども，事前に質問の通告というか，各社の記者が集まって今日何を聞こうかと相談する席に官邸のスタッフが同席します．同席するのは秘書官補といって，秘書官の下に30代前半の若手のキャリアが補佐するような形で1人ついているんですけれども，その秘書官補が新聞やテレビの記者が質問のすり合わせをしているところに入っていて，何を質問するかをきちんと書き取って，首相の目に入るようになっています．執務室を出てインタビュー会場に来る前に，どういうふうに答えるか全秘書官で打ち合わせをします．ですので，あまりハプニング的な発言が出てくることはないんですね．そういう意味で，リスク管理，失言管理はしっかりしています．これはひとつの特徴だと思います．質問についてはどんな内容でもOKで，野球の話なんかを振ったりすると，けっこう聞きもしないのに長々と話したり，そういうやわらかい話題は，総理大臣は好きですね．リスク管理ということなんですけれども，今までも小泉首相の失言としてけっこう有名なものは，軒並み国会の委員会のやりとりでしか出てきません．報道記者のぶら下がりインタビューで失言が出てきたことは，僕が知る限りないと思います．「人生いろいろ」は衆議院の決算行政監視委員会だったし，「この程度の公約を守らないのは大したことじゃない」っていうのは予算委員会でしたし，「自衛隊の行っているところが非戦闘地域だ」というむちゃくちゃな話も国会の委員会での質問への答弁だったと思います．そのへんのリスク管理は官邸にいる限りは徹底しています．逆に，そういう委員会の方が総理にとっては鬼門というか，やっぱり新聞記者なんかより野党の追及の方が，わりとカッとしやすいので，というのもあります．新聞記者は，やっぱりその立場というのがあるのかないのかわかりませんが，激しく追及するような突っ込みはしません．後からけっこう秘書官から，秘書官室から怒られたりもしますけど，やっぱり遠慮しちゃってる部分はあるんじゃないかと思います．

それから映り方へのこだわりは，答え方もさることながら，例えば外で何かの視察をしたときのインタビューのときは非常に綿密に総理の立ち位置などを秘書官サイドがカメラマンとすり合わせしたりしますし，いつもやっている官邸でのインタビューでも，ライトのあたり方に文句をつけてきたこともあったり，とにかくテレビへの映り方へのこだわりは，総理自身が持っているというよりは総理の周辺が持っているんでしょうけれども，徹底しています．親しみやすいキャラクター演出のため，というのはあたってるかどうかわかりませんが，例えば公邸の庭ができたので新しい公邸の庭を歩きますと言ってカメラマンを呼んだりして，仕事だけしているわけではないというところを見せるときにカメラがあるかないかを非常に気にします．小泉さん自身が気にしているというよりは小泉さんの周辺が，カメラがあるかないかを気にしていると思います．ちょうど，これはリスク管理とも関わりますが，また1つおもしろいエピソードがあります．今年（2005年）の4月に，4月20日かな，官邸の前にポールがあって真ん中に日の丸が立っていますが，もう1本あるポールに5月の前だからということで鯉のぼりが掲げられたんですね．ちょうど3匹だったんですけど，お父さん鯉とお母さん鯉と，子鯉っていうんですか．それを見るというのでまたカメラマンを呼んだんですけど，そうしたらカメラの前で小泉首相が，「子供は1匹しかいないのか」と，「これはまずいんじゃないか」というふうに，冗談を言いました．それを聞いていた新聞記者は「鯉でも少子化危惧」とかそんな記事を書いたりもするんですけど，（小泉首相は）「1人はまずいだろう，普通3匹だろう」と言って，ちょうどそのときはバンドン会議50周年でインドネシアに行く日だったんですが，「インドネシアから帰ってきたら増えてるかな」と言って，それもカメラには残っていました．僕もその時はたまたまインドネシアについていけたんですが，週明けの4月25日に帰ってきたら，あろうことか鯉が3匹になっていたんですね．せっかく3匹になったから首相にまたその前を歩いてもらおうということで，カメラもセットしてカメラマンも準備していたんですが，それは突然中止になったんです．なぜかというと，その日の朝9時半くらいに尼崎線の事故2が起こって，それどころではなくなったからです．その段階では別に総理には何も仕事をすることはなかったんですけれども，こんな事故が起こってるのに鯉のぼりを見てたって言われることを恐れてなのか，結局鯉を見る映像は撮らせませんでした．これはあくまでも1例ですけれども，こういうふうに国民への印象を非常に気にする，演出をしているという印象はあります．それはそれでいいことだと思うんです．なぜかというと，1回僕も秘書官に聞いたんですけれども，（内閣）支持率が，各社の調査によって違いますが，40%を割らない調査があったり35%を割らない調査があったり，とにかく絶対にそこから下には行かないっていう底堅い支持率をキープしていたんです．その理由は何かといったら，秘書官はやっぱりチョンボがないということをしきりに強調されていました．すぐ思い浮かぶ例ですけれども，

森政権の時には，えひめ丸が沈んだとき3に（森首相が）ゴルフをしてたと袋叩きに遭いました．ああいう対応ミスは，（小泉政権では）あまりない，ほとんど見当たらない．それはもちろん周りが考えていることですが，そういうミスが少ない，危機管理においてミスが少ないということ，あとは，これも一部週刊誌が書いていたことがどこまで本当かわかりませんけれど，金にクリーンな政治家であることは確かですね．いままでだと，政治と金の問題で足を引っ張られた人もいたんですけれども，小泉さんはあまりお金を集めるような政治家でもないし，そういう意味では危機管理とクリーンさというのは徹底しているなという印象があります．

次に，飯島秘書官についてです．私は直接担当していないのであまり語ることはできませんが，この人抜きに首相のメディア戦略というのはありえないなというくらいですね．マスコミが一番知りたい小泉首相の考えてることというのを，それこそ30年以上二人三脚でやってきた人ですから，ありとあらゆるネタがあって，それもまたうまくマスコミをコントロールするんです．少しリークをしてですね，教えてやって手なずけるような手法，それから恫喝，リークと恫喝でマスコミを手なずけているという印象があります．僕があんまりどうこう言えないですが，とにかく飯島秘書官のマスコミに対する影響力は絶大です．それこそ，飯島さんに嫌われると非常に仕事がしにくくなるというのがあるみたいで，一時期，日テレを北朝鮮に連れて行かないぞ問題っていうのがありました．ある番記者で北朝鮮のコメ支援の内容を日テレが抜いたんですけど，それに激怒した飯島秘書官が北朝鮮に連れて行かない，第2回目の訪朝で政府専用機に日テレを乗せないと言って怒ったという問題があるんですけれども，その後から日テレは情報が入りにくくなったというようなことを言っていました．そういう圧倒的情報を持っている飯島秘書官が，情報をもとにマスコミをコントロールしているというのは，なきにしもあらずだと思います．僕が話すよりも，飯島本というか，飯島さんについて書いた本とか記事とかたくさんあるので，そういうのも参考にしていただければと思います．

メールマガジンはちょっと簡単に話しますと，今でも毎週1回ちゃんとメールマガジンが配られてますが，とっていますでしょうか．非常に情報量は豊富というか，首相の挨拶みたいなのがあります．もちろん本人が書いてるわけじゃないですけれど，材料はその週に話したこと，こういうぶら下がりインタビューも含めて話したことを基につくっているので，首相が言っていることと理解して差し支えないと言うか，もちろん秘書官がそういうのを基につくった案を総理に見せて，総理のOKをもらっているので，メールマガジンも総理の発言として利用してもいいのかなと思います．

メディア戦略ということで，個人的に思い入れがあるので，解散後の記者会見にちょっと触れておきたいと思います．きっと皆さんも見たと思いますけれども，なんというんでしょう，あれは本当に見事な記者会見で，それこそ自民党の中川政調

会長もずっと褒めていたし，わりと最近，民主党の前原代表の講演を聴いていてもあれは見事だったということを言っていましたが，近年まれに見る政治家の言葉として見事に国民に届いた記者会見だと思います．あれは誰が入れ知恵したのでもなくて，解散した後に部屋にこもって総理大臣が一人で考えていたらしいです．ガリレオの話も別に秘書官が入れ知恵したわけではなくて，自分で思いついたということになっています．そして，あれだけ見事に国民に対して訴えた．もちろん，常に国民に対して訴えるという視点は持っているんでしょうけれども，あれほど見事に国民に訴えた記者会見は，まだ1年ちょっとしか政治部記者はやっていませんけれど，なかったと思います．小泉首相自身は国民の支持あって今の自分があるっていうのはよくわかっているので，その辺りは非常に，国民に訴えるということは常に考えていると思います．

民主党との比較ですが，私も1カ月くらい前に民主党を担当し始めましたけれども，メディアの利用の仕方が全くなっていません．これは小泉政権の話とは関係ないので，また別の機会にでも話します．圧倒的に下手です，民主党は．だから，しばらく本当に勉強しなきゃいけないと思っています．

最後に，あまりこちらの研究テーマとは関係ないのかもしれませんが，首相の個人的資質ということで，間近で見た首相の人となりということを，中嶋さんからそんなテーマで話してほしいということであったので，話します．基本的に今まで話した通り，首相番は総理と個人的に話す機会はほとんどありません．1日2回インタビューをして表情を見たり，毎日毎日言っていることを聞いて，何を考えているのかなあって考えているくらいなんですけれども，ごくまれに記者と飯を食べたりする機会もあるんですね．定期的に行うものとしては，施政方針演説とか，所信表明演説なんかを閣議決定した，あれは前日に閣議決定するんですけれども，閣議決定した後に各マスコミの論説委員と懇談をし，その後で官邸記者クラブのキャップと懇談するというのがあって，そこで割と本音が出てきたりします．他に首相番記者とはレギュラーなところでは年に1回だけ，年末にお昼ご飯を食べる機会というのがあって，多分毎年動静に出てると思います．12月28日か29日の昼どきに内閣記者会加盟の首相番記者と昼食とかいうのが出てくると思いますけれども，それ以外に，たまたま僕が（首相番を）やっているときに，2005年の1月に1回だけ，首相番10人くらいと高輪の居酒屋でお酒を飲む機会があって，そのときにおもしろい話というか，普段聞けない話というのを聞きました．これは完オフの懇談ということで，内容も含めて出してはいけないということになっていたんですが，案の定週刊誌とかには出ていました．なぜ首相番しかその席にいないのに週刊誌に出るかというと，これは首相だけじゃなくて例えば武部幹事長の話とか政治家の話がなぜ出てくるかというと，その場にいる人が社内向けにメモを打つからです．そういう飲み

の席の話もこういう話をしていたよっていうのはメモにして，バックグラウンドとしてもちろん使えるので会社に流すんですけど，会社のデスクとか他の記者とかが週刊誌に流すから，誰も週刊誌記者はいなかったのに，なぜか週刊誌に首相と番記者が懇談とかいうのが出ていました．今となっては話して差し障りない範囲で，その個人的資質という部分でちょっと話すとですね，なぜ首相になったか率直に聞いたんですね．ちょうどそれは1月で，まだ郵政民営化法案を国会に提出する前，政府と党のすり合わせというか協議が始まったばかりの段階だったんですが，その段階で郵政民営化を実現するためと明言していました．自分は極めて変わっている，官房長官もやっていない，森内閣のときに官房長官をやれという話があったけど断った，という話もしていましたが，これは有名な話なのかな．なんで断ったかというと，郵政民営化をできなければ意味がないとそのときは言っていたんですけれども，官房長官では郵政民営化ができないということだったみたいです．誰が言ったか忘れましたけど，総理になる条件というのがあって，自民党3役のうち2つと大蔵，外務，経産の大臣のうちの2つ，そういう条件みたいなものに照らしたら自分は極めて異端で，党の3役もやっていなければ厚生大臣と郵政大臣しかやっていないという，とにかく異端で，最初は総理になろうなんて思っていなかったんだけれども出たくもないのに担がれた，と．95年の総裁選のときのことですが，そのときに郵政民営化の話をしていいんならという条件で出たらしいんですけれども，それに出た後で，郵政民営化を実現するためには総理大臣になるしかないな，と思ったようです．1回総裁選に出てからは，なれるならなりたいと思うようになった，と言っていました．そう言っていた首相が目的はもう先月達成しました．ですので，今やめてもなんらおかしくはありません．約束は約束なので来年9月までやりますが，間違いなくやめると思います．むしろ，やめる日を心待ちにしていると思います．これも総理に近い人が言ったんですけど，総理をやめてほどなく間違いなく1カ月くらいイタリアに行くぞと言っていた人がいます．これもオンで言っていたことですけれども，オンのコメントで，今年スローフード協会の偉い人が表敬に来ていたときに，本当にイタリアに行きたいんだ，料理も美味しいし，美しい音楽があって，ということをしみじみ言っていました．とにかく4年半ああいう不自由なというか，箱の中の生活をしているのでもう充分だと思っている節はあると思います．ただ，今せっかくこういうパワーを手に入れたので，進められるところまでは進めておこうという意識もあると思います．最近でもオペラ三昧はいいとか言っていましたけど，とにかく総理大臣を辞めることを楽しみにしていると思います．次の選挙にも出ないと思われます．というのも，小泉首相はかねがね政治家たるもの出処進退は自分で決めるべきだと言っていて，いま民主党担当なので西村真悟によく噛み締めてもらいたいんですけれども，(小泉は)ちょうど65歳でお父さんが亡くなっていて，それで急遽政治家の道を志すことになった人です．自分もやっぱりお父さ

んが辞めた，というか亡くなった65歳あたりでの引退を考えていると言われています．

次に人となりということで，独裁と丸投げという話なんですけれど，明らかに興味のない政策については丸投げと言われても仕方ないのではないかという気はしています．ぶら下がりでも本当に淡白で，落差はあります．三位一体（改革）も，必ずしも興味があるかと言ったらなくて，何か質問したら「地方の意見を尊重するという方針です」と，判を押したようにそれしか言わないんですね．これもあまり興味がないのかなあと思います．それから独裁批判，前からあったんですけれども，独裁と言われたり，丸投げと言われたり，「批判したい人はなんでも批判します」というのが総理の口癖です．開き直りみたいに聞こえますが，ただ，選挙に勝った後は独裁批判は多少気にしていると新しい担当記者は言っていました．これはもう記者個人の感じ方の部分かもしれませんが，そういう気がします．さっきも言いましたが，これだけ続いているエンジンは国民の支持だということは本人は本当によくわかっていて，これも私が見た経験からなんですけれども，今回の総選挙で告示前も含めて71回全国を遊説したんですが，正直楽しそうでしたね．8月20日が初演説だったんだけれども，そのときに「4年前を思い出す」と．4年前の総裁選のときに街頭（演説）をしていたら，自民党発表ですがそれこそ1万何千人という人が自分の演説を熱狂的に聴いてくれたという，そこが総理大臣になれた原点だったというのは感じているはずです．今回の衆院選も解散後の会見から支持率がぐんと上がって，行くところ行くところものすごい人だかりでした．サービス精神もけっこう旺盛で，多少疲れていても人の前に出るとしゃきっとするところがありました．握手もできる限りやりますね．時間が許す限り応じます．そういうところはやっぱり政治家だなあと思わせるところがあります．

これはもう本当にゼミの研究とは関係ないんですけど，衣食住についてです．衣については，男性はネクタイにこだわるなんていいますけど，ネクタイの法則は特にないです．ただ，スーツはかたくなにボタン2つのスーツなんですね．今はわりとボタン3つのが多いんですけれど，（小泉のスーツは）ボタンは2つです．衣はあんまりおもしろいものがないんです．自分で選んでいるという話もありますが，案外お姉さんの小泉信子さんが選んでいるという話もあります．いまは高輪と九段に衆議院の宿舎がありますが，小泉さんは高輪に住んでいました．大物の政治家は議員宿舎には住まずに，例えば自分の私邸を構えたりなんかするんですけど，小泉さんの場合は高輪の議員宿舎，マンションみたいなところに住んでました．自宅は一応横須賀にあります．ですので総理を辞めたら横須賀の自宅に帰るかもなんて言ってましたが，あんまり東京に残る気はないのかもしれません．これもあまりはっき

りとはわからないのですけど．

案外美食家ではないということなんですけども，総理は執務が終わると大抵は外食をするんですね．夜の会食，やっぱりここで政治はものごとが進むんですけど，杉村大蔵が料亭に行きたいって言いましたが，料亭はほとんど，というかあまり使いません，総理は．そういう意味では変わっているのか，ホテルのレストランが多いですね．総理の所属していた森派の事務所が，赤坂プリンスホテルの中にあるのも関係があるのかもしれませんけれど，プリンスホテルの利用が多いんですね．プリンスホテルの中のレストランはおいしいかと言えばおいしいかもしれないけど，むちゃくちゃおいしいわけではなくてですね，秘書官曰く，誰とはいいませんけれど，総理はそんなに美食家ではないんじゃないかな，ということを言っていました．普段の食事は，普段昼食は秘書官全員と官邸でとりますが，あっさりしたものが多いらしいです．これも官邸では伝説になっていますが，カレーに生野菜をぶっかけて食べるそうです．予算委員会があって，予算委員会朝の9時から夕方の5時まである日は，きまっておにぎり3個だそうです．案外粗食もOKなのかなというところですね．僕も，案外この人は粗食，というか淡白な生活をしているんじゃないかと確信したのが，(2005年) 8月6日の解散直前に森前首相が説得に行ったときに，缶ビールとチーズしか出てこなかったという，あれは多少森さんの演技も入っていたんですけど，缶ビールとチーズしかなかったのはおそらく事実だろうと周辺も言っておりました．だから，あまり普段からおいしいものをがつがつ食べるという風ではないようです．ラーメン好きなのも有名で，たまに食べに行っています．これもあまり関係ないんですけど，高輪の宿舎（の近く）に「だんた」という議員がよく行く中華料理屋みたいな居酒屋があるんですが，あそこのラーメンが大好きなそうなんですけれども，みんながそろって，番記者もそこで食ったりしますが，おいしくないです．だから，総理が食べに行くところは動静に出てくると思いますけれど，案外学生さんでも行けるところがありますので行ってみてください．高輪の「だんた」は覚えておいてください，おいしくないです．

それから，歌舞伎，オペラ，クラシックが大好きと言うのはみなさんも耳にしていることとは思いますが，引退後はこれらにどっぷりつかるはずだというのと，普段何してるかというと，公邸ではCDをかけて音楽聴くのがストレス解消だとはっきり言っていました．音楽をかけたまま寝ます，と言っていました．映画音楽の，エンリコ・モリコーネが大好きだっていうことで，CDの選曲にも携わっていましたが，今までの総理大臣がCDの選曲に携わったというのは聞いたことがないので，非常に珍しいというか，多趣味な人なんだなあと思います．ストレス解消のひとつが音楽を聴くことなんですけれど，総理がよく若い議員に言うのは，議員というのはストレス解消が大事なんだけれども，じゃあ総理のストレス解消法はなんですかっていうと，次のストレスがやってきて前のストレスを忘れてしまう，と．議員た

るものそれくらいじゃないといけないということも言っているので，次のストレスがストレス解消だっていうのも，ひとつ総理のすごいところというか，資質だと思います．

　スポーツは野球好きです．好きな球団は明らかにしていませんが，おそらく巨人だというのが番記者の一致した見方です．相撲も大好きです．ちょうどこの前，九州場所に行きましたが，九州場所後のインタビューも資料につけておきましたが，おもしろいことはなにも言ってないんです．テレビで一部しか使われませんけれど，おもしろいのでつけておきました．それから，貴乃花の写真が執務室に飾ってあります．これも聞いた話なんですが，貴乃花に正直悪いと思っているところがあるらしくて，貴乃花が足をケガしたにも拘わらず無理して相撲を取ったのは総理大臣が見に来てるからで，それで無理したんじゃないか，と多少気にしていると秘書官が言っていました．

　最後に，回顧録は書かないというのははっきりしています．僕が一緒に食事をした時，「書いたらどうですか？　書かないんですか？」と聞いたら，回顧録は書きません，と．人にもあまり書いてほしくない，と．自分はマスコミに対してしっかりしゃべっていて，新聞記事やなんかで記録になっているからそれが記録でいいじゃないか，後から回顧録なんか書いても自己弁護になる，とそういうことを言っていました．その辺は潔いなとは思いました．小泉政権の評価というものを総理自身は気にしているんじゃないかと言われますが，総理自身はそういうのは歴史が決めることだという立場に立っています．ですので，ゼミの研究が将来役に立つんじゃないかと思われますし，もうひとつ，あとからのインタビューにもあまり答える気はしないと言っていました．偉大な首相なんだろうけども，本当に小泉総理が総理になったことが日本の歴史にとってよかったことなのか悪かったことなのかは，やっぱり長い目で見ないとわからないことなのかなあと実際番記者個人として思いまして，これからどういう評価がされていくのかを，政治記者を10年以上続けることになると思うので興味を持ちながら見ていきたいと思っています．

　以上が大まかな内容です．最後に少しだけ．これは個人的なことなんですけど，1期目のゼミのときは朝日の先生がいて，その先生を見てああ政治記者はおもしろそうだな，と思って政治記者になりました．僕は就職のときには朝日には落ちたんですが今のとこと他の業種のとこにも受かって，迷って蒲島先生にも相談したときに先生が今の仕事をやったらどうだっていうふうに背中を押してくれました．せっかくこういうゼミに入っているので，先生はけっこう親身になって相談に乗ってくれるので，困ったときには先生に相談したらいいと思います．ちょうど今，前原代表を担当しているんですけれども，前原代表が政治家になるのを後押ししたのもゼミの高坂先生だったそうです．せっかく自分たちのゼミの仕事を世に出せる非常によい機会を与えられたので，精一杯やって，いいものをつくって，学生時代の思い

出にして，あるいはこれから先の仕事につなげてほしいと思います．ご清聴ありがとうございました．

（蒲島教授）

　いま清水君から話を聴きました．われわれは，最初のクラスのときにこの話を聴いてもこれほど関心を持たなかったかもしれない．しかし数週間にわたって小泉政権を追ってきたので，この話がたいへん胸に響いたし，それから今でないと清水君は話せないと思う．というのは，まだ小泉番をやめた直後だから．10年後くらいに同じような話を聞いても，ほとんどあんまり重要な話にならないと思う．今日は首相番から見た小泉首相という話を大変長く，また丁寧に話してくれたので，きちっと記録にとって，われわれの本に収めたいと思います．もうひとつ彼が教えてくれたんだけど，小泉さんは回顧録を書かない．ひとつは書きたくないということもあるかもしれないけど，多分ものぐさだと思うんだよね．だからそういう意味ではわれわれの集めた資料が，多分首相の歴史的評価，プラスになってもマイナスになってもかまわないんですけど，その客観的評価に耐えうるだけの総合的な，全資料，全記録をつくっていかなきゃいけないなあと思います．私は1期生が偉いなあと思うのは，われわれ7期生だから，もういくつかのサンプルがあるわけだよね．こうすればいいとか，例えばさっき2期生の話が出ましたけど，大変だと言っていたけど，2期生はもっと大変だったんだよね．長くやっているし，変動期にやっている．もっと大変だったのは1期生で，なにもないところで新党全記録をつくるといっても，蒲島ゼミの本がないわけですからきっとどうやっていいかわからなかったと思うけれども，やはり馬力で，全1,200ページに渡る新党全記録をつくったから，あれは50年100年後までちゃんと使われると思うんですね．それから比べると皆さんは，はっきりいうと，まだまだ努力が足りないのかなと思います．1期生2期生の苦しみを見ると，少なくともこれくらいやればいいというのはわかるからね．そういう意味で1期生は，蒲島ゼミのサンプルをつくったといえばいいかな．初めてゼミ生が学生時代に本を出したというのは，法学部の歴史の中でも初めてのことだと思うので，それを成し遂げたのが今われわれがやろうとしているところに結びついていると．今日は1期生のひとりのサンプルとして，また先輩として，小泉首相についての様々な情報を皆さんに話してくださった清水君に，感謝したいと思います．今日はどうもありがとう．

質疑応答

Q：我々の班でも首相動静を総理が就任してからずっと追ってみたんですが，首相動静には各社大きな違いはないと思います．その中に，毎日昼と夜のぶら下がりのインタビューがあると思うんですけど，首相動静の中で報道各社のインタビューが

特別載っている日と載ってない日がありました．そのインタビューというのはぶら下がりとは別なんですか？
A：同じです．
Q：それが載っていたり載っていなかったりするのはなぜですか？
A：平日の，というか官邸でやっているインタビューについては載せないかもしれませんが，特別に，この前の日曜のように朝青龍を見に行ったときの動静には多分報道各社のインタビューが入っていたと思います．官邸の外に出たときのぶら下がりはひょっとしたら載せるのかもしれません．基本的に官邸の中でやっているインタビューについては載せない社がほとんどで，産經新聞だけ官邸の中でやっているインタビューも載せていると思いますけれども．
Q：官僚とか大臣とか財界人とか学者とか，会う確率の高い人たちがいると思うのですが，それぞれのセクターでだいたいどういう人たちが頻繁に顔を出していますか？
A：そうですね，一番政治家で多いのは武部幹事長と中川，今は政調会長になりましたが，僕がいたときは国対委員長，このふたりはよく来ていました．役人でいうと，この役人の人，というのは特に多くないのですが，省庁でいうと外務省が多かったです．これは，首脳外交で官邸に外国の首脳が来たりするんですが，そのときのブリーフで来ることが大半でした．事務次官は万遍なく，もちろん財務，外務，経産あたりが多いですけれども．学者さんは，あまり来ませんが，仲のいい学者さんということで，田中直樹さんはよく来ますね．学者じゃありませんが，総理じゃなくて飯島秘書官によく会いにくるということで，田原総一朗とかですね．ぱっと思い浮かんだ感じで．
Q：自民党のメディア戦略の転換に興味があって，ちょっと番記者の視点からは離れてしまうかもしれませんが，何がそこまで自民党の対策を変えた，民主党に差をつけたところの要因はなにかありますか？
A：そうですね，今回は世耕さんがいろいろ言われていますけれど，そもそもは去年の10月に，党改革実行本部というのができました．安倍さんが幹事長から幹事長代理になって，そのときに党改革実行本部というのを立ち上げたと思うんですけれども，その中にメディア担当というか，メディア戦略のためのセクションができたと聞いています．だから今回，世耕さんが唐突に元NTT広報として出てきたというよりは，世耕さんもそこに入っていたと思うんですが，前々から，前々からといっても去年から考えていたのかなという気はいたします．
Q：小泉首相のご家族についてお聞きしたいんですが，ふつう首相官邸には奥さんが住まれるんですよね．小泉首相の場合は奥さんがいらっしゃらなくて，さっき信子さんとおっしゃっていたんですが，ご家族はどういうふうにかかわっているのですか？

A：公邸には基本的に入れないんですけれども，信子さんが住んでいます．五反田の仮公邸に今年の4月末まで住んでいたんですが，五反田の仮公邸のときにも信子さんとだったと思います．少なくとも一人暮らしではありません．大物政治家なんですが，書生とかそういうのはいません．息子の孝太郎君は週末にたまに来ていました．だから，週末に家族で食事をしていることもありました．そんなに頻繁ではないですけれども．それから，公邸には信子さんが住んでいるんですが，政治家との会合などでよく外で食事をしますが，番記者は総理があんまり公邸にまっすぐ帰って食事をしないということで，「やっぱり飯がまずいんじゃないか」という話はしていました．少なくとも，お姉さんが晩飯はつくっているようです．そこまできっちり裏をとったわけではないですが，外から出前を取っている感じでもないのでたぶんそうでしょう．再婚するつもりもないようですよ．

Q：このゼミを始めるにあたって，一人一人にあなたにとっての小泉首相のイメージは？　という質問をしたんですが，清水さんにとって，番記者の経験を踏まえての小泉純一郎のイメージというのはどういったものなのか．また，いま民主党の前原代表の番記者をされているということで，前原代表と比較して見えてくる小泉首相の特質というものを，どういう点が小泉さんは優れているのか，そうでないのか，というのをおうかがいしたいと思います．

A：むずかしいですね．イメージですが，僕には，月並みな言い方なんですけれど立派なというか，偉業を成し遂げた人というイメージはあります．2001年の段階では，僕は横浜で事件記者をやっていたんですが，自民党をぶっ壊す，と言ったってそんなことできるかと思っていました．でも今の状況を見てみると，やっぱりきっちりやってるんですね．それなりに，突然はできないですけれども，戦略的にいろんなことを考えながら動いてきて，結果的に今の派閥の弱体化というか，新しい自民党をつくりだしたのではないか，と．場当たり的ではなかったと思います．それなりに，少し中期的な視点を持って物事を考えているのではないかというふうに思いました．ちょうど僕が総理番をやっていたのは2004年の8月から今年の9月までですけれども，解散のことは去年の段階から考えていた，とその後の報道とか取材とかで出てきますが，総理大臣にしか見えないものの見え方がしてたのかなというのはあります．

前原代表ですが，まだ評価する程つきあっていないんですけれど，ちょっとまだふわふわしているというかですね，ちょっとまだ肩に力が入りすぎているようなところがあって，なんというか，重みっていうと違うかな．とにかく，まだ43歳という若さで，若さで乗り切ることはできないような気がしています．もちろん2年後3年後，政治家として力をつけてきたら違いますけど，現段階では，やっぱりちょっと若すぎるという感じがします．

Q：ぶら下がりインタビューについて，直前に全秘書官と打ち合わせるということ

ですが，それは要するに，事前に報道側が質問を出しておくということですか？
A：すり合わせの席に官邸サイドの人もいて，ああこういう質問をするんだ，ということで今日のテーマはこれとこれですよ，じゃあこういう答え方をしようとかいうことです．
Q：カメラがあるときには，小泉さんは原稿を読んでいないんですよね．
A：もちろん読んでないです．メモみたいなものも持ってないです．
Q：新聞のときもそうだということは意外と記憶力がいいということですか？
A：いや，記憶力がいいというよりは，こういう方向で，ということしか打ち合わせはしないというか．一字一句同じことを言うわけではなくて，こういう趣旨のことを言う，と．インタビューで出てくる言葉と言うのはその場しのぎの言葉ではなくて，いつも考えている方針だから，奇をてらった，というか予想外の首相がなじんでない分野の質問でなければ，覚えてるんじゃなくて自然と出てくる範囲で，それが問題あるかないか，失言になるかならないかというようなすれすれの線ということはほとんどないので，それはマスコミの突っ込み不足でもあるのかもしれないけど，そういうことだと思います．

1　（編注）弁護士法違反容疑で逮捕，2005年11月28日．
2　（編注）JR福知山線脱線事故，2005年4月25日．
3　（編注）えひめ丸事件，2001年2月10日．

〈資料2〉

寺田稔代議士講演録

2007年1月16日（火）
於本郷綱ビル2F会議室

　本日は蒲島ゼミにご講演する機会を頂いて感謝申し上げます．こうして皆さんの前でお話ししていると私自身法学部の学生時代を思い出します．本年は皆さんにとって大事な年になりますので大いに頑張ってください．
　3年前から政治家になり，普段の政治活動は地域に入って地元密着で行っています．ちなみに法相も「セツル」と呼ばれ地域に入って地域密着で活動していました．私は皆さんの生まれる前の76年から80年に東大法学部に在籍していました．70年代後半は安保の問題等で学生運動が盛んに行われ政治に関わることが多かったです．いきなり政治家を志望する人は余りなく，私も最初は行政の立場で世の中の様々な動きに対応する仕事に興味をもちました．ただ，なかでも当時の大蔵省に入るか通産省に入るかで悩みましたが，物の流れで世界をみるよりもお金の流れ「マネーフロー」の方が広く世の中全体を見ることができると思いましたので大蔵省に入りました．世の中の動きにはものの流れとお金の流れの動きがあり，ものの流れの反対給付としてお金の流れが生ずるのが通例ですが，なかにはいわゆるお金だけの流れの動きとして資本取引といったものがあります．最近は実物取引より資本取引の方がウエイトが高くなっています．日本経済や社会のあり方を考えるうえで私は役所を選択しましたが，実物経済が社会を支えるといって民間企業に在籍することを選ぶ人も多々いました．一口に民間企業といっても，銀行，メーカー，ソフト会社などそれぞれに流れが違いどれを最初に選択するかは重要なことです．
　しかしながら，かつてと違い労働市場は流動化しておりますのでずっと同じところに在籍する必要はありません．一生しばられることもありませんが最初の選択としてどのように進むかを考えてみることは大切なことです．また，社会に出てからは勉強することはたくさんあります．しかし学生時代に皆さんも学生のうちで勉強できることは今やっておいた方がいいと思います．就職期を控え，皆さんの賢明な選択と判断を期待します．
　さて前置きはこれぐらいにして，本題に入らせて頂きます．資料にしたがって説明いたしますが，まず最初に予算編成に関してご説明いたします．私は24年間財務省に在籍し予算編成に関わってきました．予算は政治にとっても重要なイベントプロセスであり，資源配分を決める大切なことです．あるものについては予算をつけ

られて，またあるものについては予算を削られるという行為自体が政治の意思決定そのものです．予算関係資料として「経済財政運営と構造改革に関する基本方針2005について（抄）」をご覧下さい．いわゆるこれが「骨太の方針」と呼ばれるものです．これは，小泉政権最大の成果といわれているものです．予算は8月末までに概算要求が提出され9月から12月までに予算が決められるのですが，小泉政権ではその予算編成の前に予算の大方針を決めてしまいました．丁度この中に抜粋して記載されておりますが，予算制度改革や特別会計の改革などはまさに小泉政治の改革であり非常に重要です．もちろん政治主導で進めるとはいっても，ドラフトの作成や情報の提供などは役所で行います．小泉政権下では竹中大臣のもと行財政改革を中心とする様々な諸改革が実行されました．また，もう一枚予算関係の資料として「平成18年度予算編成の基本方針（抄）」をご覧下さい．こちらは12月に実際の予算のあり方が決まる直前の段階で具体的に示されるものです．私が自民党行政改革推進本部の幹事として担当している特別会計改革の実績として小泉総理主導のもとで現在約30個ある特別会計を一つにまとめるという改革を推進しました．特別会計とはそれぞれの役所が独自に持っている財源であり，本来ならば一般会計と一緒にしなければいけないのですが，特定の財源でもって特定の事業に使う目的で設置されている特別予算です．その予算を各役所がいわば悪知恵をめぐらせて，法案を成立させ特定の収入を自らの歳出にあてているのが現状です．

　特別会計には，道路，港湾，また皆さんの身近なところでは法務省が担当している登記特別会計などがあります．私は党で行政改革推進本部の幹事を仰せつかっており，特別会計の再編を担当しました．いきなり30の会計を1つにはできないのでとりあえず3分の1にして，最終的には1つにまとめることを目指すこととといたしました．ここに私が党で書かせて頂いた「特別会計整理合理化計画骨子」があります．時間の都合上，詳細は割愛させて頂きますが，これが何を意味してるかご存知ですか．これは本来は国の法人格は1つで国の意思決定として総計予算主義であるべきであり，そのような本則に戻すことを意味しています．それぞれの役所がそれぞれの財布をもってあたかも各省がそれぞれの法人格をもっていることを改めることを意味しています．

　ところで特別会計予算額は毎年どのくらいかご存知ですか？
（100兆円との声あり）

　実は約400兆円あります．想像できますか．あれだけ一般会計で折衝して緊縮財政を組んでいるのにもかかわらず，かたや役所が独自にもっている財布が約400兆円もあるわけです．ここを初めて政治主導で改革をしようとしているわけですので非常に意義深いことです．これが1つの予算の話しです．

　次に私のライフワークである外交・防衛問題についてお話いたします．小泉さんは特にここに力を入れておりました．小泉政権はどちらかといえばタカ派政権であ

り，私の属している宏池会はハト派であります．宏池会は昭和32年に元内閣総理大臣池田勇人によって作られた政策集団ですが，国の希少な資源をなるべく経済発展のために傾斜配分し，外交・防衛面では米国の傘の下に入って軽軍備政策でいくことにより国民の福利向上を目指そうというのが宏池会の政策です．岸，福田，森，小泉の系譜は清和会です．今は町村派となっており，経済面では自由競争主義で市場経済に重きをおいております．国内的には余りお金を使わないで外交・防衛面で重点化していくことを目指しており，その先には憲法改正も視野に入れております．安倍総理も年頭所見では憲法改正を明確にうちだしております．池田は保守政権として67年所得倍増計画を唱え内閣としてそれを実現しました．また，福田内閣においては有事法制制定をアジェンダに掲げましたが実現できませんでした．その流れのなかに，2001年小泉内閣が成立しましたが，バブルの後遺症もあって最初は経済問題を中心として取り組んでいきましたが，後半は外交・防衛問題に重きをおいて，ミサイル防衛，北朝鮮問題に集中的に取り組みました．特に北朝鮮問題については拉致，核開発，ミサイル発射の3つの問題を包括的に解決するために6者協議や国連安保理協議などに積極的にうってでたのが小泉政権でした．私自身も広島出身であり，また伯父の池田行彦が防衛庁長官であったこともあって外交・防衛政策には力を注いでおります．今回，皆さんもご存知のとおり防衛庁が「省」に昇格しましたが，これを最初に決定したのが昭和39年の池田内閣の時でした．しかし何故ハト派の宏池会に所属する池田が防衛庁の「省」昇格を内閣として決定したのかは，今でも1つのミステリーとされております．池田は経済重視で所得倍増計画を唱え，それを公約どおり達成したので，昭和35年から昭和38年にかけて関心を若干外交・防衛政策にシフトしました．サンフランシスコ平和条約で我が国は独立を回復したが，まだまだ外交，防衛，経済いずれを見ても我が国は「二等国」であり，早期に「一等国」入りすることが政治の悲願でした．そして，そんな我が国の独立と尊厳を高めるための一里塚が実は防衛庁の「省」昇格だった訳です．自衛隊は昭和27年に発足しましたが何故だかわかりますか？

当時は大きな動乱，……そう，朝鮮動乱がありました．共産圏に対抗するためにアメリカが日本に対して防衛力を保持するように指示してきました．最初はアメリカ・韓国連合国が勝った訳ですが，その後中華人民共和国が参戦してくることを実は池田は本当に恐れていました．そして連合軍が黒竜江を突破するや否や中共軍が参戦し状況は一変します．連合軍の勢力は韓国の南側一部にまで撤退に次ぐ撤退を余儀なくされたのです．そこで，国連決議をして国連軍としての正規軍を成立させ，警察力を補完することを名目として警察予備隊を発足させました．そして当時，明確な海外派遣法規はない中で警察力として当時の国連正規軍とともに国防に当たりました．その後優秀な人材が集った自衛隊なるものを，「警察の予備」としてとどめておいてはいけないという意見もありましたが，当時の政治情勢では厳しい面もあ

り，今回初めて政府提案の閣法で「省」に昇格しました．私も国防部会長代理として「省」昇格に力を注ぎました．安倍総理は明確に戦後レジームの転換をうち出しており，そういった流れのなかで防衛大綱は非常に重要で，今後憲法改正をして我が国はどのような軍事力を有するか，集団的自衛権に対してどのように対処するのか，またミサイル問題などをどのように解決していくのかなど重要問題について具体的に議論をしていこうと思います．

次に，「対マスコミ戦略」についてお話します．今回岸川さんから皆さんが小泉政権下における政治過程論，特にメディア論に重きをおいていると聞いております．私もマスコミ戦略に関わっています．今回お配りした資料のなかに小泉政権当時の広報担当役員表をお配りしましたが私は郵政選挙時に報道局次長をしておりました．また，広報担当としては小渕優子先生が広報局長，柴山昌彦先生が広報局次長，石崎岳先生が報道局長，江崎鉄磨先生が新聞局長，松島みどり先生が新聞局次長，舛添要一先生がマルチメディア局長，江藤拓先生がマルチメディア局次長としてマスコミ戦略を担当していました．その関連で会合も開きました．今皆さんのお手元の「対マスコミ戦略」で10項目のポイントを掲げております．

まず1番目として党幹部の対外記者会見の切り盛りを報道局次長として行いました．党の顔である総理大臣や党三役がマスコミの前に出ることは非常に重要です．また，ダメージコントロールに対して適切な対応をとることも大切なことです．ちなみに私は報道局次長として現在もマスコミ関係と関わりがありますが，他のメンバーは郵政時からは代わっております．第2番目は，マスコミ関係者との意見交換が挙げられます．記者会見以外でオフレコでマスコミとコンタクトをとることは非常に重要です．いきなり政策発表をする前に事前に説明することは双方にとってメリットがあります．マスコミ側から見ればちゃんと背景資料が提供されるのでメリットがありますし，我々としても十分な情報発信をしてバックグランドを説明できるメリットがあります．私はおととい世話人代表として立ち上げました原爆症認定を早期に実現する議員懇談会の会合を行いましたが，その時もアドホックに新聞社にきちんと説明いたしました．

第3は，テーマ別円卓会議の実施です．例えば先程述べました原爆症やハンセン病患者に対応した例はテーマ別としては最たるものです．ハンセン症のケースは，それまで行政が否定していたものを超党派で政府を動かして救済に至ったという例です．こういった特化したテーマでマスコミを集めて朝食をしたりないしは懇談会を行う場合があります．この場合はこちらから仕掛けるかたちですので，プレスコールをかけて関心のある記者を集めます．経済関係，訴訟関係などが扱われます．我々にとっても，情報を出すだけでなくもらう場合もあります．

第4番目に，積極広報資料の作成があります．これは，例を挙げますと私のライフワークである少子化対策，子育て支援があげられるのですが，Q＆A形式ではな

くこちらから説明資料を配って積極的に広報する手法です．

　第5番目は，記者クラブ加盟社以外とのコンタクトです．自民党内には平河クラブといって大きな新聞社や放送局の記者が集っている場所があります．何故，そんなクラブがあるのかというとこれはマスコミによる一種のカルテルであるからです．基本的にカルテルは独占禁止法で禁止されておりますが，マスコミは適用除外とされております．何故除外されているのかというと，情報で格差が生じてしまうと新聞社間，マスコミ間での弊害が大きいからです．ただ，加盟社は基本的に大手の会社のみが入ることが許されているので，それに加入できないミニコミ紙や出版社などの会社から批判がでます．そういったところにきちんと配慮をしないといけないので私は独自にコミュニケーションをとることをこころがけています．

　第6番目は，各業界紙への対応ですがそれは5番目と重なるところがありますので割愛させて頂きます．第7番目は，『自由民主』の積極的活用です．皆さんお持ちのものは昨年の5月号ですが，表には教育基本法改正が掲載されております．中の2枚をめくるとマイビジョンのコラムがあり，私の論稿が書かれております．実は，このマイビジョンは各議員の思いや政策を発信する場を作ろう，といったことで私も同旨の提案をさせて頂いた訳ですが，いい案だといって採用され現在も続いています．私は最初の第1号として地域再生について書かせて頂きました．『自由民主』は広報媒体として重視されており党の新聞局が作成しております．現在は党員にのみ配られておりますが，もっと広げてはどうかという意見もあります．例えばインターネットや他のツールを使って拡大してはと思うのですが，『自由民主』は党員のメリットでありそのメリットは大切にすべきだというのが現在の執行部の原則的方針です．しかし，私には若干異論があります．私の選挙区では現在党員が約3千名弱いますが，私は党勢拡大にはもっと情報発信する必要性があると考えています．『自由民主』の拡大が党員拡大にもつながると思います．皆さんにも是非読んで頂きたいので希望されます方はいってください．

　第8番目は，出版活動他情報発信の強化です．ここに私の執筆しました『みんなが知りたい日本経済のこと』がございますが，帯の部分を見て頂きますと白石真澄教授や私の役所時代の先輩の香西泰先生，また藤野真紀子先生には衆議院議員という立場からではなく料理研究家という立場から推薦の言葉を頂きました．普通こういった政治家本は2～3千部しか売れないものなのですがこの本はおかげ様で既に1万部売れております．むずかしい経済の話を対話形式でわかりやすく表現するように努めており好評です．

　9番目は，価格カルテル，再販制度の問題，広告税の問題，マスコミに係る諸制度への対応についてですが，これらはそれぞれ大変難しい問題ですが詳細な説明は割愛させて頂きます．最後の10番目は誤報に関する対応です．ダメージコントロールとしてマスメディアのキャリーをチェックして，誤報に対する申し入れなどを行

います．結構，誤報は誤解で広がることが多いので，そこのあたりはきちんとする必要があります．以上，このようなマスコミ戦略は小泉時代に大枠が確立したといえましょう．

　これからは皆さんの質問を受けたことへのお答えをさせて頂きます．まずメディアの露出と支持率に相関関係があるかという質問に対してですが，「郵政問題」などの重要な政策発表は当然マスコミに露出しますので支持率に影響があります．しかしこの場合，別にマスコミに露出したからといって支持率が変わったのではなく，政策に対して支持率が変わります．支持率が上がった例をあげますと北朝鮮訪問や靖国神社参拝があげられます．1回目のピョンヤン訪問は電撃的訪問で大変マスコミの注目を浴びるとともに支持率アップにも寄与しました．昨年8月15日の靖国参拝はとても面白く，世間ではどちらかというと反対の声が多かったのですが公約を実行するとリーダーシップのあらわれとして支持率が若干アップしました．残りの任期があと1カ月の時点で若干なりとも支持率が上がるということは大変珍しい例です．逆に落ちる要因としては2002年での国会でのやりとりがあります．国債30兆円をきるという公約が残念ながら達成されなかったことについて国会で「たいしたことない」と発言したことについて支持率がダウンしました．もっと別の答え方があったと思います．また，年金問題とイラクの問題はダメージを最小限におさえた例としてあげられます．ただ年金問題はダメージコントロールがいまいちでした．年金問題はまだ制度設計途上の問題であり，今後更に議論していかなければならないのが現状です．また，イラク問題は国会答弁にもありましたが非戦闘地域の定義として，自衛隊が駐留するところとの言い方が問題になりました．これは若干論理の逆転があったので誤解が生じました．結局このように支持率は政策の内容や発言内容によって変動します．

　次に新人に対する接し方についての質問ですが，小泉さんになってから定例的に昼食をとりながら意見交換を行いました．私の記憶では1回生のとき小泉総理と官邸でセットされましたがこれはいいことだと考えます．最初にこういった昼食を共にしながら意見交換を行ったのが池田勇人のときでその時はカレーライスを食べながらやりました．こういったカレーライスを食べながらというスタイルは，料亭政治を終焉させたいとの別の含意もありました．また，テーマ別に食事会をしたこともあり，厚生労働委員会理事時代，官邸で厚生問題を中心に意見交換をしたこともありました．小泉さんは私との関係で他にも2回接する機会がありました．1回は「ものづくり」の視察で日本酒メーカーを視察に来ました．皆さんよくご存知の戦艦「大和」に積み込まれた「千福」という日本酒の酒蔵をご覧になりました．また，海上保安大学校にもお越しになられました．海保卒業式典への参加ですが，そういう地元にくることも，それはまた新人議員への違った接し方です．小泉チルドレン

「83会」ができてからは昼食会でなく武部前幹事長提案で若手同士が集る塾形式による対話が中心になりました．2，3回開かれたのですが私は都合により参加できませんでした．小泉さんのときはミーティング形式は多かったのですが文章はありませんでした．ちなみに，安倍政権もそのやり方を踏襲しており若手議員の会が一回ありました．

次にマスコミ戦略をどのように考えているのかという質問に関してですが，戦略については先程述べたとおりです．年金問題は2004年4月時点で世論のアゲインストが強く，このままでは7月の参議院選挙がまずくなるということで党として若干政策を修正して，2004年5月年金改革法を出して少子高齢化に対応したもので出しました．現役世代への給付水準を60％から50％に減らし国庫負担率を3分の1から5分の1に2009年に減らすというものです．まだ，途中段階ですがインパクトのあるものでした．

次に，『自由民主』において重要法案に関しマスコミと論点が違うのではという質問に関してですが，自由民主では戦略的に記事が掲載されることがあり，マスコミで取り上げられていることが必ずしも取り上げられるということではありません．ここに掲載されております教育基本法に関することも元文部大臣の河村先生の意図が強く反映されて一面でとりあげられております．

次に，小泉総理がとられたトップダウン方式が総理が変わって変わったのかという質問に関してですが，安倍総理も前のやり方を踏襲しており予算編成において，骨太の方針から予算編成へといく流れは変わっておりません．ただ，道路一般財源の件でも垣間見られたように官邸の力が若干弱まり党の力が強くなったような気はします．郵政改革は別として基本的に政策決定のプロセスにおいて党サイドの意見を無視しないというのがこれまでの流れです．今後，外交・防衛，教育再生を安倍総理がどのようにリーダーシップをとって進めていくのかは注視すべきところです．

次に，小泉元総理が外交・防衛などに関しては具体的数値を出して答弁していたが，抵抗の強い法案に対しては民間に任せているなどとはぐらかし戦略をとっていたのかという質問に関してですが，こと郵政改革においては元総理のライフワークであったので具体的な数値を明確に示して正面から改革をしましたが，他の件に関しても決してはぐらかしている訳ではなく，結論がまだ出せない答えに関してその過程において答弁をされておりました．小泉元総理は役所が用意した書類を棒読みだけする方とは違い，一旦目を必ず通してあとは自分の考えで語っておりましたので，はぐらかすということはなかったです．

次に，小泉内閣における人事に関して改革すると公言していたが，派閥の関係以外は過去の内閣とあまり対称性が見られないという質問に関してですが，人事の基準としては改革の推進と外交・防衛政策において自分の主張に合う方を選定されていました．特に，当選回数ということを意識されてはおりませんでした．ただ，小

泉元総理のトラウマとして経世会の呪縛を解くというものはあったと思います．特に角福戦争を目の当たりにしていたので，族議員の支配する政治は断固として反対だったと思います．

次に，私の地元選挙区が呉であり，小泉元総理の選挙区が神奈川ということで軍港というくくりでなにかつながりがあるのかという質問に関してですが，先程も述べましたが小泉元総理が海上保安大学校に視察にこられたのも横浜に防衛大学校があるからみだったかもしれません．

次に，岸派の系譜をもった小泉政権を自分の所属する宏池会はどのように思っていたのかという質問に関してですが，清和会はタカ派であり，宏池会はハト派であるので経済政策においても私の主張と違っております．小泉政権では都市が重視されてどちらかというと地方に配分が少なかったです．私は地方を重視しています．地方重視というと拡張予算をイメージされがちですが，地方を重視している国会議員は必ずしも拡張予算を目指しているのではなく，次世代に負担を残さないように財政構造改革はきちんと行って，かつ費用対効果を見極めて配分比率を都市，地方を適切に行い地方が活性化することで国全体を活性化させることを目指しております．現に国もそれを認識しており，安倍政権になって国としてはじめて地方を援助するための「がんばる地方応援プログラム」が制定され，また地方の工場立地の優遇措置が新法として提出されました．かつてこの政策は池田勇人元内閣総理大臣が新産・工特を掲げ行った地方に重点配分する政策ですが，高度経済成長期の終焉とともに時代にそぐわず廃止されました．しかし，安倍政権になってまた地方を盛り上げる機運が高まってきています．

前回の郵政選挙は有権者に改革のスタンスが多く普段はあまり有利でない都市部までとりこみ自民党が多くの議席を確保しました．今回7月にある参議院選挙も2001年の参議院議員選挙のときのように大差ではありませんが，安倍総理の政策的なリーダーシップによって勝てると思います．現にこれまでなしえなかった外交での対北朝鮮への国連安保理をまきこんだ対応や，中国・韓国への訪問の実現など形として残るものがあります．

これから皆さんも実社会に出られて経験を積み重ねられていろいろな価値観を持たれると思います．私自身も，財務省主計官などを経験して政策を立案する仕事を行ってまいりましたがやはり最後に意思決定をするのは政治です．政治家になって金帰火来で週末は街頭演説や座談会，講演会，ツアーなど地元の活動をおこなっており，なかなか純粋に政策に関わることばかりができるわけではありませんが，視野は広がります．皆さんの中でも政治家を志望される方がおりましたら是非お教えください．

最後の質問として小泉政権における人事について，竹中大臣や小池大臣などテレビ受けする人を組閣において人選したのかという質問についてですが，マスコミ対応は重要な要素ですが人選は政策で選ばれております．私は小池大臣と親戚関係ですが非常にしっかりしたお考えをお持ちのかたです．
　ただ，自民党は昔よりマスコミを意識しており安倍内閣でもそのスタイルは踏襲しております．

〈資料3〉

岡田秀一元秘書官講演録

2007年5月28日（月）
於法学部3号館203号室

（蒲島教授） それでは蒲島ゼミの特別ゼミを始めたいと思います．今日のゲストは岡田秀一さんで，皆さんの先輩にあたります．東京大学法学部を卒業し，（岡田氏に向かって）何年ですか？

（岡田氏） 75年と76年になります．

（蒲島教授） 75年，随分先輩ですけども，その後ハーバード大学のロースクールを卒業なさっています．（当時の）通産省に1976年に入省され，それ以来様々な役職を経ていらっしゃいます．とりわけ，2001年から5年間，内閣総理大臣秘書官として小泉首相に世論であるとか，あるいはマスコミであるとか，そういった方面の役割を果たしてこられました．我々のゼミは小泉政権の研究ですから，これまで様々な人にお話を伺ってきました．しかし，一番身近にいらっしゃる秘書官の目から見た小泉政権がどういうものであったのかということが，非常にブラックボックスになっていましたところ，岡田さんと遭遇しまして，早速講演に来ていただいたというのが今日の特別ゼミの経過です．現在は政策研究大学院の教授と，カリフォルニア大学サンディエゴ校の客員研究員，あるいはハーバードロースクールの客員研究員などをされていますけども，今年の夏以降また現業に復帰されます．復帰されたら，また我々の手の及ばない所に（笑）行かれてしまいますので，今日は最後のチャンスということで，自由にお話できればと思います．どうぞよろしくお願いします．

（岡田氏） どうもありがとうございました．今ご紹介をいただきました，岡田秀一と申します．
　今日はこのような機会を与えていただきまして，蒲島先生，本当にありがとうございます．去年の9月26日まで小泉総理の秘書官をやっておりまして，事務秘書官は4人いますが，他の3人は局長や部長になりましたが，私は運良く（笑）経産省のシンクタンクの研究員を拝命しました．先生からご紹介いただきましたような役職を兼任しまして，講義をしたり研究をしたりしています．カリフォルニア大学へ行きましたら，「蒲島先生を知っているか」とみんなに聞かれ，帰ってきて政策研

究大学院に行きましたらまた同じように蒲島先生のお話を伺ったものですから，「これはご挨拶しなきゃいけないな」と思いまして，1月でしたか，2月の初めにご挨拶に伺ったところ，ちょうど小泉政権について，ゼミで勉強しているということでした．先生はブラックボックスとおっしゃったのですけれども，小泉内閣になってから相当いろいろなデータが表に出るようになりましたので，これから説明する話もほとんど，探し方さえ分かれば（笑）ホームページに載っています．でも，私も秘書官を辞めてからデータや写真が欲しくて，ホームページで探してみると，難しいですね．私のように「あそこにある」とわかっていても難しいのですから，そうでない方が探すのはちょっと大変かもしれませんが，基本的にはほとんどがオープンになっている話です．オープンになっていない話も，どこかの新聞に噂として（笑），何らかの形で出ている話ばかりですが，外から見た小泉内閣，そして小泉内閣になってメールマガジンを始めたのですけども，それを担当していたものですから，その話も少し交えて1時間くらいお話させていただきたいと思います．

　（スライドを見せながら）最初に，内閣の仕組みは説明するまでもないと思いますが，この緑のスポットのところが内閣です．総理大臣と各大臣によって構成されていまして，総理大臣には総理大臣補佐官と，総理大臣秘書官が付いています．補佐官というのは，小池百合子先生ですとか，世耕（弘成）先生ですとか根本（匠）先生とか今回（安倍内閣で）5人いらっしゃいますが，内閣によって置かれたり置かれなかったりします．

　総理大臣秘書官は，5人います．総理大臣秘書官はどういう仕事をするのかというのは内閣法に「内閣総理大臣に付属する秘書官を5人置く」と書いてありまして，我々は付属物なのですね（笑）．ですから，小泉総理がどこかに行く時には，我々5人のうち必ず1人が付いていくことにしていました．昔，竹下内閣の時に海上自衛隊の潜水艦「なだしお」が民間の釣り船とぶつかって船が沈没してしまう事件がありました．その時は，竹下総理は万座方面に向かうために電車に乗っている途中で，当時は携帯電話もありませんでしたので，連絡がとれなかった．官房長官の小渕（恵三）先生は先に群馬県に入っていて連絡がとれなかった．官房副長官の小沢一郎先生は地元に帰っていて連絡がとれなかった．事務の官房副長官の石原信雄さんは休暇をとっていて連絡がとれなかった．というわけで，事故が起こってから5時間くらい（誰にも）連絡がとれない状況でした．そういうことがあってはならないということで，緊急連絡体制が作られたのですが，それでも2001年にえひめ丸がハワイ沖でアメリカの潜水艦と衝突して沈没した時には，森総理はゴルフをしていて，総理秘書官は付いていなかった．それで連絡がとりにくかったということがありました．小泉内閣では，小泉総理が朝公邸を出てから，夜公邸に帰るまで，必ず秘書官のうち誰か1人がそばにいるようにしていました．

(スライド) これは新官邸です．南側に面したところが総理の執務室で，その横の秘書官室に秘書官5人が向かい合わせに座っています．官房長官は南に面した西側，東側には総理用の食堂があって，公式行事など予定がない時は，小泉総理はいつもここでお昼を食べる．我々秘書官も毎日必ず一緒に食べておりました．毎日総理と一緒に食事ができるなんて大変名誉なことなのですが，実はこのメニューは選べないのです．官邸には食堂があってそこのA定食のようなものが毎日出てくるので，選べません．例えばイタリアから帰ってきた日のお昼になぜかスパゲッティだったりすることがある(笑)．多分食堂の方は栄養管理を考えてくれていると思うのですが，5年間比較的栄養バランスのいい食べ物を食べさせていただいたおかげで，我々はいつも健康でやれたのだと思います．

　秘書官を終わって経産省に戻ってからしばらく経ったある日，お昼休みに近くの焼き鳥屋に1人で食べに行ったことがあります．焼き鳥を食べ終わって，まだ時間があるので近所の本屋に行って立ち読みをしていた時に，なんだかすごく幸せになりました．本屋で昼休みに自由に立ち読みをするというのは実に5年5か月ぶりだったのです(笑)．私は人間が幸せになるのは結構簡単なことだと思います(笑)．より高いところを目指して幸せになるのは難しいのですが，ちょっと制限をつけて，お昼を5年間総理と一緒にしか食べられないというような条件をつけて(笑)，それを元に戻すと幸せになれる．人間が幸せになるのはあんがい簡単なことだと思います(笑)．

　(写真を指し) この写真はエアフォースワン (アメリカ大統領専用機) の中で撮った写真ですが，ここに写っているのが5人いる秘書官です．1人だけ警察の秘書官が載っていないのですけども，飯島秘書官，財務省出身の丹呉秘書官，そして外務省出身の別所秘書官．これは私ですけども，このほかもう一人警察からの秘書官がいらっしゃいます．この人はカール・ローブ (アメリカ大統領次席補佐官・当時) です．

　それでは，まず小泉総理はどういう人であったか．「政界の変人」と言われていましたが，本当に変人だと思います (笑)．まず経歴が変わっていました．普通，日本の社会ではいわゆる雑巾がけをして，丁稚奉公をして，段々偉くなって，最後に総理の座に登る．自民党の中で雑巾がけというのは，自民党の国対の若い委員になったり，部会で苦労したり，政調会長になったり幹事長になったりして，また役所の大臣で言えば，外務大臣や大蔵大臣など全体の見える大臣ポストを勤めて，初めて総理になるというのが今までの普通の経歴でした．小泉総理は郵政大臣と厚生大臣をやりました．それから国対の副委員長をやりました．しかし政調会長も幹事長も総務会長もやっていない．というわけで，所謂雑巾がけのような裏方のことはあまりやっていなかった．いきなり総理大臣になってしまった．それから派閥の長として政治資金を集めたり，それを分配したりするということもほとんど，というか

全くしていなかった．

　政治スタイルも変わっています．まず，根回しをしないんですね．大事なことは自分で決めて，そのまま外に言ってしまう．日本の社会では事前に根回しをして「こういうこと言うけれども頼むね．明日言ったら賛成してね」などということをすることが多いのですが，そういうことはほとんどしません．政治家の方々は，1人でいることは少なく，夜になると会合に出て情報交換したり，朝食会や昼食会で勉強したりと，集まって相談をする，議論をする，ということが多いのですが，小泉総理は1人でいるのが好きでした．大事なことは本当に1人で決めていらっしゃいました．

　小泉総理はいろいろ記憶に残る名言をおっしゃっていますが，その中で私が一番好きな言葉がこの「大事争うべし，些事かもうべからず」です．大事なことは徹底的にこだわれ，細かいこと，さして大事じゃないことは人に任せていい，という意味です．この言葉を総理が口にするのを私が初めて耳にしたのは，2001年の5月の衆議院予算委員会でした．2001年4月26日に小泉さんが総理に就任して，その後の5月の連休中ずっとこもって各省の幹部から話を聞き，所信表明演説の原稿をご自身で推敲なさっていました．その間に金正男氏が日本に来て，出国させるかどうかという事件が起こったりしましたが，連休が終わったところで衆議院と参議院の本会議場で所信表明演説をする．その後，衆議院と参議院の本会議で代表質問があります．それが終わると次は衆議院予算委員会，そして参議院予算委員会で総括質疑をして，それでやっと一通りの質疑が終わる．その後，具体的な法案審議などに入っていくわけです．国会が新しく始まった時，新しい総理大臣が任命された時には必ずこういう手続きになります．この言葉を小泉総理が口にされたのは，衆議院予算委員会，確か民主党の岡田克也先生が質問に立った時だったのではないかと思います．小泉総理に質問しました．「小泉総理あなたは閣僚人事を派閥順送りでやらない，そう約束しましたね？　これは公約ですね？　確かに大臣の人事は田中真紀子さんや，竹中平蔵さんなど，思いもよらない人事をなさった．派閥順送りではなかった．それは認めましょう．しかし，副大臣と大臣政務官，この人事は何ですか．自民党に全部任せて，自民党では派閥順送りで人事をやったじゃないですか．これは公約違反じゃないですか．」という趣旨の質問をしました．すると小泉総理は「ハイッ」と手を挙げて，答弁席に行って，「昔から『大事争うべし，些事構うべからず』という言葉があります」とおっしゃるのですね．そうすると副大臣と大臣政務官は「些事」なのか，ということになるわけです（一同爆笑）．その場には副大臣や政務官の方も何人も座ってらっしゃって，困った顔をしていらっしゃいました（笑）．それで野党の先生は「小泉総理，あなたにとって副大臣や大臣政務官の人事は些事なのですか」と聞いてくる．これに対して，小泉総理は，「いや，私は，昔からそういう言葉があると申し上げているだけです」と答弁なさる．どうにもかみ

合わないまま，次の質問に移ってしまいました（笑）1．小泉総理は，自分にとって大事なことと，そうでないことをしっかりと分けていました．例えば郵政民営化のような大事なことについては，細かいことまで絶対人に任せないで全部自分でやる．その代り小泉総理にとって大事と思わないもの，他の人にとって大事かもしれないけど，人によって大事なものは違いますから，それにはこだわらない．そのプライオリティをつけるのが非常にはっきりしておられたと思います．

　小泉総理はその政策も相当変わっています．当時，郵政民営化，郵政事業を民営化して欲しいと思っている人はあまりいませんでした．多分ほとんどいなかった，誰もいなかったかもしれません．マスコミでも誰も民営化しろとは言っていませんでした．誰も困っていなかった．それでも小泉総理は郵政民営化というものを20年くらい前から言い続けていて，郵政民営化をするために総理になったようなお気持だったのだと思います．小泉総理は，郵政事業は民営化すべきだとしかおっしゃらなかったのですが，多分心の中では（こう考えていたのだと思います）．世界第2位のGDPを誇る経済大国の日本に，なぜ300兆円を超えるような預金を持っている郵便貯金というある意味国有銀行があるのか．そして，その預金は，政府系金融機関という特殊法人が貸し出し業務をしている．投資は誰がやっているかというと，道路公団や，住宅公団などこれも特殊法人がやっている．日本は，自由主義経済，市場経済の国のはずなのに，個人の金融資産の4分の1くらいを国有の銀行が預かって，そのお金の貸し出しや投資は国の関係者がやっている．おかしいじゃないかと．むしろ民間にできることは全部民間に任せたらよい．その方が，リスクはありますが，その代わり皆リスクを取れるようになります．国に預けていれば，最後は国が何とかしてくれるかもしれないということで，リスクを負わなくなる．そういう国民の気持ちを変えたかったのではないかと思うのです．小泉総理はこのようなことは一度もおっしゃっていませんが，郵政民営化によって実現したかったことはこういうことではなかったのか，そういう気が個人的にはしています．

　もう1つ小泉総理がよくおっしゃっていた言葉に，「今日の痛みに耐えて明日を良くする」という言葉があります．もう皆さんは忘れているかもしれませんが，今から6年前の2001年は不良債権がたくさんあって，経済はマイナス成長，お先真っ暗という感じでした．失われた10年ではなくて15年20年ではないか，などと言われていました．ちょうど今から6年前の2001年7月14日，参議院選挙がありました．この時小泉総理の自民党は大勝したのですが，選挙の応援演説で京都に行きました．そこの場面を私は本当によく覚えています．後から聞いた話なのですが，京都というのは党首クラスの人はあまり選挙の応援演説に行かないらしいのですね．何故かというと，京都の人は非常に冷めていて，東京から首相クラスや野党の党首が来ても，人が集まらないからだそうです．

　この日は気温が32－3度ありました．京都市役所の前に1万人くらいの人が集ま

ったのではないでしょうか．もうぎゅうぎゅうでしたので，人混みの中は5，6度暑かったのではないかと思います．たくさんの人たちが，小泉総理が着く1-2時間前からずっと待っている．集まっている人のうちの5分の1くらいは高校生．そのうち何人かは，茶髪だったりする（笑）．そういう人が聞きに来ている．選挙の街頭演説車の屋根に野中広務先生と小泉総理が並んで，小泉総理が「今日の痛みに耐えて明日を良くするように頑張ろう！」と演説する．

　通常，選挙の応援演説というのは，「皆さんの声をこの候補者が東京に届けます！この候補者が皆さんの声を東京に届けるからこの人に投票してください！」という，地元の人のために働くから応援してくださいという応援演説をするわけです．ところが小泉総理は，あなた達の声を届けますではなくて，あなた達は我慢しなさい（笑），今の痛みに耐えなさい，そして皆で我慢して，努力して明日を良くしましょうという，我慢を求めた．すると，皆頷いている．ほとんどの人が頷いている．しかもそのうち5分の1くらいの人は選挙権のない高校生．しかもそのうち何人かは茶髪の若者でした．

　これを見た時に，私は「日本の政治は変わったな」と思いました．この光景を見て一番驚いたのは野中先生だったのではないかと思います．野中広務先生は園部町長をスタートに，苦労して国会議員になって，そして官房長官まで勤め，裏方を一生懸命やってこられた方です．その野中先生が，今まで京都で応援演説の時にこんなに人が集まったことはないと（いう光景を見た）．しかも「今の痛みに耐えろ」と言ったら頷いている．頷いている人の何人かは今まで自分が応援演説をしても来てくれなかったような高校生の，有権者じゃない人です．

　次に，小泉総理の政治哲学ですが，非常に「常識的な」政治をなさったのではないかと思います．まず1つは，「自助自律」．これが，先ほどの郵政民営化や，民間主導という言葉につながっていると思います．国に頼ったり人に頼ったりするのではなくて，自分で努力をする．そしてその自分の努力が報われるような，そういう社会を作っていきたいということを何度もおっしゃっていました．小泉総理は国会議員になられる前，イギリスにしばらく留学をしていらっしゃって，その時に勉強されたのかいつ勉強されたのか分りませんが，日本ではよく「あなたと私は同じ日本人なのだから，同じ人間なのだから，話せば分かる」と言います．ところが小泉総理は，ある時，これも予算委員会で，共産党の議員からの「あなたは私たちの言うことをちっともわかっていない」という質問に対して，「あなたは共産党ですよね？　私は自民党です．意見が合うはずがないじゃないですか．意見の違う人がどうやって協力をしていくのか，それが政治でしょう」というようなことを答弁なさった．これは非常に個人主義的なというか，自由主義的な考え方だと思います．人と人が違うことを理解して，それを尊重して，その上に政治をしていこうとする．

日本では，往々にして，「話せば分かる」とか「同じ人間なのだから，同じ気持ちになるはずだ」というところがありますが，ヨーロッパの社会はそういう考え方ではない．むしろ個人と個人は違う，その違うところを前提にして社会ができているのだと思います．小泉総理は，そういう気持ちを非常に強く持っていらっしゃったと思います．

2つ目が「常識の政治」です．小泉総理は決して専門家にならないように努力していたような気がします．2つほど例を挙げたいと思います．小泉総理が総理に就任した直後，朝日新聞が小泉総理というのはどういう人なのかということを解説するコラムを20回くらい連載しました．小泉総理をよく知っている人にインタビューして，「小泉さんはどういう人ですか？」ということを聞いて，それを記事にまとめたコラムでした．私が一番記憶に残っているのは，加藤紘一先生のコメントです．加藤紘一先生と山崎拓先生と小泉純一郎総理は，YKK と言われて，若いうちから将来の総理・総裁候補と言われていました．その加藤紘一先生が今から15年くらい前に小泉さんに，「我々は総理・総裁になることを目指しているのだから，もっと政策について勉強しよう」と話を持ちかけたそうです．小泉総理はそれに対して，「そういう細かい話を勉強すると大きなことが見えなくなる」，そう言って，高輪の議員宿舎に戻ってしまった．多分，クラシック音楽か何かを1人で聞いてらっしゃったのではないかと思うのですが（笑）．もう1つの例は，2003年7月，長崎市の立体駐車場の4階か5階から，中学生の男の子が小さな男の子を突き落として死なせてしまったことがありました．とても悲惨な事件でした．小泉総理は1日2回，新聞記者，あるいはテレビの記者からインタビューを受けてそれに答えるということをしていました．その頃の世論では，少年であっても刑事裁判を受けさせるべきだという声がありました．皆さん法学部の学生さんですから，刑法を履修した方はいますか？ 刑法をとった方は分かると思うのですが，刑法第1部の最初に責任能力ということを習います．知らない人のために言うと，例えば赤ちゃんがそばに置いてあったピストルを持って遊んでいてパーンと撃ってしまって隣にいる人が死んでしまったとしても，赤ちゃんは刑罰は受けません．何故かというと，その赤ちゃんは自分がしたことが分らないからです．自分の行動に責任を取れる人だけが刑罰を受ける，というのが刑法を勉強する人が最初に習う事柄なのです．この長崎市の事件では，（突き落した）男の子は13歳未満でした．すると刑事裁判は受けられない，少年審判になる．家庭裁判所に行く．「おかしいじゃないか，刑事裁判を受けさせるべきだ」という世論が随分出てきました．そういう状況でしたので，多分今日あたり小泉総理が夕方新聞記者の前にインタビューを受けに行くと，きっとそういう質問が出るのではないかと考えました．インタビューに行く前に総理のところに秘書官4人が集まりました．飯島さん以外の事務の秘書官4人，全員同じ大学の同じ学部の卒業生で，全員刑法の勉強をしていた（笑）．「総理．今日はあの中学生に対

して刑事裁判を受けさせるべきではないかという質問が出るかもしれませんが……」と私が申し上げた．すると警察出身の秘書官が，彼は法務省を担当していますので，準備がよくて，「総理，法務省から想定問答を入手してあります」と言うのですが，正確ですがとても難しい法律用語の答弁で私たちのように昔法律を勉強したことのある人でも分かりにくい（笑）．もう少し易しく言わなくては，などと皆で言っていたら，小泉総理がいきなり「どうして中学生だと刑事裁判にならないのか．中学生くらいになれば3階4階から人を突き落したら死んでしまうことくらい分っているだろう」とおっしゃられました．それで4人の秘書官は皆驚いて，「総理，総理がそういうことをおっしゃいますと日本の刑法体系が根本から崩れます」と（一同笑），皆口を尖がらせて難しい法律論を始めました．お互いに言い合っているうちに，「あ，これは法務省の作った想定問答と同じことを僕らは言っている」とハッと気が付きました．小泉総理の一言で，我々秘書官4人は法学部の2年生に戻って，専門家になってしまった．そして専門家の議論を始めてしまった．その後，小泉総理は，テレビカメラの前で，予想通り，記者から「あの中学生は刑事手続きで裁くべきだという声がありますが総理はどう思いますか？」と聞かれました．その時の小泉総理の答弁をよく覚えていますが，「中学生になれば，そういう所から人を突き落としたら死んでしまうことぐらいわかっているはずです．そういうことを踏まえて，対処しなければいけないと思います」と答えたのです．刑法を変えろとはおっしゃらなかった（笑）．そこは踏みとどまってくださった．そして，日本の法律はこうなっていますからこうなのですなどという専門家の話はしなかった．普通の人と同じ気持ちで記者の質問を受け止めた上で，「そういうことも踏まえて対処しないとならない」という素晴らしい答弁をなさいました．政治家と役人の違うところだなと思いました．ちなみに，その時の話がきっかけで先日の少年法改正になったわけです．

　3番目の例は，ハンセン病訴訟の時の小泉総理の決断です．小泉内閣になって，官邸主導，内閣主導の政策決定がなされるようになりました．最初にそれがはっきり出たのは，ハンセン病訴訟をめぐる政府の決断です．ハンセン病訴訟で国が敗訴しました．原告はハンセン病患者の方々です．控訴して高等裁判所，最高裁まで争うかどうか．役所というのは1つの連続性のある組織ですから，前の人が正しいと思ってやっていたことは，仮にその後地方裁判所や高等裁判所で負けたからといって「すみませんでした」とは言えない．最高裁まで正しいと言い続けなければならない，そういう考えがあります．この場合も，高裁に控訴するしかない，それが行政官の常識でした．国は予算もあるし人もいますからいくらでも裁判を続けられますが，ハンセン病患者の方々は1人ひとりですから，場合によっては高齢で訴訟を続けている間に亡くなってしまう方もいるかもしれないし，費用負担も大変です．そういうことを分かっていても，国は一度言ったことを曲げるわけにはいかない，

高裁，最高裁まで行くというのが常識でした．しかし，小泉総理は「控訴しない」ということを，ご自身のご判断で決定しました．

　もう1つ，「5兆2兆3兆」と（スライドに）書いておいたのですけども，これは今年も8月くらいになると来年度予算要求を各省がいくらしていいかという，概算要求基準が決定されます．この時は平成14年度予算を各省が予算要求をする時のシーリングを決めようとしていた経済財政諮問会議でした．元々，その前の年の森総理の時に決めた計画によると，平成14年度予算は国債を33兆円発行しないと賄えない．ところが小泉総理は国債を30兆円しか発行しないと約束しましたので，3兆円削らないといけない．最後に予算を決定する時に3兆円削ればいいのですが，できれば予算要求の時から3兆円削って前年よりも少なく要求してもらえればその先が楽になりますから，3兆円を減らすようにしようという話をしていました．財務省はそれまでのいろいろなやり方に沿って，公共事業は何％カットする，人件費は何％，それから社会保障費はどうする，という非常に細かい難しい基準を提案しました．すると吉川洋先生，東大経済学部の先生で私の高校の同級生なのですが（笑），彼が諮問会議で，「来年度は3兆円減らさないといけない．財務省がいろいろと難しいことを言うけれども，分かりにくいので全体の予算を5兆円削って，大事なところに2兆円増やすと差し引き3兆円マイナスになる．そのくらいのざっくりした話で決めないと，財務省が言っているような細かいことの積み上げでは，なかなか3兆円削るところまでいかないと思います」という趣旨の発言をしました．皆さんは初めて聞くと当たり前のことかもしれないのですが，ずっと予算をやってきた者から見ると，とてもラフな話で，そんな乱暴な決め方はしないでほしい，という提案でした．それを吉川先生があえて提案したところ，小泉総理は「その話は非常に分りやすくていいじゃないか．財務省も少しは吉川先生の言うことを見習って，分かりやすい予算の組み方をしなくちゃいけない」と言われました．財務省は困ったなと思っていたと思います．この時も，諮問会議が終わった直後に新聞記者のぶら下がりがありました．新聞記者はその諮問会議で何が議論されていたかあまりよく分からないまま，「総理，先ほどまで諮問会議で随分熱心に審議が続いていましたが，今日は何を議論したんですか？」と，非常に軽い気持ちで聞いたのです．すると，小泉総理は，「うん．来年度予算の要求は5兆円カットして，大事なところに2兆円増やして，差し引きマイナス3兆円にする，ということを今決めてきた．」とおっしゃった．これは大変なことでした．なぜかというと，普通は，財務省にしてみるとその日の諮問会議で大体方向が分かったので，その後1週間時間をもらって，その間に自民党に行って与党の了解を得て，それを踏まえて，1週間後に諮問会議で議論して決定してもらおうと思っていたのだと思います．議院内閣制ですから，大事なことは政府だけでは決められません．政府が決めた後に与党で議決してもらわなければ実行に移せません．したがって，通常であれば，政府は方針案をきめても，

与党の了解が得られるまでは政府の方針として発表しない．外に発表せずに与党に根回しをして，与党の了解を得た後に，1週間後に正式に外に発表するというのがそれまでのやり方だったのに，さっき決めた政府の方新案をすぐプレスにしゃべってしまった(笑)．しかも総理が決めましたと言ったのですから，もう変えようがありません．自民党はびっくりして，大変反発しました．「何だ，自分たちに何の相談もしないで決めちゃって」と．予算編成という国の行政で最も大事な部分で官邸主導がこれほどまでに貫徹されるのかというようなことが起こった，非常にシンボリックな出来事だったと思います．それ以降，このような話がたくさん起こるようになりました．

　小泉内閣の進めた構造改革は，復習ですが，「改革なくして成長なし」という言葉に表されるように，不良債権の処理をする，そして公共投資に頼らないで成長を実現しようとした．これは，それまでの自民党政権にはないやり方でした．「官から民へ」，民間にできることは民間にやらせる．これは郵政事業の民営化でもあるし，特殊法人改革にもつながったことです．そして，「国から地方へ」，地方にできることは地方にやらせよう，何でも国がやるのはやめよう，と．この3つが，改革の大きな柱だったと思います．

　内政の話ばかりしましたが，小泉総理は，外交の分野でも随分新しいことをなさいました．小泉総理は，日米関係を非常に重視していましたが，アジアの国々との関係もとても大切にしておられました．靖国神社の問題で中国や韓国とうまくいかなかったということがありましたが，小泉総理は江沢民主席，胡錦濤主席と合計7回か8回首脳会談をしていますし，韓国の大統領とは9回首脳会談をしています．最初のうちは靖国の話もそれほど問題ではなかったのが途中からだんだん変わってきましたので，なぜそういう風になったのかということは，中国側でどういう変化があったのか，韓国側の国内情勢にどういう変化があったのかということは，よく見てもらいたいと思います．外交というのは，その国の国内情勢に非常に左右されることが多いものですから．アフリカ諸国との友好関係にも努力されました．ティカッド(TICAD)というアフリカに対する協力の会議がありますが，2003年9月に，アフリカの数十カ国の首脳が来日して，小泉総理が1日に首脳会談を30数人の方とやったのですね(笑)．これはもう誰と会ったのか分からなくまってしまうのではないかと思うくらいですが(笑)，超人的でした．アフリカに対する協力にとても気を配っていらっしゃいました．そして北朝鮮．2回ピョンヤンを訪問して，私も2度とも随いていきましたが，2回とも，水もお弁当も全部日本から持ち込んで，向こうで出されたものには一切手をつけないで，ゴミも全部持ち帰ってくるという，それぐらいの緊張した中で北朝鮮への訪問をいたしました．国連の安保理改革や，環境，そして自由貿易協定．それから首脳外交，これについては後でお話しますが，随分

新しいスタイルを確立なさったと思います.

　小泉総理は「外交の素人」ではないか，と最初はよく言われました．確かに小泉総理は総理になる前に外務大臣もやっていませんし，外務省が作った発言メモを読むような外交はやったことがありません．この写真は，覚えていらっしゃる方もいると思いますが，2001年6月30日のキャンプデービッドでの首脳会談，小泉総理が初めてアメリカに行った時の写真です．首脳会談が終わった後，ボールを持っていまして，記者の前でキャッチボールをしていましたが，覚えていますか？　前の日に羽田を発って政府専用機でワシントンまで飛んで，セントアンドリュース空軍基地に到着し，そこから車列でアーリントン墓地に行き献花した後，ホワイトハウスの向かい側にあるブレアハウスという迎賓館に泊まりました．そして，この日の朝早く，別所秘書官と有馬さんという外務省の通訳の人，そして私の3人で小泉総理のスィートに行きました．居間で待っていると，小泉総理は隣のベッドルームからこんな風に書類を持って，私達のソファのところにいらっしゃって，「通訳の有馬君，夕べこれ（ブッシュ大統領の就任演説の英語版）を読んだんだけど，（演説の特定の部分を指して）ここにすごくいいことが書いてある．これを今日の首脳会談で引用して喋りたいから，（自分がその中身を日本語で話して，通訳がそれを英語で話すと，原文と違ってしまうので）この紙を渡すから，私がその話を始めたら，あなたはこのパラグラフをそのまま読み上げてください」という風に言ったのですね．ブッシュ大統領とどうやって上手く話をしていくのかということをよく考えていらっしゃるということです．通訳が変に訳してしまったら自分の意図が伝わらない，しかも自分が気に入っているのはこのパラグラフだということを言いたかった，そういうことを小泉総理がおっしゃるものですから，（感嘆して）別所秘書官はその日の予定についてもう一度説明したかったのだろうと思うのですが，小泉総理から「ところで君たち，今日は何の用ですか？」なんて言われて（笑），「特に何もございません」というようなことになってしまいました．

　私は広報担当として申し上げなければならないことがありました．小泉総理とブッシュ大統領の首脳会談の後，キャンプデービッドの森の中を歩いてプレスの前に来る．そこには両首脳とプレスの間にロープが張ってあって，数メートル離れている．記者さんたちが質問をしても，シャウトしないと声が届かないのでシャウティングと言います．そこで，「小泉総理，首脳会談を終わった後，シャウティングというものがあります」と言いました．シャウティングがあるのはワシントン時間のちょうどお昼頃，ということは日本時間で，ワシントンは夏時間ですから，午前1時くらいになります．日本の新聞の朝刊の最終版の〆切は午前1時半ですから，〆切まで30分しかありません．あまり長く話しても記事にする暇がありませんから，「たくさん喋っても記事になりません．何か一言分りやすいことをおっしゃれば見出しになります．」と申し上げました．こういう場合には外務省は事前ブリーフと

いって，会議が始まる前に，両首脳はこういう話をすることになっているということを事前に記者にブリーフしていますから，記事は大体できています．シャウティングで聞いた何か一言をこの大きな記事の中にうまくとり入れて，最終的な記事ができあがるわけです．記者が何を聞くかというとうことは大体想像がつきます．「総理，首脳会談どうでした？」に決まっています（笑）．「きっとすごくいい会談になるとと思いますが，『いい会談だった』というようなコメントではだめだと思います．見出しになりやすいように，どういう風に会談がよかったのかということを少し分かりやすく言ってください．例えば『初めて会ったけれども，古くからの友人と会ったみたいに話が弾んだ』とか，『心と心が通い合った』とか，何かそういう分かりやすいことをおっしゃっていただくと，新聞記者の方もうまく記事が書けていいのではないかと思うのですけれども」と申し上げました．すると小泉総理は「その『心と心が通い合う』っていいじゃないですか．それ英語で何て言うんですか？」と訊ねるのです．「総理，英語で言う必要はないんです．30分しか時間がなくて焦っているのは日本の新聞記者です．彼らは日本語で記事書きますから日本語で言ってくだされればいいんです．アメリカ人の記者はまだ昼の12時ですから，〆切までゆっくり時間があります．ですから英語で言う必要はないんです」と今だったら申し上げられるのですが，この時は秘書官になってまだ2カ月くらいしか経っていませんから，そんな生意気なことも言えませんので，「英語で言いますとですね，cordial discussion とか frank discussion……」とかいろいろなことを申し上げましたら，小泉総理が「heart to heart talk というのはどうだ」とおっしゃっていました（黒板に書く）．ちょっとぎこちないのですが，外国人が言うとすごく心が伝わるいい言葉だなと思って，「それでよろしいんじゃないでしょうか」と，申し上げました．結果的に，シャウティングは，予定では1分か2分であったのが10分近く続きました．このジャケットをもらったとか，ボール投げたりとか随分いろいろなことをなさいまして，そして小泉総理は英語で「We had a heart to heart talk.」とおっしゃいました．英語で言ったものですから日本の新聞はほとんど報じなくて，読売新聞だけが囲み記事で「小泉総理，英語でコメント」などという（記事にしました）（笑）．面白かったのは，ワシントンポストがこの言葉を小見出しに使ってくれたことですね．小泉総理は外務省が用意した紙を読むという点では素人だったかもしれませんけども，相手の首脳の心をつかむということについてはとてもお上手だったと思います．

　大分しゃべりすぎてしまったので，簡単にメルマガの話をします．小泉総理が大事にしていたのが，国民との対話です．毎日2回，新聞記者の質問に答えるということをしました．なかなか大変なことです．そして，メールマガジンを始めました．最初の所信表明の中でメールマガジンとタウンミーティングを始めて国民との対話を図りますということをおっしゃいました．竹中（平蔵）大臣がメルマガとタウン

ミーティングをやった方がいいですよと進言なさったのですね．竹中大臣の本を読んでいますと，慶應の学生さんが竹中大臣にそのようなアドバイスしたそうです．その学生さんのアドバイスのおかげで，総理のメルマガが実現したということだと思います．毎週木曜日に発行して全部で250回，英語版も発行しました．始めた時には随分苦労しまして，メールマガジンというものは6年前にはほとんどありませんでしたから，一番大きいものでも20万人くらいがサブスクライブするメールマガジン．政府が出した時にどのくらいの人が読んでくれるのか想像がつかない．一度に正確に送れなければならないし，政府の送ったメールにもしウイルスが入っていたら，日本中の人にウイルスをばらまいてしまいますから（笑），そうならないようにしないといけない．ということでシステム作りが大変でした．3カ月かかるというのを苦労して1カ月で作ってもらいました．ピーク時は227万人の人が読んでくれました．最低でも160万人でした．これがどのくらいの規模かというと，皆さんが大学に入る前に読んでいたであろう少年ジャンプとか少年マガジン，少年サンデーが300万部とか230万部，ザ・テレビジョンが110万部．週刊文春や週刊新潮が60万部から70万部，週刊現代や週刊ポストはもう少し少ないですね．月刊文春で60万部，中央公論だと6万部から7万部くらいと言われています．日刊ゲンダイが168万部．もう1つ雑誌で100万部を超えているのは「きょうの料理」です．（講演に）女性の人は3人いらっしゃいますが，読んでいますか？ まだ読んでいませんよね（笑）．「きょうの料理」というのはとても影響力があるのです．私達男の人たちはほとんど知らないのですが，奥様たちの間では共通の話題が載っていたりする．（メルマガの）総編集長は小泉純一郎，初代編集長は安倍晋三，それから歴代の副長官がなさいました．いろいろな方に寄稿していただきました．イラクに行った髭の隊長の佐藤さんや，曽野綾子さん，五百旗頭さんなどです．

　メルマガの特徴というのはいくつかありますが，1つは速報性です．毎週木曜日の夕方5時ごろを〆切にして，文章を固めて翌日配信していたのですが，例えば総理が公邸に戻った後何か事件が起こったりするともう1度原稿を書き換えて総理に電話やファックスを送って見直してもらって，そうすると総理は全然違うこと書いてこられたりして，夜10時とか11時くらいに原稿を書いたこともあります．日本の新聞の地方版，例えば東京本社が地方に配送するものの最初の〆切は10時半くらいですから，大体その新聞と同じくらいのスピード感で私達は生のデータを配信することができました．

　2つ目は，双方向性です．読者からのメールが毎週1,500通から4,000通くらい官邸に届きました．総理は「ラジオで語る」というラジオ番組やテレビのいろいろな番組に出ましたが，ラジオで話してもほとんど反応が来ません．よく日本のラジオの番組を聞いていると，パーソナリティの人が「皆さんのお便りお待ちしています」と必ず言いますね？ ラジオ局のスタジオにはマイクが1つあって喋っている，

しかし皆が本当に聞いてくれているのかスタジオからは分らないですよね．視聴者からの反応がないと不安になるのだろうと思います．テレビもあまり反響が来ません．テレビを見てテレビ局に手紙を出すのには手間がかかります．しかしメールというのは受け取ってすぐ返事が書けるものですから，たくさん返事が来ました．マスコミは毎月世論調査をしていますが，少ないと数百人，1,000人の人を相手に世論調査をしていることは少ないですから，毎週1,500から4,000くらいメールが来るというのはお金をかけずに毎週世論調査ができているような感じです．（厳密な調査とは）ちょっと違いますが．

官邸にはいろいろな方から声が届きます．1つは電話です．電話で「どうなっているんだ！」とか，怒鳴りこんでくる人がいるのですが（笑），不満のある方が電話してくる．それから手紙，手紙は封書と葉書があります．葉書のほとんどは何々に反対というような同じ文面が印刷してあって，下に署名だけがしてあるような，どちらかというと皆で一斉に反対の署名運動をしましょうというようなものが多い．中身よりもむしろ何通あるかということが大事かもしれない．封書はさすがに同じ文面というのは少なくて，文章が書いてある，1人ひとりのパーソナルな話が多いです．ファックスは，不思議なのですが，葉書と同じで，比較的同じ文面のファックスが多い．ところが，電子メールというのは，一番組織メールを送り易いと思うのですが，なぜか1人ひとり個別に書いてくるものが多かった．時々ある問題について1万通くらい「○○反対」など同じ文面のメールが来ました．調べてみると，どこかのホームページに「政府の政策に反対の人はここをクリックしてください．そうすると官邸に反対のメールが届きます」なんていうものがある（笑）．そうして皆がクリックすると同じメールが来てしまうということがありました．

ということで，メルマガの読者からは随分メールが来ました．読者からのメールは心を打つものが多くて，例えば不登校の問題について小泉総理が「頑張って元気出して」というようなことをメールで書くと，それを読んだ不登校の学生さんが「総理のメルマガを読んで元気が出たので，今日は頑張って学校に行こうと思います」などというメールが届く．会社で上司との間がうまくいかなくて会社に行くのが嫌だという人が，やはり「頑張れ」というようなことを総理がメルマガに書いた時に──途中から携帯でもメールを配信したのですが，朝，通勤電車の中で携帯でメールを読む人も多かったようです──「今日電車の中でメルマガを読んで勇気が出たので，頑張って会社に行きます」というメールが来ました．そういうメールを受け取りますと，「メルマガを配信して本当に良かった」と思うことが，何度もありました．

しばらくして，せっかくこれだけ読者から反応があるのだったら，今週の小泉総理の「らいおんはーと」というメールが，「良かった」か，「やや良かった」か，「普通」だったか，「あまり良くなかった」か，「全然良くなかった」かという5段階で

評価してもらおうということを始めました．これによって，小泉総理のメルマガについての読者の好感度が分かる．好感度の高いメルマガの内容を上から並べると，郵政民営化の話や，行政改革や予算を改革する話，環境保護の話，北朝鮮の話，それから外交も心を打つようなエピソード，外交だけだとあまり好感度が高くないのですが，心を打つようなエピソードがあると非常に好感度が高くなりました．例えば，小泉総理が2006年1月にトルコを訪問した時の話です．1985年，イランとイラクが戦争した時に日本人が何人か逃げ遅れてイランに残されていました．イラクが何月何日以降イラン上空を飛ぶ飛行機は全部打ち落とすという宣言をした．その期限の前にイランにいる在留邦人を助け出そうと，政府が日本の航空会社にチャーター便を出して救出してくれるようにお願いをしたところ，パイロット組合がそのような危険なところには飛ばないと言って拒否されてしまったので，飛行機が出せなかったことがあります．その時，トルコ政府がトルコ航空に頼んで，チャーター便を出してくれて，ギリギリのタイミングで，最後の在留邦人がイランからトルコに脱出できました．小泉総理がトルコを訪問した時，その時のパイロットの方がまだ元気で，イスタンブール市内に住んでいらっしゃるということだったので，その方に面会をしてお礼を言ったのです．そういうお話をすると，メルマガの好感度が良くなる．好感度が低かったのは年金改革．これはもう圧倒的に悪いですね．なぜかというと年金改革をしようとすると，払いこむお金は増える，貰うお金は減る，こういうことしかありません．これからは高齢化が進むわけですから，逆はありません．ですから年金改革の話をするとガクッと好感度が落ちます．それからイラクの開戦の時，この時も好感度が落ちました．

　（図を見せて）これは（詳しいところは）見えないと思うんですけども，全体の感じが分かればいいんですが，小泉内閣の支持率の推移のグラフです．2001年4月から2006年9月まで．日本のマスコミは全社毎月内閣支持率の世論調査をしています．上の赤い線はJNNのテレビニュースですが，これはほぼ常に一番高い数字が出ます．時事通信の調査はなぜか一番低い数字が出ます．他の新聞社やテレビの数字はこの間のどこかにあります．そこで公平性，客観性を期すために，両方を書いておきました．総理が就任して直後のハンセン病訴訟の頃は，JNNだと92.8％の支持率，時事通信でも78.4％．そしてガクッと下がるのは，田中真紀子外務大臣を更迭した時ですね．日朝首脳会談でポンと上がって，米軍のイラク攻撃でまた下がる．その後いろいろと推移して最後に，郵政民営化の解散のところで少し上がって，また最後にスッと上がって終わる．こういうことになっているのですが，先ほどのメールマガジンの好感度の数字を支持率に重ねてみたのが次の表です．青い線が時事通信で，赤い線が好感度の数字です．メールマガジンは毎週出ていますからしょっちゅう動きます．時事通信の世論調査は月1度ですからゆっくり動くのですが，ずっと見ていくと，メルマガの内容にかかわらず，メルマガの好感度が下がると2週

間から4週間遅れて支持率が下がる．好感度が上がると支持率も上がる．ここを見ていただくと分かるのですが，それまでメルマガの好感度は良かったのにガクッと下がっているのは，37％というとても低い好感度ですが，年金の話ですね．2度目になると下がり幅が減りますが，年金の話をすればやはり下がるわけです．冗談ですが，メルマガの好感度を下げたければいつでも年金の話をすればいいということですね（笑）．最後の頃，2006年7月くらいからなぜかメルマガの好感度が段々上がってくる．私も，この頃になるとどうもメルマガの好感度というのは支持率の先行指標になっているのではないかということに気がつき始めて，秘書官室で「総理の支持率はこれから絶対上がりますから！」なんて言っていると（笑），ちゃんと上がりました．もっと早く2－3年前に気が付いていれば予言者みたいになっていたのですが（笑），気づいたのは（政権が終わる）ギリギリでした．しかもこの表を作ったのは官邸を離れた後ですから，現職の秘書官の間は何となく頭の中で感じていただけです．今から思うとこういう表をもっと早く作っておけばよかったと思いますが．そして，途中から英語版のメールマガジンも出すようにしました．

　メールマガジンには，小泉総理を批判するような文章も載せました．載せましたというより，ある方に寄稿をお願いしたところ，総理を批判する文章になってしまったということなのですが．最初は2002年8月1日，第57号で曽野綾子さんに，何でもいいですから書いてくださいと寄稿をお願いしたところ，「総理の演説」というタイトルで「財務大臣や経産大臣の演説がつまらないのはしょうがない，経済の話なのだから．しかし文科大臣の演説もつまらない，およそ文化の香りを感じたことがない．しかし，未だに小泉総理の演説にも，国民の心に深く残ったものがない」ということを書かれたのですね．2002年ですから，2001年6月に参議院選挙で大勝した後で，どこに選挙の応援演説に行ってもたくさん人が集まる，たくさんの人が小泉総理の行くところに集まって話に聞き入るということが起こっているような時に，小泉総理の演説に国民の心に深く残るものがない，と書いてこられたわけです．編集部の人が私のところに原稿を持って来て，「岡田秘書官，曽野綾子さんにお願いしたらこういう内容になっているのですが，どうしましょうか？」と聞いてきました．私にできることは多分3つでした．1つは曽野綾子さんにお願いをしてここの部分を書き換えてもらうというのがあります．しかしお願いをしても書き換えてくれないかもしれない．書き換えてくれるかもしれないけど，その場合はきっとどこかの雑誌に，「この間小泉総理を批判する原稿を書いたら秘書官の○○というのが書き換えろと言ってきた」と書いてしまうかもしれない．それも困る．原稿をなくしてしまうという手もあります．「すみません原稿を頂いたのですけど，なくしてしまったので載せられません」という（笑）．しかしこのご時世で，原稿が1つしかないはずはないわけです．書き換えてもらうこともできないし，載せないという

こともできない．こういう時，秘書官というのは比較的気楽な職業で，自分でできることは自分でしますが，自分で判断できない時は上司に聞くしかない．そしてその上司は1人しかいません．しかもその上司はYesかNoかをすぐにはっきり言ってくださる方なのです．私は迷わず小泉総理に，「曽野綾子さんがこういう文章を書いてきましたがどうしましょうか？」とお伺いしました．小泉総理は，「反論もそのまま載せろ」とおっしゃったので，そのまま載せました．するとこの号のメルマガはすごく評判が高く，「今まで政府が出しているメールマガジンだから御用新聞みたいに政府の言いたいことだけ書いてあるのかと思ったら，ちゃんと批判も載っているじゃないか，立派だ！」と，メルマガの評判がかえって上がりました．

同じようなことが去年の9月に起こりました．これは五百旗頭真先生という外交の専門家ですけれども，この時は防衛大学校の校長になっていましたから，政府側の人なのですね．この方に小泉政権の外交について振り返って書いてくださいとお願いしたところ，「靖国参拝1つで，どれほどアジア外交を麻痺させ，日本が営々として築いてきた建設的な対外関係を悪化させたことか」という文章がありました．これにはちょっと参りました．この原稿を私が見たのはちょうど羽田から中央アジアに小泉総理が出張するときに随行して政府専用機に乗っている時でした．政府専用機にはファックスが付いていますから，カタカタカタっと送られてきて，「お～こんなことが書いてある！」と．で，これをどうしたらいいか．簡単ですね，隣のブロックにいる小泉総理のところに行って，「五百旗頭先生がこのように書いていらっしゃいますけどどうしましょうか」と訊きました．すると小泉総理は，「一言一句変えずにそのまま載せろ」とおっしゃいました．そこで，そのまま載せた．載せましたところ，小泉総理の靖国参拝批判を書いた原稿が内閣のメールマガジンに載っているというのを見つけた靖国参拝大反対の某新聞が，「政府のメルマガにもこんなことが書いてある」というふうに大きく記事に書いてくれました．それを読んだ人が「どういうことが書いてあるのだろう」と思ってメルマガを読んでくれたので，この号のメルマガは読者がすごく増えて，かつ結果的に反応もとても良かった．ということで反論をどんどん載せてしまう，こういうことを（小泉総理は）やっておられました．

小泉総理は，外交政策の基本原則は日米同盟と国際協調でやってこられましたけども，随分新しい外交の，首脳外交のスタイルを始められたと思います．総理は映画や，音楽，オペラ，スポーツなど非常に趣味が広いので，例えば，2001年9月17日に総理が2回目の訪米をして，ホワイトハウスでブッシュ大統領と首脳会談をした時に，ブッシュ大統領が小泉総理にくださったプレゼントが，この『ハイヌーン』という映画の――『真昼の決闘』という映画を見たことがありますか？　ゲーリー・クーパーが出てくる古い映画ですが――ブッシュ大統領がサインしたポスターでした．なぜかというと2001年6月の最初の首脳会談の時に，小泉総理が「ブッシュ

大統領，あなたは『真昼の決闘』に出てくる保安官みたいだ」とおっしゃったからです．これは西部劇で，ある町にならず者が3人やってくる．皆そいつらを追っ払うために戦おうと言っていたのだけれども，いざならず者が来たら逃げてしまって，保安官1人で戦うことになったという話です．そういう映画の話をして，「ブッシュ大統領，あなたは世界の平和のために頑張っている．『真昼の決闘』の保安官みたいだ」という話をして，それ以来2人は映画の話でとても仲良くなったそうです．

　これはエビアン・サミットの時の写真ですが，（写真を見ながら）こちらがナイジェリアの大統領，ブラジルの大統領ですね．（中国の）胡錦濤主席，（フランスの）シラク大統領，エジプトのムバラク大統領，イタリアのベルスコーニ首相ですが，皆が並んで写真を撮っている時に，小泉総理とブレア首相との間で，その時は天気が良かったようで，フランス語で「美しい」を「ベル」と言いますので，空気は「エアー」だから，「ブレア」というのは「ベルエアー」みたいだから「いい空気」という意味か，というようなことを小泉総理がブレア首相に言ったそうなんです．すると，それを前の列で聞いていたブッシュ大統領が振り返って，「Blair means courage（勇気）」と．ちょうどイラク戦争が始まっていた頃ですから，そういうことを，話しかけてもいないのに言ってきたというところを撮った写真です．写真を撮りながらそんな雑談ができる関係だったのです．

　ベルスコーニ首相との関係でも面白い話があります．2001年4月に小泉総理が就任した後すぐに，既に就任している他の国の首脳に電話をしました．アメリカ大統領や中国の江沢民主席などに「今度私が日本の首相になりました」と挨拶の電話です．その時の電話の相手の1人がベルスコーニ首相でした．なぜベルスコーニ首相に電話したかというと，その年はイタリアのジェノバでサミットがあって，ベルスコーニ首相がサミットの議長だったからでした．電話会談は全部で20分くらい．20分というのと，片道10分ですね．通訳が入りますから，実質片道5分しかありません．そのたった5分の中で，小泉総理は「私はパガニーニが好きだ」と言うのです．パガニーニを知っていますか？　有名なイタリアのバイオリニストです．ジェノバはパガニーニ・コンクールが開催される場所だったのです．ベルスコーニはパガニーニが大好きなのですね．それを小泉総理は知っていたわけです．外務省はそんなことは知りませんから，（小泉総理が）急にパガニーニが好きだなどと言うので「なんだパガニーニって，おいしいのかなそれは」とか（笑），そんな感じで聞いていたのではないかと思います．

　そして，ジェノバのサミット会場に行きました．サミット会場には，外務省出身の別所秘書官が中で控えていました．サミット会場の隣にはジェノバ市のコンサートホールがあって，そこにはパガニーニが使っていたバイオリンが保管されているのです．コンサートホールの前に，ジェノバ市長と飯島秘書官と私と3人で待って

いました．なぜ待っていたかというと，昼休みにベルルスコーニ首相が小泉総理を連れ出して2人でそのコンサートホールにやって来て，その年のパガニーニ・コンクールで優勝したバイオリニストが，そのバイオリンを使って曲を2人に聞かせるという段取りになっていたからです．実際には，サミットの会議が長引いてしまって，2人の首脳がコンサートホールに来ることはありませんでした．そのかわり，パガニーニの使っていたバイオリンをサミット会場に持ち込んで，2日目の昼休みに，ベルルスコーニ首相が小泉総理に見せたそうです．その半年後にベルルスコーニ首相が日本にやってきました．その時に官邸で開かれた晩餐会に，小泉総理は日本人で初めてパガニーニ・コンクールで優勝した庄司沙矢香さんを呼んで，パガニーニの曲を弾いてもらったのです．それ以来，小泉総理とベルルスコーニ首相との間には，たとえ政策面で意見が違うことがあっても，それを乗り越える強い人間的な関係が形成されたのだと思います．同じようなことが，フランスのシラク大統領との間では相撲の話で，ドイツのシュレーダー首相との間ではサッカーとワーグナーのオペラの話で，強い信頼関係が築かれました．

　首脳同士の間では，想像以上にお互い相手方に対してきめ細かい配慮がなされます．それをよく表している写真をお持ちしましたので，紹介しましょう．これは，昨年6月に，小泉総理がワシントンを公式訪問した際に，ホワイトハウスの南庭で，歓迎式典が行われた時の写真です．ブッシュ大統領が歓迎のスピーチをしていますが，その途中で，足をつかってポディアムから踏み台のようなものを引き出したんです．続いてスピーチをした小泉総理は，その踏み台を使って演説をした．ブッシュ大統領と小泉総理は身長が10センチほど違いますので，正面から見て自然な形になるように，踏み台をブッシュ大統領自ら引き出したのです．なかなかきめ細かい配慮がなされているということがわかると思います．

　最後の写真は，私の一番好きな写真です．2005年5月9日，モスクワで対独戦勝利60周年の記念式典で，出席した各国首脳の集合写真を撮り終えた後，自然な形で小泉総理，ブッシュ大統領，プーチン大統領，シラク大統領，シュレーダー首相が集まってきた．ブレア首相は国内事情でこの式典には出席していませんでした．世界の主要な国々の首脳が小泉総理を中心に仲良く集まってきている写真です．この後，小泉総理は宿舎のホテルに戻り，そこでシュレーダー首相と二国間首脳会談をしたのですが，その会場に事前に行ったところ，小泉総理の外国出張にはいつも同行していた共同通信のカメラマンが待機していました．挨拶のつもりで「いい写真とれましたか？」と声をかけたところ，「岡田さん，すごくいい写真がとれました．ファインダーの中に5カ国の首脳が自然な感じでおさまったのは今までで初めてなんです」と興奮気味に見せてくれたのがこの写真でした．私は，この1枚の写真が小泉外交の成果をとてもよく表しているのではないかと思います．

　以上で，私からの説明は終わりにして，あとは皆さんからの質問にお答えしたい

と思います．

(蒲島教授) 岡田さんは大変（小泉総理の）身近にいらっしゃって，小泉政権の修羅場をかいくぐってきていますから，どこでその重要な役割を果たしてこられたのか，そういう観点から，時間が大変押していますけれども30分だけいただいて，質疑応答をしたいと思います．それではどうぞ．

(白糸) 一般的に言われていたり，今日の岡田さんのお話でも触れられていましたが，小泉首相は政策過程や外交を変えたと言われています．その点が小泉首相自身の個人的な資質というものにどの程度依存しているのかということが，非常に重要な問題だと思っているのですが，例えば岡田さんがおっしゃった5兆2兆3兆の話を諮問会議から出てきてすぐに記者に言ってしまうとか，あるいは常識を重んじたコメントをするといったことを，小泉首相がどれほど意識的にやっていたのか，あるいは小泉首相自身も無意識のうちにやっていたのかということをお聞きしたいと思います．

(岡田氏) （小泉総理は）随分政策決定過程を変えたと思うのですが，2つの要素があると思います．1つは，もし経済財政諮問会議がなければ，こんなに変わらなかった，あるいは変わったことが見えなかったと思います．ですから，橋本行革で，内閣機能を強化する行政改革をして，経済財政諮問会議ができたことによって，内閣総理大臣のリーダーシップをより発揮しやすくなったと思います．しかし，総理大臣としてのリーダーシップを発揮したくない人が総理大臣になっていたとしたら諮問会議を作っても使われないわけです．一番大事なことは小泉総理が自ら政策決定をしている，大事なことは後回しにしないで自分で決める．それを，先ほど申し上げましたように，変人という一言で片付けてはいけないのかもしれませんが，伝統的な根回しをして，何となく合意を形成しながら世の中を動かすというよりはむしろ，直接広く国民全体に問題提起して，そして世の中を変えていく．そういう政治手法を意識せずに使っていく，小泉総理の持って生まれた資質によるものだと思います．

よく小泉総理は「抵抗勢力を協力勢力に変える」，「反対勢力は協力勢力である」とおっしゃっていました．どういうことかと言いますと，「岡田さん，物事を進めるときには反対があった方がいいんだよ」と．反対があった方が論点が明確になって，なんとなく知らないうちに決まってしまうのではなくて，どういう決定をしているのかを皆がはっきりとわかった上で決められる，ということです．「物事を決める時に反対があった方が良い」などと言う人はあまりいないと思います．確かに，抵抗勢力という人たちがいることによって，小泉総理の政策が国民にアピールできて，

小泉総理の政策について，例えば郵政民営化について，国民全体が，抵抗勢力の人たちはあんなに反対しているけれども実際はどうなのか，自分はどっちを支持するのか，ということを真剣に考えるようになる．その結果（小泉総理を）支持してくれる．それによって改革が前に進む．というわけで，抵抗勢力，反対勢力があることが，国民の政治に対する関心を高める，ということを（小泉総理は）考えていらっしゃったと思います．

　ここで行政改革について一言申し上げますと，総理秘書官になる前に私は行政改革推進本部というところにおりました．日本の行政改革の歴史を見ていますと，ある時に自分のリーダーシップを強く発揮したいと考えるリーダーが現れます．ところがその時の制度はボトムアップの意思決定に適した形に作られている．その首相がリーダーシップを発揮しようとしてもなかなかうまくいかない．そこで，制度を変えようということになるわけです．それが橋本総理の時に起こったことでした．行政改革が達成された時には橋本総理はお辞めになっていた．そして，省庁再編が行われた2001年1月の時点の総理大臣は森総理でした．森総理は，自分のリーダーシップを強く発揮するというよりは，むしろコンセンサスを重視するタイプの政治家です．強いリーダーシップを発揮しようとはしないわけですから，政治主導に適した制度ができてもあまり活用されない．そのうちに，政治主導に適していたはずの制度は，だんだんコンセンサス重視型のリーダーシップに適した制度として運用され，性格が変容していく．そしてまた，強いリーダーシップを発揮する人が出てきて，今の制度ではリーダーシップが発揮できないとして，制度改革を始める．そういうことが，大宝律令以来，だいたい100年に1回くらい起こってきたわけです．明治維新もそうでした．今回はどうだったのかというと，橋本総理が決めた制度改革を小泉総理が十二分に活用したのだと思います．小泉総理のおっしゃっている改革に対する考え方と橋本総理の言っておられたことはとてもよく似ています．

　経済財政諮問会議の運営でよかったことは，何が議論されたかが全て公開されたことです．出席した議員の間で結構意見が対立しているんですね．それが全て明らかにされる．すると国民としても，「なんだ，政府の中でも対立があるんじゃないか．ちょっと自分でも考えてみようか」ということになるわけです．

（大川）　広報担当の秘書官として，小泉政権あるいは小泉総理の広報を担当される上で特に注意された点がありましたらお伺いしたいのと，たとえば先ほどのぶら下がり取材についてのお話の中でもあったような「こういう風に広報する」という方針の決定に小泉総理がどの程度関わっていたのか，また，広報のプライオリティが政策によって異なるというようなことがあったのかどうか．さらに，広報戦略を進めていく上で小泉総理の資質，パーソナリティというものがどのように寄与したのか，おそらくプラスに寄与した部分が大きかったと思うのですが，という点につい

てお伺いしたいのですが．

（岡田氏）広報をしていく上で気をつけたことは，小泉総理に対して，私達が事前にあまり「どういう質問が記者から来て，それに対してどう答えるべきか」ということを準備してしまうと，つまらない答えになってしまうということでした．小泉総理はとても頭のよい方なので，急に質問が来て急に答えたものというのは，ご自身の常識を踏まえて答えたものだと思うのですが，そういう答えが一番分かりやすくて国民にも訴えかける．秘書官が準備した答えというのは，専門家がいろいろな事を言って「あれは言っちゃいけない，これもちょっと危ない．これはこんな感じで……」という風になって，つまらない，わかりにくいものになってしまうのです．ですから私が気をつけていたことというのは，皆さんが思っていたことと随分違うと思うのですが，出来るだけ小泉総理に準備の時間をつくらないようにするということ，なるべく自然な形で，すっと訊かれてすっと応えられるような状況を作ることを心がけました．会社などでは社長を守るために社員がいろいろと準備するわけですが，役人が総理のために同じことをすると総理大臣が役人と同じレベルにまで下がってしまうのですね．小泉総理は我々よりもずっと国民に訴えかけるということについて長けた方ですから，一番国民の聞きたいことを一番国民の聞きたいタイミングで発言する．私たちはその足を引っ張らないように心がけていました．

たとえば，記者会見を開く時にNHKの相撲の千秋楽（の中継）があったりしたら6時より後に会見をセットするとかですね，時々ぶつかっちゃって困ってしまったこともありましたが，それからぶら下がりがあった時に，「これを言ったら絶対に困ります」というようなこと．そういうことはしましたが，それ以外のことを我々秘書官がいろいろと言ったりするようなことはしませんでした．

小泉総理は，私達がどんなに資料を準備してもそれ以上に良いことをおっしゃるのですね．たとえば小泉総理が就任して最初の記者会見，通常就任したその日にやるわけですが，そのときの冒頭発言のメモを書くのが広報担当の秘書官の役目でした．私の場合はラッキーで，記者会見が翌日に延びることになりました．準備する時間が一日あったわけです．一晩徹夜をして，自分で言うのもなんですが相当よい冒頭発言メモを作ることができたと思います．総理にお見せしたところ，さっと眼を通して1分くらいで読み終わってしまいました．いざ本番の記者会見になった時，小泉総理は冒頭「私は，二度と戦争をしてはいけない，という気持ちで総理大臣になりました」とおっしゃるのです．そんなことは私のメモには書いていないわけです（笑）．全然かなわない，という感じでした．その後の記者会見の際にも毎回メモを作ってお渡ししましたが，ほとんど読んでくれません．時たま1パラグラフでも使ってもらえると嬉しい，というような感じでしたね（笑）．

(大川)　メルマガを担当されていたということなのですが，メルマガにかかれる内容の選択というか，たとえば支持率が下がっていたら少しソフトな話題で行ってみようとか，そういう意味での戦略のようなものはあったのでしょうか．

(岡田氏)　戦略はないというと少し変に聞こえるかもしれませんが，広報というのは戦略を作ってこちらの意図を国民にうまく伝えようとしても，それほど思うように国民の心をつかむことができるというようなものではありません．戦略によってコントロールしようという風に考えると必ず間違えると思います．小泉総理のメルマガを始めた時は，最初はどういうことを書いたらいいのか分かりませんでした．最初のうちは比較的パーソナルな話題を載せていました．たとえば「総理はどうやってストレスを解消しているのか」とかですね．小泉総理はストレス解消法について「新しいストレスが来ると古いストレスは消えてなくなる」とおっしゃっていました（笑）．
　夏休みが終わって，9・11（同時多発テロ）が起こって，このときはさすがにテロに対して政府はどうするのか，ということを書きました．それ以降は，メルマガでは，その週に起こった大きな出来事の話を中心に分かりやすく書くということに努めました．ですから，年金の話も，年金改革の法案を出したときなんかはガクッと好感度が下がるんですが，書かないわけにはいかないので，何度も説明をすることが必要だと思って書いていました．イラクの話なども何度も書いています．ですからよく「説明不足だ」と言われましたけれども，ずいぶん説明をしていたと思います．
　政府はよく「説明不足だ」と批判されるわけですが，ある時から「説明不足だ」というのは批判ではないのではないかと思い始めました．「説明不足だ」というのは政策に反対ではない，ということですよね．反対だったら「反対だ」と言うはずですから．「説明不足だ」ということは，方向性はいいけれど説明が足りない，ということですから，「反対だ」と言われるよりはよほど良いのではないかと．ですから説明不足だと言われたらもっと説明しましょうと，説明不足だというのは批判ではなくてむしろ応援だと受け止めてやっておりました．

(石丸)　私はゼミで小泉さんの発言について調べたのですが，確かに一貫しているのですね．近くで見ていて，何かそうでない，つまり以前の発言と変わっているのではないか，と思われるようなところはありましたか．

(岡田氏)　おっしゃるように総理は本当に一貫している方です．私は昔から総理を知っていたわけではありません．飯島（勲）秘書官，この方は小泉総理が一年生議員の時からの議員秘書で，官邸の秘書官室に来て自分の席に座って最初に言ったの

が「この椅子に座るのに30年かかった」という言葉でした．彼は30年間，小泉議員を総理にし，自分は総理大臣秘書官の椅子に座ることを目指してやってきたのだと思いました．私は，小泉総理を昔から知っていたわけではありませんでしたので，小泉総理が昔書いた本や雑誌の座談会などの記事をすべて読んでみました．すると，郵政民営化の考えは，ずっと昔から言っていることがまったく変わらない．そういう「大事」の部分は変わらないのだと思います．

もう1つは，先ほども言いましたように，（総理は）常識に従って判断しようとされる方です．常識というのはあまり変わらないものです．専門家というのは論理がだんだん緻密繊細になっていって，つじつまが合わなくなってくると困ってしまう．ところが常識に立脚していると，非常に大局観のある判断ができる．国の指導者というのは専門家である必要はありません．というのは，専門家は他にたくさんいますから，彼らを使えばいい．国の指導者というのはそういう衆知を集めて，どちらの方向へ行くのかを決める．一回決めたらおいそれとは変えない．そして他の人たちにこの人の決めたことには従おうと思わせる．そういう存在だと思います．

（福田） 私は自分の論文で，テレビにおける小泉さん，という点に着目していました．今までの総理に比べて小泉さんはワイドショーに登場する回数が非常に多くなっています．政府の方から意図的に，そのような今までに政治を取り上げていたニュース番組などとは異なる番組に露出していこう，というようなことはやっていたのでしょうか．

（岡田氏） ふつうは政治家というのは政治部の記者，日刊紙とか通信社のですね，と付き合うのですね．テレビ局の政治部の記者はあまり多くないので，そういうことになっています．しかし飯島秘書官は，テレビ局やスポーツ紙の政治記者とも積極的に付き合うようにしていました．日刊紙の政治面を読んでいる人というのはあまり多くありませんから，もっと一般の人にも興味を持ってもらおうとしていたのですね．これが第1点．

第2点として，ワイドショーに出ようとしていたかというと，実は「総理大臣単独取材禁止の原則」という原則が記者クラブの中にあります．総理は単独のテレビ局などの番組に出演できない決まりです．その唯一の例外は，新聞何社かで集まって総理大臣に共同インタビューをする，次にNHKの番組に出る，そしてまた新聞社の共同取材を受ける，その後民放のどこか1社の番組に出る，それからまた新聞，NHK，新聞，別の民放，という風に回していくなかで単独のテレビに出演することがあります．このルールはマスコミが決めたもので，政府側がお願いしたものではありません．民放の方はどの番組に総理を出すかを会社の側で決めますから，我々の方でワイドショーに出たい，と思っても放送局も番組もこちらの側で決めること

はできませんでした．

　ひとつ気を付けていたのは，総理のぶら下がり取材の時間帯です．民放のニュースというのはふつう5時台から始まります．NHKは7時からですね．スケジュールがもし合えば，何か重大な事件が起こって総理のコメントがどうしても欲しいというような時には5時台のニュースに間に合うようにぶら下がり取材を設定するようにしていました．もちろん日程上できないこともありましたけれども，テレビ局の方からそうしてくれないかと言われた時にはできるだけ希望に沿うようにしていました．こちらが何かの戦略をもってテレビに流そうとしてもうまくはいかないものです．テレビ局というのは，こちらに何か戦略のようなものがあって発信しようとしているとすぐに気づいて無視しようとするのですね（笑）．策を弄して何かができるというものではありません．

（聴講者）　私は中国からの留学生なのですが，日本のような民主制度の下で，国のリーダーによってどれほど方向性が変わるのでしょうか．民主主義でなければ政治家によって大きく変わるとは思うのですが．

（岡田氏）　大変いい質問だと思います．民主主義では，有権者は選挙で政治家を選ぶ．しかし普段は有権者はそれほど政治に関心を持っていない．そして，自分にとっていいことはしてもらいたいけれども，そうでないことはしてもらいたくないと思うであろう．そういう状況の中ではあまりいい政治家というのは現れないのではないかと思われがちだと思います．しかし，世界の歴史を見てみるとそんなことはなくて，世の中で大きな変化が必要とされて，みんなが「痛みに耐えないとだめだな」と思うようになると，必ずそういうリーダーが選ばれてきていると思います．クリントン大統領の1期目の中間選挙で共和党が勝った時もそうでした．およそ政治家というのは税金を取ってできるだけそれを使いたいという気持ちを持っているのではないかと思われていますが，この時共和党は，できるだけ政府を小さくするという政策を掲げて勝ったのですね．有権者にそんな難しいことがわかるのか，と思う人がいるかもしれませんが，それは大きな間違いで，有権者は全体としてトータルとしてみると，本当にこのままでは国が危ないというような時にはきちんとそれに対応するのだと思います．コストはかかるかも知れないし物事にすぐに対応はできないかもしれませんが，民主主義は大局的にうまく世の中を動かしていく仕組みです．もちろん緻密ではなくて，大きな方向性しか示せないとは思うのですが，間違った方向へ行った時には必ず揺り戻しが起こるのだと思います．

（蒲島教授）　これだけ時間が押してしまいました．ゼミの本の方は章立てもだいたい決まって，原資料もほとんど集まって，ひとつだけかけていたのは，本当の身近

な人から見た小泉政権像，というものでした．特に知り合いもいないものですからこちらからコンタクトを取ることもしなかったのですが，神の導きで岡田さんから連絡があって，これはもうお願いするしかない，ということでお話頂いた次第です．願わくば小泉首相本人にも，50年後100年後に残る小泉本のために話をしてほしいと思っておりますので，お会いした時にでもお話し頂ければと思います．というわけで，次は小泉首相直々にお話をしていただいて，ゼミの終わりとしたいと思います（笑）．

本日のお話は本の貴重な1章とさせて頂きます．本当にどうもありがとうございました．

---

1 （編注）衆議院予算委員会における質疑，2001年5月14日．

〈資料4〉

小泉政権閣僚名簿

小泉内閣（2001年4月26日成立）

内閣総理大臣	小泉純一郎（59）	衆10	無派閥
総務大臣	片山虎之助（65）	参2	橋本派
法務大臣	森山　眞弓（73）	衆2，参3	旧河本派
外務大臣	田中眞紀子（57）	衆3	無派閥

　　【02.1/30〜　小泉純一郎】
　　【02.2/1〜　川口　順子】

財務大臣	塩川正十郎（79）	衆11	森派
文部科学大臣	遠山　敦子（62）		民間
厚生労働大臣	坂口　力（67）	衆8	公明党
農林水産大臣	武部　勤（59）	衆5	山崎派
経済産業大臣	平沼　赳夫（61）	衆7	江藤・亀井派
国土交通大臣	扇　千景（67）	参4	保守党
環境大臣	川口　順子（60）		民間

　　【02.2/8〜　大木　浩（74）　衆1，参3　橋本派】

内閣官房長官	福田　康夫（64）	衆4	森派
国家公安委員会委員長・防災担当大臣			
	村井　仁（64）	衆5	橋本派
防衛庁長官	中谷　元（43）	衆4	加藤派
科学技術担当大臣・沖縄及び北方対策担当大臣			
	尾身　幸次（69）	衆6	森派
金融担当大臣	柳沢　伯夫（65）	衆6	堀内派
経済財政政策担当大臣			
	竹中　平蔵（50）		民間
行政改革担当大臣・規制改革担当大臣			
	石原　伸晃（44）	衆4	無派閥

小泉内閣　第1次改造内閣（2002年9月30日改造）

内閣総理大臣	小泉純一郎（60）	衆10	無派閥
総務大臣	片山虎之助（67）	参3	橋本派

法務大臣	森山　眞弓 (74)	衆2，参3	高村派
外務大臣	川口　順子 (61)		民間
財務大臣	塩川正十郎 (80)	衆11	森派
文部科学大臣	遠山　敦子 (63)		民間
厚生労働大臣	坂口　力 (68)	衆8	公明党
農林水産大臣	大島　理森 (56)	衆6	高村派
【03.4/1～	亀井　善之 (66)	衆7	山崎派】
経済産業大臣	平沼　赳夫 (63)	衆7	江藤・亀井派
国土交通大臣	扇　千景 (69)	参5	保守党
環境大臣	鈴木　俊一 (49)	衆4	堀内派

内閣官房長官・男女共同企画参画担当大臣

	福田　康夫 (66)	衆4	森派

国家公安委員会委員長・産業再生機構担当大臣・食品安全担当大臣

	谷垣　禎一 (57)	衆7	小里派
防衛庁長官	石破　茂 (45)	衆5	橋本派

科学技術担当大臣・沖縄及び北方対策担当大臣・個人情報保護担当大臣

	細田　博之 (58)	衆4	森派

金融担当大臣・経済財政政策担当大臣

	竹中　平蔵 (51)		民間

行政改革担当大臣・規制改革担当大臣

	石原　伸晃 (44)	衆4	無派閥

構造改革特区担当大臣・防災担当大臣

	鴻池　祥肇 (61)	衆2，参2	無派閥

小泉内閣　第2次改造内閣 (2003年9月22日改造) 〔　〕は内閣府特命担当大臣を指す．以後同様．

内閣総理大臣	小泉純一郎 (61)	衆10	無派閥
総務大臣	麻生　太郎 (63)	衆7	河野グループ
法務大臣	野沢　太三 (70)	参3	森派
外務大臣	川口　順子 (62)		民間
財務大臣	谷垣　禎一 (58)	衆7	小里派
文部科学大臣	河村　建夫 (60)	衆4	江藤・亀井派
厚生労働大臣	坂口　力 (69)	衆8	公明党
農林水産大臣	亀井　善之 (67)	衆7	山崎派
経済産業大臣	中川　昭一 (50)	衆6	江藤・亀井派
国土交通大臣	石原　伸晃 (46)	衆4	無派閥

環境大臣	小池百合子 (51)	衆3，参1	森派
内閣官房長官・〔男女共同企画参画〕	福田　康夫 (67)	衆4	森派
国家公安委員長・〔青少年健全育成及び少子化対策・食品安全〕	小野　清子 (67)	参3	江藤・亀井派
防衛庁長官	石破　茂 (46)	衆5	橋本派
〔沖縄及び北方対策・個人情報保護・科学技術政策〕	茂木　敏充 (47)	衆3	橋本派
〔金融・経済財政政策〕	竹中　平蔵 (52)		民間
〔規制改革・産業再生機構〕	金子　一義 (60)	衆5	堀内派
〔防災〕	井上　喜一 (71)	衆5	保守新党

第2次小泉内閣（2003年11月19日成立）

内閣総理大臣	小泉純一郎 (61)	衆11	無派閥
総務大臣	麻生　太郎 (63)	衆8	河野グループ
法務大臣	野沢　太三 (70)	参3	森派
外務大臣	川口　順子 (62)		民間
財務大臣	谷垣　禎一 (58)	衆8	小里派
文部科学大臣	河村　建夫 (61)	衆5	亀井派
厚生労働大臣	坂口　力 (69)	衆9	公明党
農林水産大臣	亀井　善之 (67)	衆8	山崎派
経済産業大臣	中川　昭一 (50)	衆7	亀井派
国土交通大臣	石原　伸晃 (46)	衆5	無派閥
環境大臣	小池百合子 (51)	衆4，参1	森派
内閣官房長官・〔男女共同企画参画〕	福田　康夫 (67)	衆5	森派
【04.5/7〜	細田　博之 (60)	衆5	森派】
国家公安委員長・〔青少年健全育成及び少子化対策・食品安全〕	小野　清子 (67)	参3	亀井派
防衛庁長官	石破　茂 (46)	衆6	橋本派
〔沖縄及び北方対策・個人情報保護・科学技術政策〕	茂木　敏充 (47)	衆4	橋本派
〔金融・経済財政政策〕	竹中　平蔵 (52)		民間
〔規制改革・産業再生機構〕	金子　一義 (60)	衆6	堀内派

〔防災〕　　　　　　　　井上　喜一（71）　　衆 6　　　　　　　　無派閥

第 2 次小泉内閣　改造内閣（2004年 9 月27日改造）

内閣総理大臣　　　　　　小泉純一郎（62）　　衆11　　　　　　　無派閥
総務大臣　　　　　　　　麻生　太郎（64）　　衆 8　　　　　　　河野グループ
法務大臣・〔青少年育成及び少子化対策〕
　　　　　　　　　　　　南野知惠子（68）　　参 3　　　　　　　森派
外務大臣　　　　　　　　町村　信孝（59）　　衆 7　　　　　　　森派
財務大臣　　　　　　　　谷垣　禎一（59）　　衆 8　　　　　　　小里派
文部科学大臣　　　　　　中山　成彬（61）　　衆 5　　　　　　　森派
厚生労働大臣　　　　　　尾辻　秀久（63）　　参 3　　　　　　　旧橋本派
農林水産大臣　　　　　　島村　宜伸（70）　　衆 8　　　　　　　亀井派
　　【05.8/9 〜　小泉純一郎】
　　【05.8/11〜　岩永　峯一（63）　　衆 3　　　　　　　旧堀内派】
経済産業大臣　　　　　　中川　昭一（51）　　衆 7　　　　　　　亀井派
国土交通大臣　　　　　　北側　一雄（51）　　衆 5　　　　　　　公明党
環境大臣・〔沖縄及び北方対策〕
　　　　　　　　　　　　小池百合子（52）　　衆 4，参 1　　　　森派
内閣官房長官・〔男女共同企画参画〕
　　　　　　　　　　　　細田　博之（60）　　衆 5　　　　　　　森派
国家公安委員会委員長・有事法制担当大臣・〔防災〕
　　　　　　　　　　　　村田　吉隆（60）　　衆 5　　　　　　　堀内派
防衛庁長官　　　　　　　大野　功統（68）　　衆 6　　　　　　　山崎派
〔金融〕　　　　　　　　伊藤　達也（43）　　衆 4　　　　　　　旧橋本派
郵政民営化担当大臣・〔経済財政政策〕
　　　　　　　　　　　　竹中　平蔵（53）　　参 1　　　　　　　無派閥
行政改革担当大臣・構造改革特区 / 地域再生担当大臣・〔規制改革・産業再生機構〕
　　　　　　　　　　　　村上誠一郎（52）　　衆 6　　　　　　　高村派
情報通信技術担当大臣・〔科学技術政策・食品安全〕
　　　　　　　　　　　　棚橋　泰文（41）　　衆 3　　　　　　　旧橋本派

第 3 次小泉内閣（2005年 9 月21日成立）

内閣総理大臣　　　　　　小泉純一郎（62）　　衆11　　　　　　　無派閥
総務大臣　　　　　　　　麻生　太郎（64）　　衆 9　　　　　　　河野グループ
法務大臣・〔青少年育成及び少子化対策〕
　　　　　　　　　　　　南野知惠子（68）　　参 3　　　　　　　森派

外務大臣	町村　信孝 (59)	衆 8	森派
財務大臣	谷垣　禎一 (59)	衆 9	小里派
文部科学大臣	中山　成彬 (61)	衆 6	森派
厚生労働大臣	尾辻　秀久 (63)	参 3	旧橋本派
農林水産大臣	岩永　峯一 (64)	衆 4	旧橋本派
経済産業大臣	中川　昭一 (51)	衆 8	伊吹派
国土交通大臣	北側　一雄 (51)	衆 6	公明党

環境大臣・〔沖縄及び北方対策〕
　　　　　　　　小池百合子 (52)　　衆 5，参 1　　森派

内閣官房長官・〔男女共同企画参画〕
　　　　　　　　細田　博之 (60)　　衆 6　　　　森派

国家公安委員会委員長・有事法制担当大臣・〔防災〕
　　　　　　　　村田　吉隆 (60)　　衆 6　　　　旧堀内派

| 防衛庁長官 | 大野　功統 (68) | 衆 7 | 山崎派 |
| 〔金融〕 | 伊藤　達也 (43) | 衆 5 | 旧橋本派 |

郵政民営化担当大臣・〔経済財政政策〕
　　　　　　　　竹中　平蔵 (53)　　参 1　　　　無派閥

行政改革担当大臣・構造改革特区／地域再生担当大臣・〔規制改革・産業再生機構〕
　　　　　　　　村上誠一郎 (52)　　衆 7　　　　高村派

情報通信技術担当大臣・〔科学技術政策・食品安全〕
　　　　　　　　棚橋　泰文 (41)　　衆 4　　　　旧橋本派

第 3 次小泉内閣　改造内閣（2005年10月31日改造）

| 内閣総理大臣 | 小泉純一郎 (63) | 衆12 | 無派閥 |

総務大臣・郵政民営化担当大臣
　　　　　　　　竹中　平蔵 (54)　　参 1　　　　無派閥

法務大臣	杉浦　正健 (71)	衆 6	森派
外務大臣	麻生　太郎 (65)	衆 9	河野グループ
財務大臣	谷垣　禎一 (60)	衆 9	谷垣派

文部科学大臣・国民スポーツ担当大臣
　　　　　　　　小坂　憲次 (59)　　衆 6　　　　旧橋本派

| 厚生労働大臣 | 川崎　二郎 (57) | 衆 8 | 谷垣派 |
| 農林水産大臣 | 中川　昭一 (52) | 衆 8 | 伊吹派 |

経済産業大臣・国際博覧会担当大臣
　　　　　　　　二階　俊博 (66)　　衆 8　　　　二階グループ

国土交通大臣・首都機能移転担当大臣・観光立国担当大臣

　　　　　　　　　　　　　北側　一雄（52）　　衆6　　　　　　　　公明党
環境大臣・〔沖縄及び北方対策〕
　　　　　　　　　　　　　小池百合子（53）　　衆5，参1　　　　森派
内閣官房長官　　　　　　　安倍　晋三（51）　　衆5　　　　　　　森派
国家公安委員長・有事法制担当大臣・〔防災〕
　　　　　　　　　　　　　沓掛　哲男（76）　　参4　　　　　　　森派
防衛庁長官　　　　　　　　額賀福志郎（61）　　衆8　　　　　　　旧橋本派
〔金融・経済財政政策担当〕
　　　　　　　　　　　　　与謝野　馨（67）　　衆9　　　　　　　無派閥
行政改革担当大臣・構造改革特区／地域再生担当大臣・〔規制改革担当大臣〕
　　　　　　　　　　　　　中馬　弘毅（69）　　衆8　　　　　　　河野グループ
情報通信技術担当大臣・〔科学技術政策・食品安全〕
　　　　　　　　　　　　　松田　岩夫（68）　　衆3，参2　　　　旧橋本派
〔少子化・男女共同企画参画〕
　　　　　　　　　　　　　猪口　邦子（53）　　衆1　　　　　　　無派閥

〈資料5〉

小泉純一郎・小泉政権関連年表

1865年（K 1）	5月17日	小泉又次郎，武蔵国久良岐郡六浦荘村に生まれる．
1904年（M37）	1月24日	鮫島純也，鹿児島に生まれる．
1907年（M40）		横須賀に市制施行．又次郎，市議会議員に当選．
1908年（M41）		又次郎，衆議院議員に当選．
1919年（T 8）		又次郎，普通選挙獲得運動を起こし，常に大衆運動のリーダーとして先頭に立つ．
1924年（T13）		第2次護憲運動．護憲3派内閣成立．又次郎，衆議院副議長．党籍離脱の先例をつくる．
1925年（T14）		普通選挙法公布．
1928年（S 3）		又次郎，立憲民政党幹事長に就任．
1929年（S 4）	7月	又次郎，浜口内閣の逓信大臣に就任．
1930年（S 5）		純也，日本大学政治科を卒業．
1934年（S 9）		又次郎，横須賀市長に就任．（このころ鮫島純也，小泉姓を名のる）
1937年（S12）		又次郎，立憲民政党幹事長に就任．純也，鹿児島1区から出馬して当選．
1942年（S17）	1月8日	純一郎，神奈川県横須賀市に生まれる．
1944年（S19）		又次郎，小磯国昭内閣の顧問となる．
1945年（S20）		敗戦．
1951年（S26）	9月24日	又次郎没す．享年86歳．
1952年（S27）		純也，神奈川2区から出馬して当選．
1954年（S29）		純一郎，横須賀市立山崎小学校卒業．
1957年（S32）		純一郎，横須賀市立馬堀中学校卒業．
1960年（S35）		純一郎，神奈川県立横須賀高等学校卒業．60年安保闘争．
1964年（S39）	7月	純也，池田内閣の防衛庁長官に就任．
1967年（S42）		純一郎，慶應義塾大学経済学部卒業．ロンドン大学政経学部に留学．
1969年（S44）	8月10日	純也没す．享年65歳．（以後純一郎の履歴）
1969年（S44）	12月	総選挙に出馬するも次点で落選．
1970年（S45）		福田赳夫の秘書となる．
1972年（S47）	12月	衆議院初当選．大蔵委員会に所属．
1973年（S48）		宣伝局次長．
1976年（S51）	12月	総選挙．当選2回．

		党財政副部会長.
1977年（S52）	3月	日米首脳会談に出席する福田首相に随行・訪米.
	10月	衆議院派遣議員団長として欧州評議会に出席.
	12月	党総務.
		文教局次長.
1979年（S54）		大蔵政務次官.
	11月	総選挙．当選3回.
1980年（S55）		財政部会長．経理局次長.
	7月	総選挙．当選4回.
1981年（S56）		全国組織副委員長.
1983年（S58）		副幹事長.
	12月	総選挙．当選5回.
1984年（S59）		全国組織副委員長.
1986年（S60）		衆議院大蔵常任委員長.
		政調副会長.
	7月	総選挙．当選6回.
1987年（S62）		国対副委員長.
1988年（S63）	12月	竹下内閣厚生大臣.
1989年（H 1）	6月	宇野内閣厚生大臣.
		全国組織委員長.
1990年（H 2）		安倍派事務総長代理.
	2月	総選挙．当選7回.
1991年（H 3）		YKKトリオ結成.
		副幹事長.
1992年（H 4）	12月	宮澤内閣郵政大臣.
1993年（H 5）	8月	総選挙．当選8回.
		自民党が過半数を割る．郵政大臣辞任.
1994年（H 6）		三塚派副会長.
		「グループ・新世紀」結成.
1995年（H 7）	9月	総裁選に出馬．橋本龍太郎に敗れる.
1996年（H 8）		三塚派代表幹事.
	11月	総選挙．当選9回.
		橋本内閣厚生大臣.
1998年（H10）	7月	総裁選に出馬．小渕恵三，梶山静六につぐ3位.
		森派会長代行.
1999年（H11）		郵政民営化研究会長.
2000年（H12）		森派会長.
	7月	総選挙．当選10回.
		森を守って加藤の乱を鎮圧.
2001年（H13）	4月24日	橋本龍太郎，麻生太郎，亀井静香を破り，第20代自由民主党総裁に選出.

	4月26日	衆参両院本会議の首相指名選挙で第87代首相に選出され，小泉内閣発足．支持率87%（「読売新聞」）．田中真紀子外相など女性閣僚，過去最多の5人．若手，民間人の大幅起用．
	5月7日	所信表明演説．着実な改革の実行を表明．
	5月8日	田中外相，外務省人事の当面凍結を表明．さらに，アーミテージ会談，ロシア外相会談をキャンセル．
	5月23日	政府は，ハンセン病訴訟の控訴断念（25日，原告側の勝訴確定）．
	6月21日	経済財政諮問会議は7つの改革プログラムを含む，構造改革の「基本方針」を正式決定．
	6月30日	小泉首相，訪米しブッシュ米大統領と首脳会談．
	7月20日	ジェノバ・サミット開催．
	7月29日	第11回参議院選挙で自民党大勝．64議席を獲得し，投票率は56.4%．
	8月10日	両議員総会で小泉総裁の無投票再選が決定．
	8月13日	小泉首相，靖国神社を前倒し参拝．
	8月22日	行革断行評議会が道路公団の分割民営化を決定．
	9月11日	全米各地で同時多発テロ勃発．
	9月12日	日経平均株価，17年ぶりに1万円割れ．
	9月14日	小泉首相，国債30兆円枠を強調（2002年度補正予算で30兆円突破）．
	9月25日	小泉首相，訪米しブッシュ米大統領と会談．7項目の支援措置を説明し，テロ根絶のための連携を約束．
	10月5日	テロ特別措置法，自衛隊法改正案を閣議決定．
	10月7日	米英軍がアフガン空爆を開始．小泉首相，翌日に支持表明．
	10月9日	空自機，アフガニスタン難民に対する支援物資を空輸．
	10月29日	参議院本会議でテロ関連3法が可決，成立．
	11月9日	海自の先遣艦隊3隻がインド洋に向け出航．
	11月30日	自衛隊派遣の国家承認案，成立．
	12月1日	皇太子妃雅子様，内親王（愛子）ご出産．
	12月19日	特殊法人等整理合理化計画，閣議決定．
	12月22日	海上保安庁の巡視船が北朝鮮の不審船と銃撃戦．不審船は沈没．
2002年（H14）	1月21日	東京でアフガン復興会議．
	1月29日	田中真紀子外相と野上義二外務事務次官を更迭．内閣支持率は47%に急落．
	2月18日	ブッシュ大統領来日．
	3月18日	加藤紘一元幹事長が自民党を離党．
	3月22日	小泉首相，訪韓し，拉致問題解決へ協力要請．
	3月26日	辻本清美議員，辞職．
	4月3日	田中真紀子前外務大臣の公設秘書給与流用疑惑が発覚．

	4月16日	有事関連3法案を閣議決定.
	4月21日	小泉首相, 靖国神社繰り上げ参拝.
	4月23日	自民党, 郵政関連法案の国会提出を条件付で承認.
	4月26日	郵政関連法案を閣議決定.
	5月8日	中国瀋陽市の日本領事館に北朝鮮住民5人が駆け込む.
	5月31日	サッカーワールドカップ, 日韓大会開幕.
	6月24日	道路公団民営化推進委員会第1回会合.
	7月24日	参議院本会議で郵政改革関連法が可決, 成立.
	8月9日	田中真紀子前外務大臣が議員辞職.
	8月23日	道路公団民営化推進委員会, 首相に中間報告提出.
	8月26日	日本郵政公社初代総裁に商船三井会長の生田正治が就任.
	9月6日	首相の私的諮問機関である「郵政3事業について考える懇談会」, 最終報告を首相に提出.
	9月17日	小泉首相, 北朝鮮を訪問. 金正日総書記と史上初の首脳会談. 日朝平壌宣言に署名.
	9月30日	小泉内閣改造, 発足. 竹中経済相が金融相を兼任.
	10月15日	北朝鮮拉致被害者5人が一時帰国.
	10月24日	日本政府, 拉致被害者5人の永住帰国を北朝鮮に求める方針を決定.
	10月30日	政府・与党,「金融再生プログラム」を含む総合デフレ対策を決定.
	11月15日	民営化推進委員会, 民営化後の組織形態を「上下分離方式」と決定.
	12月4日	海上自衛隊のイージス艦のインド洋派遣を決定.
	12月6日	道路公団民営化推進委員会委員長, 今井敬が辞任. 民営化委員会は最終報告を首相に提出.
	12月10日	民主党, 新代表に菅直人を選出.
	12月25日	保守新党発足.
2003年（H15）	1月10日	北朝鮮,「NPT脱退」宣言.
	1月14日	小泉首相, 靖国神社参拝.
	3月20日	米, イラク攻撃開始. 小泉首相は支持を表明.
	4月1日	郵政公社発足.
	4月9日	バグダッド陥落.
	4月28日	日経平均株価7,607円でバブル後最安値更新.
	5月1日	ブッシュ米大統領, イラク戦争終結を宣言.
	5月15日	有事法制関連3法案が衆院を通過.
	5月17日	りそな銀行に公的資金注入決定.
	5月22日	安保理決議1483号採択. イラクの復興と治安回復への協力呼びかけ.
	5月23日	個人情報保護関連5法案が参議院で可決, 成立.
	6月1日	郵政事業, 民間参入開始.

	6月6日	有事関連3法，参議院で可決，成立．
	6月13日	イラク人道復興支援特別措置法案，閣議決定．
	7月26日	イラク特措法参議院で可決，成立（8月1日に公布，施行）．
	8月18日	日経平均株価，1年ぶりに1万円台回復．
	8月27日	北京で6カ国協議．北朝鮮の核開発問題について協議．
	9月20日	自民党総裁選で小泉首相，圧勝．安倍晋三を幹事長に抜擢．
	9月22日	第2次改造内閣，発足．
	9月24日	民主党と自由党が合併．
	10月15日	イラク復興支援に15億ドルの無償資金協力決定．
	10月24日	石原国土交通相，日本道路公団の藤井治芳総裁の解任を正式決定．
	11月9日	第43回衆議院選挙．民主党躍進も，与党3党で絶対安定多数を上回る．
	11月13日	道路公団総裁に自民党参議院議員の近藤剛が就任．
	11月17日	自民党と保守新党が合併．
	11月19日	第2次小泉内閣．閣僚17名全員を再任．
	11月29日	イラクで駐イラク大使館員の奥参事官，井ノ上書記官が襲撃，殺害される．
	12月9日	政府は，自衛隊派遣基本計画を承認，決定．
	12月13日	フセイン元イラク大統領を拘束．
	12月22日	道路公団民営化の基本枠組みが決定．民営化委員の松田，田中，両委員が辞任．
	12月26日	空自先遣隊が復興支援物資の空輸のため，イラクへ出発．
2004年（H16）	1月1日	小泉首相，靖国神社参拝．
	1月16日	陸自先遣隊がイラクへ出発（19日到着）．
	1月31日	イラク自衛隊派遣，衆議院で承認．野党は欠席．
	2月3日	陸自本隊がイラクへ向けて出発．
	2月9日	参議院で自衛隊イラク派遣が承認される．特措法に基づく承認手続きの終了．
	3月9日	有事関連7法案と道路公団民営化関連法案を閣議決定．
	4月1日	中国大連市で，自民党の山崎元副総裁らが北朝鮮と接触．
	4月7日	サマワ陸自宿営地近くに砲弾．
	4月8日	イラクで3邦人が人質，自衛隊の撤退を要求（15日解放）．
	4月14日	イラクで邦人2人，誘拐（17日解放）．
	4月23日	3閣僚に年金未払い発覚．
	4月25日	衆議院補選．3選挙区すべてで自民党勝利．
	4月26日	経済財政諮問会議，郵政民営化に関する中間報告（論点整理）を正式決定．

	4月28日	衆議院で年金制度改革法案が可決．福田官房長官含む4閣僚，民主党菅直人代表の年金未払い発覚．
	5月7日	福田康夫官房長官，辞任．後任に細田官房副長官が昇格．
	5月10日	菅直人民主党代表，辞任．
	5月17日	民主党新代表に岡田克也が就任．
	5月22日	2度目の日朝首脳会談．拉致被害者家族が帰国．核ミサイル問題では進展なし．
	6月2日	道路公団民営化関連法，参議院で可決，成立．
	6月5日	年金改革関連法成立．
	6月8日	シーアイランド・サミット開催．
	6月18日	多国籍軍への参加を閣議決定（28日自衛隊が多国籍軍に参加）．
	6月28日	イラク暫定政権に主権委譲．米の占領統治は法的に集結．
	7月9日	拉致被害者の曽我ひとみ一家，インドネシアで再会．
	7月11日	参議院選挙．与党は絶対安定多数を維持．
	7月13日	新潟で集中豪雨被害．
	7月30日	橋本龍太郎元首相，献金問題で派閥会長を辞任．
	8月13日	普天間基地の米軍ヘリコプターが沖縄国際大学に墜落．
	8月14日	オリンピック・アテネ大会開幕．
	9月1日	浅間山，噴火．
	9月10日	郵政民営化の基本方針，臨時閣議で決定．郵政民営化推進本部を設置．
	9月22日	首相，国連総会で演説．日本の安保理常任理事国入りを訴える．
	9月27日	第2次小泉改造内閣発足．郵政民営化担当相を竹中経済財政相が兼務．
	10月23日	新潟中越地震（震度7）．
	10月26日	イラクで武装組織に邦人男性が拘束（31日に遺体発見）．
	11月2日	米大統領選挙で，ブッシュ大統領が再選．
	12月9日	自衛隊派遣，1年延長を閣議決定．
2005年（H17）	1月12日	朝日新聞の「NHK番組改編問題」報道で朝日新聞とNHKが対立．「政治介入」したとされる安倍晋三，中川昭一両議員は否定．
	1月29日	首相，年度所感で郵政民営化関連法の成立を目指す決意を強調．
	4月9日	北京で大規模反日デモ発生．
	4月25日	JR福知山線脱線事故．郵政法案，閣議決定．
	5月1日	北朝鮮が日本海に向けて短距離ミサイル発射．
	7月5日	郵政法案が衆議院通過．
	7月7日	ロンドンで同時爆破テロ．

	8月8日	郵政民営化関連法案が参議院で否決．小泉首相は即日，衆議院解散を決定．
	8月15日	太平洋戦争終結60年．首相，靖国神社参拝見送り．
	9月11日	衆議院総選挙．自民党は296議席を獲得し，圧勝．民主党，惨敗で岡田克也代表，引責辞任へ．
	9月17日	民主党新代表に前原誠司が就任．
	9月21日	第3次小泉内閣，発足．
	9月22日	自民党総務会，郵政法案を全会一致で了承．
	9月29日	東京高裁，首相の靖国神社参拝を私的参拝と判断．
	9月30日	大阪高裁，首相の靖国神社参拝に対し違憲判決．
	10月1日	道路関係4公団が分割民営化され，6つの高速道路会社が発足．
	10月11日	郵政民営化法案が衆議院を通過．
	10月14日	郵政民営化法案が参議院で可決，成立．
	10月17日	首相，靖国神社参拝．
	10月28日	自民党党紀委員会，郵政民営化関連法案に反対した議員の処分を決定．
	10月31日	第3次小泉改造内閣，発足．
	11月17日	耐震強度偽装事件発覚．
	11月22日	自由民主党結党50年記念大会開催．
	11月30日	政府・与党は「三位一体改革」について合意．
	12月24日	「行政改革の重要方針」を閣議決定．
2006年（H18）	1月16日	東京地検特捜部，証券取引法違反容疑でライブドア社を強制捜査．
	2月4日	3年3カ月ぶりの日朝国交正常化交渉．具体的進展はなし．
	2月7日	秋篠宮妃紀子様，第3子ご懐妊発表．
	2月11日	オリンピック・トリノ大会開幕．
	2月16日	衆議院予算委員会で永田寿康民主党議員が，堀江貴文ライブドア前社長から武部勤・自民党幹事長次男への「送金指示メール」の存在を指摘．その後の混乱で前原代表ら執行部総辞職へ．
	3月10日	政府は行政改革推進法案を閣議決定．
	4月1日	郵政民営化委員会が発足（3日に初会合）．
	4月7日	民主党新代表に小沢一郎が就任．
	4月29日	拉致被害家族の横田早紀江，ブッシュ米大統領との面会で拉致問題解決に対する支援を要請．
	5月1日	日米両政府，在日米軍再編報告に合意．
	5月17日	ヒューザーの小島社長，木村建設の元社長木村盛好，詐欺容疑で逮捕．
	5月22日	財政経済改革会議，発足．
	5月26日	行政改革推進法など関連5法案，成立．

6月5日	村上ファンドの村上世彰社長，インサイダー取引の容疑で逮捕．
6月29日	小泉首相，訪米し，日米首脳会談．
7月1日	橋本元首相，死去．
7月5日	北朝鮮がミサイル7発を発射．数発が日本海に着弾．
7月13日	イスラエル軍，ヒズボラへの報復措置としてレバノンを空爆．
7月14日	日銀，ゼロ金利政策の解除を決定．
7月15日	国連安保理が北朝鮮によるミサイル発射実験に対する非難決議を全会一致で採択．
7月17日	イラク，サマワに派遣されていた自衛隊の撤収が完了．
7月27日	米国産牛肉の輸入再開を政府が正式決定．
8月15日	小泉首相，靖国神社参拝（就任以来6回目）．
9月1日	安倍晋三官房長官が自民党総裁選への立候補を正式表明．
9月6日	秋篠宮妃紀子様，親王（悠仁）ご出産．皇室にとって41年ぶりの男児誕生．
9月8日	自民党総裁選挙，告示．
9月12日	民主党代表選挙で小沢一郎代表が無投票再選．
9月20日	自民党総裁選で安倍晋三が麻生，谷垣両候補を破り，当選．第21代総裁に選出される．
9月26日	小泉内閣，総辞職．衆参両院本会議の首相指名選挙で第90代首相に安倍晋三が指名され，安倍内閣発足．

括弧内は年号．K：慶應，M：明治，T：大正，S：昭和，H：平成．

〈資料6〉

小泉政権支持率の変遷

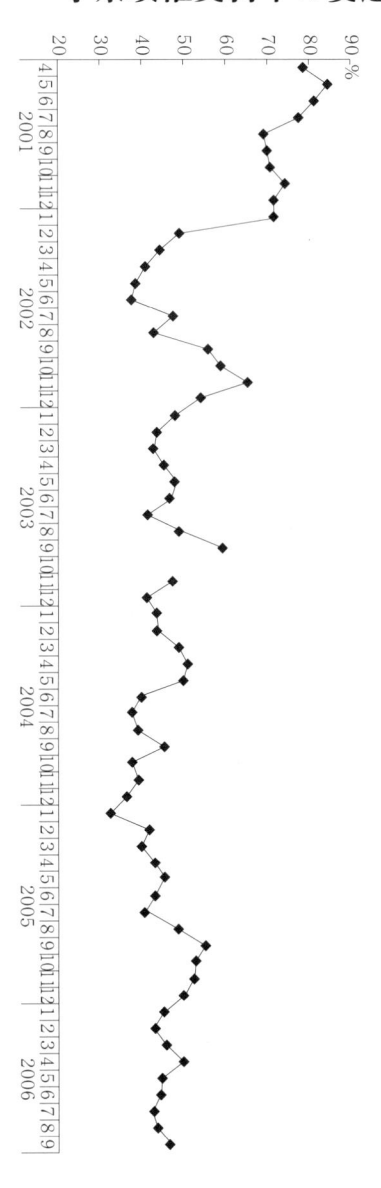

小泉内閣支持率の変遷

あとがきにかえて

　多くの方々の助力なくして，本書の完成はあり得なかった．お世話になった方のお名前が漏れていることをおそれつつ，ここで特にお世話になった方々に感謝を申し上げておきたい．

　清水俊介記者，寺田稔代議士，岡田秀一元総理大臣秘書官のお三方は我々からのインタビュー依頼を快諾して下さった．それぞれの立場から語って頂いた小泉政権の現場は，我々にとっては大変貴重な情報であり，また知的な刺激にもなった．本書に掲載されているゼミ生の論文は，発想の源の多くをお三方のお話に負っている．

　これまでの蒲島ゼミと同様，中央大学のスティーヴン・リード教授には本書の英語表記を考案して頂いた．また，水崎節文先生には選挙結果のデータをご提供いただいている．記して感謝申し上げたい．

　東京大学大学院情報学環附属社会情報研究資料センターには，新聞からのデータ収集に際して大変お世話になった．新聞紙面から収集したデータは，本書所収のデータのうちで枢要なものの1つである．朝日新聞社からは，政権支持率のデータをご提供いただいた．

　蒲島ゼミとしては毎期のことであるが，蒲島研究室の専属秘書である西川弘子さんには陰に陽にご支援を頂いている．右も左も分からない学生ゆえの至らなさをフォローし，学内の煩瑣な手続きをプロとしての鮮やかな手並みで片付けて下さった．感謝申し上げるとともに，これからのますますのご活躍をお祈り申し上げたい．

　チムニー本郷店ならびに店長の牧さんには，毎回の飲み会で素晴らしいサービスを提供して下さったことにお礼を申し上げる．たびたびご迷惑をおかけしたにも拘わらず，快く受け入れて下さった．我々にとって，チムニーでの飲み会は欠くことのできないゼミの一部であった．

　我々の本を出版して下さった坂口節子社長をはじめとする木鐸社の方々にはどれほど感謝しても足りないだろう．このような出版社のご厚情なくしては，文字通りの意味で本は出版され得ない．また，出版がずるずると遅れてしまったことについても，記してお詫びを申し上げる．

蒲島ゼミ OB の菅原琢さんと大川千寿さんには研究を進める上での様々な面について多くのご指導を頂いた．そして，歴代の蒲島ゼミ OB・OG の方々は，我々にこれ以上にない手本を示して下さっている．『「新党」全記録』から『参議院の研究』に至る卓越した成果があってこそ，我々が後に続くことができた．諸先輩方の成果を前にして，それらに比肩しえていないことにただ恐縮するばかりである．

　最後に，我々を見守り，導いて下さった蒲島郁夫先生に感謝申し上げる．我々が何かを達成できているとしたら，それは人生に2つとない機会を与えて下さった蒲島先生のお陰にほかならない．学生に大きな挑戦の機会を与えて下さる先生と出会えたことは，我々にとって大変に幸運なことであった．ご自身でも常に新しい挑戦を続ける蒲島先生の姿勢は我々にとって人生の鑑である．故郷である熊本県の知事として再び新たな挑戦を始められた先生の，ますますのご活躍をお祈り申し上げたい．

　多くのご支援やご助言を頂きながら，それを生かしきれなかったのはひとえに我々の力不足によるものである．感謝を申し上げるべき方々が多いだけに，本書の内容についての責任がすべて我々に帰するとあえて記しておくことは蛇足ではなかろう．

2008年5月

執筆者を代表して　白糸裕輝

執筆者紹介

赤根　妙子　（あかね　たえこ）
1981年生　旭丘高校卒　1類卒業　現在：慶應義塾大学ロースクール在学中
　私は特に経済財政諮問会議の議事録の分析に時間を割いた思い出があります．小泉さんの発言をたどることで，彼が諮問会議メンバーに期待していたことや彼と諮問会議との位置づけというものが見えてくるのではと思われたからです．学生時代におとなしかったという彼も会議では興味のある政策分野に積極的に発言している様子がうかがわれました．熱い人だと思います．
小泉純一郎を一言で表すと：自由奔放

秋田　純　（あきた　じゅん）
1986年生　国立筑波大学付属駒場高校卒　現在：東京大学大学院専門職学位課程法学政治学研究科　法曹養成専攻
　1年もの間このゼミに関わらせていただくことが出来ました．やはり最初は自分で本なんて書けるのか，論文なんて書けるのかと思いながら手探りばかりでした．それが今，先生や多くの先輩方の助力のおかげとは言え，こうして形になったことをとても嬉しく思います．そして僕が入る以前から作業を進め，エネルギーをそそいで下さっていた先輩方に感謝しています．飲み会め，ほんとうにお世話になりました．ありがとうございました！
小泉純一郎を一言で表すと：ライオン．

石丸　真幸　（いしまる　まさゆき）
1983年生　香川県立丸亀高校卒　現在：高松地方検察庁
　小泉純一郎を一言でまとめると…「現代の信長」といったところでしょうか．実際，私は雑誌のデータをまとめていましたが，何度も信長との比較が話題になっていました．今となっては信長の心中を正確に知ることはできませんが，無謀と見えて実は計算（？），大衆受けするカリスマ性，時代の寵児との呼び声…．いろいろ共通点はあると思います．蒲島ゼミの皆さんには思い出がいっぱいです．年上のくせに特に福田君にはいろいろ頼ってばっかやったし．私にとっては学生生活で唯一のゼミだということもあり，途中から卒業作品のつもりで取り組んでおりました．にしてはまだまだ未熟かもしれませんが，一応の形にはなったかなと思っています．

市原　悠樹　（いちはら　ゆうき）
1983年生　私立栄光学園高校卒　2類卒業　現在：警察庁勤務

就職活動が終わり，大学生活で「これをやった」というものを形に残したくて選んだこのゼミ…毎週課題に追われながら，充実した日々だったのを思い出します．自分が関われたのは初期のデータ収集だったので，どれだけ役に立てたかは分かりませんが，少しでもこの本の製作に貢献できていれば幸いです．しかし，現ゼミ長の福田君の家や熱海での合宿…あそこ（の飲み会）で放出されたエネルギーをまともに使っていれば，もっとスムーズに完成まで行っていたかもしれませんが（笑），まあ，楽しかったからよし，と．最後に，後期ゼミ生の皆さん，本を完成させてくれてありがとうございます．前期，後期ゼミ生ともお疲れ様でした．
小泉純一郎を一言で表すと：「強い信念と行動力を併せ持つ人間」

伊東　俊平　（いとう　しゅんぺい）
1983年生　私立栄光学園高校卒　2類卒業　現在：みずほ銀行勤務

　献身的に原稿やデータを集めて修正してくれた福田ゼミ長や白糸くんたちのおかげで，ついに小泉本が出版と相成りました．自分が大学に在籍した証が一つの形として歴史に残るのは素直に嬉しいです．自分は一身上の理由で（笑）途中ドロップアウトしてしまいましたが，初期・中期はしっかり（チムニーでコンパ係として）頑張っていたのを思い出します．教授が初回のゼミでおっしゃっていたように，このゼミの飲み会は学部随一の激しさを誇り，毎回生ける屍を生み出していました．本来真面目な集まりであるはずのゼミで，学生時代にたくさんバカをやれて本当に楽しかったです．またゼミ総会で騒ぎましょう．お疲れ様でした．最後になりましたが，蒲島教授には本当に本当にお世話になりました．その漢らしい生き様には頭が下がる思いであります．ありがとうございました．
　小泉純一郎を一言で表すと：カリスマ

大谷　一真　（おおたに　かずま）
1983年生　私立開成高校卒　現在：2類在学中

　蒲島先生のゼミでは様々な刺激を受け，沢山の事を勉強させて頂きました．しかし，論文を一人で完成させる事ができず，皆さんにご迷惑をお掛けして本当に申し訳ありませんでした．小泉さんの行きつけのラーメン店に行ったことは良い思い出です．皆さんありがとうございました．
小泉純一郎を一言で表すと：歴史上の人物（になるかも）

小野里　拓　（おのざと　たく）
1984年生　群馬県立高崎高校卒　3類卒業　現在：東京大学勤務（事務職員）

　初代有権者藩主です．資料を集めるだけ集めて，卒業という名の高飛び．本郷にいながらにして原稿書きはみーんな優秀な後輩たちに任せるという荒技をやっての

けてしまいました（ごめんなさい）．思えば，東大に入ろうと思いを新たにしたのも，オープンキャンパスでの蒲島先生の模擬講義でダウンズ・ホテリングの理論を聞いたのがきっかけです．その先生のもとで，しかも希有な研究対象であろう小泉純一郎という宰相を対象にした本づくりに参加でき，本当に幸せです．そして，ゼミのおかげで酒量にも磨きがかかったかもしれません（チムニーで何度reverseしたことか…）．蒲島ゼミはいいことずくめでした☆
小泉純一郎を一言で表すと：天性の政治家

勝本　大二朗　（かつもと　だいじろう）
1984年生　県立岐阜高校卒　3類卒業　現在：東京大学公共政策大学院在学中
「研究を行う」，「本を出す」，ということがいかに大変かを思い知らされたゼミでしたが，愉快でかつ尊敬できる素晴らしい仲間に囲まれて一年半勉強を出来たことが，自分にとって何よりもの財産となりました．飲むために研究を頑張り，研究を頑張った分いっぱい飲む．そんなサイクルで動いていたゼミだったと思いますが，自分の貢献は飲む方に偏っていた気がします．
小泉を一言で言うと：カリスマ

岸川　修　（きしかわ　しゅう）
1985年生　私立駒場東邦高校卒　現在：東京大学法科大学院法曹養成専攻
昨年の4月に刑法のゼミに応募したものの選考から漏れてしまった私は，数字を取り扱うのが好きで，また東大法学部に入った記念を何か残したいと考えていたこともあり，この蒲島ゼミに入りました．入った当初は過酷な作業に追われ，本来やるべき法律の勉強をする時間が奪われていると思いましたが，昨年の夏から秋にかけて自分の研究成果が徐々に形になるにつれて，このゼミに入って本当によかったと思うようになりました．1年近く苦労を重ねて執筆した論文が世に出されると思うと感無量です．蒲島先生，TAの大川さん，ゼミ長の福田さんをはじめ，これまでお世話になった全ての方に感謝したいと思います．ありがとうございました．
小泉純一郎を一言で表すと：政治の風を読む天才

北川　由佳　（きたがわ　ゆか）
1983年生　金沢大学教育学部附属高校卒　3類卒業
学生生活の証を残したいと何気なく参加したゼミでしたが，かなり濃厚でした．一人の男性の一挙手一投足にあれほど注目することはもうないかもしれません．男性にスリルを求める私にとって小泉氏は最高のパートナーでした．

楠井　悠平　（くすい　ゆうへい）

1984年生　富山県立富山中部高校卒　3類卒業　現在：インテグラート株式会社勤務

　2年以上にわたって，蒲島ゼミで活動することができて本当に幸せでした．蒲島先生，ゼミ長はじめ多くの方に迷惑をかけっぱなしの2年間でしたが，このゼミで培った知識・体力・友情は，今後の将来にも必ず生かされると信じています．ゼミの仲間達に感謝です．このゼミのきっかけとなった，小泉純一郎氏にも感謝です．
小泉純一郎を一言で表すと：ハリー・ポッター．内容の良し悪しはともかく，政治について世間に興味を持たせる力は凄まじいものがあった．

久保　浩平　（くぼ　こうへい）
1983年生　私立青雲高校卒　3類卒業　現在：日本経団連勤務

　頭でっかちな私も，このゼミでの地道な作業を通じ，先生がおっしゃっていた「正しい資料を集めることの大変さと重要さ」を実感し，地道な作業の重要さを学ばせていただきました．
小泉純一郎を一言で表すと：時代の寵児

島田　匠　（しまだ　たくみ）
1984年生　私立麻布高校卒　現在：東京大学教養学部在学

　このゼミではいろいろな思い出ができました．全部挙げるときりがなくなってしまいそうなので，このゼミで初めて経験したことだけ挙げておきましょう．初めて同級生の結婚式というものを経験しました．ついでに生まれたばかりの赤ん坊も初めて見ました．初めて酒で潰されました．嘔吐したのも記憶をなくしたのもこのゼミでの飲みが初めてです．汚らしい話が連続して恐縮ですが，初めて吐しゃ物も頭から浴びました．ゼミの内容と関係のない話ばかりでしたが，このほかにもいろいろな思い出がいっぱいです．本当に楽しいゼミでした．
小泉純一郎を一言で表すと：優れたリーダーシップを発揮した政治家だが，「純ちゃん」と呼びたくなるような人．

白糸　裕輝　（しらいと　ゆうき）
1985年生　私立開成高校卒　3類卒業　現在：東京大学大学院法学政治学研究科総合法政専攻修士課程在学

　公式のゼミが2006年度で終了したにもかかわらずここまで出版が遅延したのは，もっぱら私一人の責に帰せられるものです．信頼して後を任せてくれた中嶋さんと福田君，そしてゼミ生の皆には大変申し訳なく思っております．この場を借りてお詫び申し上げます．
　私はこのゼミで，初めてデータの収集と分析を経験しました．苦痛を感じること

もないわけではありませんでしたが，将来も政治学の研究を続けたいと思わされる，大変得難い経験でした．このような経験をする機会を与えて下さった蒲島先生にはいくら感謝しても足りません．また，一人ひとりのお名前を挙げることはできませんが，このゼミを通じて知り合った全ての方々にも深く感謝申し上げたいと思います．
小泉純一郎を一言で表すと：戦略的政治家

鈴木　悠介　（すずき　ゆうすけ）
1985年生　私立滝高校卒　２類卒業　現在：ＴＢＳテレビ勤務

　なかなか力になれず申し訳ありませんでした．ゼミの同期の皆さんの頑張りには頭が下がるばかりです．先日会社の研修で衆議院の本会議場を見学した際，最近めっきり露出の減った小泉さんを久しぶりに見かけました．本会議場の隅の方で，誰とも群れる事なくじっと腕を組んでいる姿は，私の想像する小泉さんそのままでした．今後も仕事の上でも小泉さんに注目していきたいと思いますので，またＯＢ会などで同期の皆さんと小泉さんについて意見交換出来たら幸いです．最後にゼミ長の福田君本当にお疲れ様でした．ありがとうございます．
小泉純一郎を一言で表すと：孤独を恐れないが故に強い施政者

孫　斉庸　（そん　じぇよん）
1978年生　東京大学大学院法学政治学研究科修士　現在：同大学院博士課程在学

　ゼミの皆さんと共に最後の論文・コラム作成までご一緒できなかったことが非常に残念ですけれども，政府班の一員として過ごしたゼミの時間は貴重な経験であり，その中で多くのことを学ぶことができました．一つの共有する目標に向けて，お互いに足りないところは補い合いながら前進していくというチーム・ワークの醍醐味を教えてくれたゼミだったと思います．
小泉純一郎を一言で表すと：「空気を読める政治家」

田付　信一　（たつけ　しんいち）
1982年生　私立成蹊高校卒　２類卒業　現在：株式会社スクウェア・エニックス勤務

　当初は小泉政権の特殊性になんとなく興味をもち，研究を始めた．しかし，その特殊性を客観的にデータというもので表すのに，こうも地道な作業を繰り返さなければいけないとは思ってもみなかった．客観的なデータとは，どういうものなのかが学べたのはいい経験になった．自分が収集して整理したデータが少しでも今後の研究に貢献できたら幸いである．個人的には小泉さんいきつけのラーメン屋にいったのがいい思い出だ．

小泉純一郎を一言で表すと：政界の演出家

鳥嶋　七実　（とりしま　ななみ）
1982年生　東京学芸大学付属高校卒　2類卒業　現在：文藝春秋勤務

　ゼミには半年という短い期間しかいませんでしたが，歴史に残る（？）著作作りに少しでも携われて嬉しいです．翻ってみれば，参加したきっかけは「小泉純一郎研究」のタイトルにひかれたというミーハーさから．国会審議録から小泉発言を全て拾う作業は地道なものでしたが….ゼミ生の頑張りをたたえて，書評でとりあげたいです．

小泉純一郎を一言で表すと：コピーライターの才能あるパフォーマー

中嶋　善浩　（なかじま　よしひろ）
1981年生　県立一宮高校卒　1類卒業　現在：住友信託銀行勤務

　初回のチムニーの惨劇から，合宿での狂乱のマイアヒに至るまで，前期のゼミは酒なしには語れません．アルコールを消費する度に固くなった絆を後期に残せたことに満足しています．しかし，巨漢レスラーの交番襲撃を止められなかったり，チムニーの店員を口説いてみたり，メールが淡白だと叱責を受けたりと，不甲斐ない私が前期ゼミ長を務められたのは，メンバーみんなの協力のおかげです．ありがとう．また，真夜中の1本の電話から本の出版まで後期ゼミ長を務めあげてくれた福田君，おつかれさまでした．夜を徹してジンギスカンを踊り狂うあなたを見たときから，この子はやれる子だと思っていました．最後に，ゼミの運営をサポートしてくださった大川さん，そして，第7期蒲島ゼミという場を用意してくださった蒲島先生，ありがとうございました．

小泉純一郎を一言で表すと：時代の寵児

福田　亮　（ふくだ　りょう）
1985年生　私立開成高校卒　2類卒業　現在：日本政策投資銀行勤務

　僕が蒲島ゼミに入ろうと思ったきっかけは，ゼミ紹介の冊子の中で唯一「飲み会も多く楽しいゼミです」との記述があったことと，先生の授業を受けた際の最終講義に強く心を打たれたことからです．（その時点では）政治に対する興味も強くはなく，成績も凡庸だった自分がこのゼミに参加できたのは，先生の「トップ集団以外にもチャンスを与えたい」という方針のおかげに他なりません．当初平ゼミ員として気ままに飲んで暴れていた自分が，まさか二代目ゼミ長としてこのゼミをまとめていくことになるとは思いませんでした．膨大な作業量に1時間睡眠の日々が続いたり，飲みすぎて三日酔いになったりする試練もありましたが，最高の仲間たちと大騒ぎしながらここまでこぎつけることができました．出版することの難しさを痛

感する一方で，小泉純一郎という最高に魅力的な人物を研究対象とできることの幸せも感じ続けた．本当に素晴らしい3年間でした．適切なご指導で僕らを導いてくださった大川さん，7期ゼミの礎を築いて僕にバトンを渡してくれた中嶋さん，僕の卒業後全てを請負って本を完成させてくれた白糸君，一生付き合っていきたいと本気で思っている7期ゼミのみんな，そして僕らに大きなチャンスを与えて下さり，暖かいまなざしで僕らを見守り続けてくれた蒲島先生，本当に有難うございました．
小泉純一郎を一言で表すと：人間性としたたかさを併せ持った天才

藤井　将象　（ふじい　しょうぞう）
1980年生　県立西宮今津高校卒　1類卒業　現在：ベリングポイント勤務

　もう一つ別のゼミとこのゼミで迷っていたのですが，見学に来たときに素敵なメンバーがたくさんいたので参加を決意しました．砂漠のような東大法学部の中では数少ない人間味のあるコミュニティだった気がします．正式な履修登録を経ずに来た私を受け入れてくれた蒲島教授のOpen-Mindnessに感謝しています．単位をもらえないためゼミに対する義務感もありませんでしたが，そんな私が最後まで続けられたのはここにいた人たちの人間的魅力のおかげかもしれません．私の成績表にこのゼミは載っていませんが，自分がここにいたことは忘れないでおこうと思います．
小泉純一郎を一言で表すと：コミュニケーションの達人

松田　愛子　（まつだ　あいこ）
1984年生　県立佐賀西高校卒　現在：1類在学

　自民党の機関紙『自由民主』の分析を担当させていただきました．機関紙を読むのは今回が初めてだったのですが，データを集める過程で次第に自民党の党としてのカラーが分かってきたように感じます．また，小泉氏を支えた自民党がどのようなものであったかということを興味深く感じました．この本が小泉政権とそれを取り巻く社会を理解する一助になればと思います．
小泉純一郎を一言で表すと：一気呵成

山口　真由　（やまぐち　まゆ）
1983年生　国立筑波大学附属校卒　1類卒業　現在：司法研修所

　時として，一人の人間が一人の人間であることを超えて，その時代の象徴となることがある．そして「小泉純一郎」は確かにそういう存在であると思う．「改革」という言葉を繰返し，何度も何度も使っている小泉純一郎．彼が何を「改革」したか冷静に評価できるのは，私たちよりずっと後の人かもしれないが，私たちは少なくとも彼から何かを「改革」しようとした人の熱気を生で感じた．そして，それはその彼を夢中で研究した蒲島ゼミの熱気と重なり，「小泉純一郎」は私にとって，私

の大学時代の一つの象徴となった．今私は，ゼミ活動を「君臨すれども統治せず」見守ってくださった蒲島先生，一緒に研究した前期メンバー，引継いで完成させた後期メンバー，そして一つの時代を作り，私たちに熱気を残してくれた「小泉純一郎」その人に心から感謝したい．
小泉純一郎を一言で表すと：カリスマ

指導教授紹介

蒲島郁夫（かばしま　いくお）

1947年　熊本県生まれ
1979年　ハーバード大学Ph.D.（政治経済学）取得
現在　東京大学名誉教授，熊本県知事
著書『戦後政治の軌跡――自民党システムの形成と変容』岩波書店，2004年
　　『政権交代と有権者の態度変容』木鐸社，1998年
　　『現代日本人のイデオロギー』（共著）東京大学出版会，1996年
　　『政治参加』東京大学出版会，1988年

小泉政権の研究　*The Koizumi Regime*

2008年9月15日第一版第一刷印刷発行　Ⓒ

編者との了解により検印省略	編　者	東大法・第7期蒲島郁夫ゼミ
	発行者	坂口　節子
	発行所	㈲　木鐸社

製版　㈱アテネ社／印刷　互恵印刷／製本　高地製本

〒112-0002　東京都文京区小石川5-11-15-302
電話（03）3814-4195番　郵便振替　00100-5-126746番
ファクス（03）3814-4196番　http://www.bokutakusha.com/

乱丁・落丁本はお取替致します
ISBN978-4-8332-2405-5　C3031

東大法・第1期蒲島郁夫ゼミ編

「新党」全記録 (全3巻)

　92年の日本新党の結成以来，多くの新党が生まれては消えていった。それら新党の結党の経緯や綱領，人事，組織など，活動の貴重な経過資料を網羅的に収録。混迷する政界再編の時代を記録する。

第Ⅰ巻　政治状況と政党　A5判・488頁・8400円（1998年）ISBN4-8332-2264-7
第Ⅱ巻　政党組織　A5判・440頁・8400円（1998年）ISBN4-8332-2265-5
第Ⅲ巻　有権者の中の政党　A5判・420頁・8400円（1998年）ISBN4-8332-2266-3

東大法・第2期蒲島郁夫ゼミ編

「現代日本の政治家像 (全2巻)

　これまで政治学では，政党を分析単位として扱ってきたが，その有効性が著しく弱まってきている。そこで現代日本政治を深く理解するために政治家個人の政治行動を掘り下げる。第1巻は全国会議員の政治活動に関わるデータを基に数量分析を行う。第2巻は分析の根拠とした個人別に網羅的に集積したデータを整理し解題を付す。

第Ⅰ巻　分析篇・証言篇　A5判・516頁・8400円（2000年）ISBN4-8332-7292-X
第Ⅱ巻　資料解題篇　A5判・500頁・8400円（2000年）ISBN4-8332-7293-8

東大法・第3期蒲島郁夫ゼミ編

有権者の肖像　■55年体制崩壊後の投票行動

A5判・694頁・12600円（2001年）ISBN4-8332-2308-2

　「変動する日本人の選挙行動」（JESⅡ）に毎回回答してきた有権者を対象に，2000年総選挙に際して8回目のパネル調査を行い，政治意識と投票行動の連続と変化を類型化して提示する。

東大法・第4期蒲島郁夫ゼミ編

選挙ポスターの研究

A5判・520頁・10500円（2002年）ISBN4-8332-2329-5

　2000年総選挙時の候補者1200人弱の作成したポスター685枚を収集・データベース化し，多様な変数を抽出して比較検討し興味深い命題を導出した本邦初の試み。

東大法・第5期蒲島郁夫ゼミ編

参議院の研究 (全2巻)

　参議院に関する膨大なデータ収集とその分析によって戦後参議院の全体像に迫る野心的試み。

第1巻　選挙篇　A5判・600頁・10500円（2004年）ISBN4-8332-2354-6
第2巻　議員・国会篇　A5判・600頁・10500円（2004年）ISBN4-8332-2355-4

（税込価格）